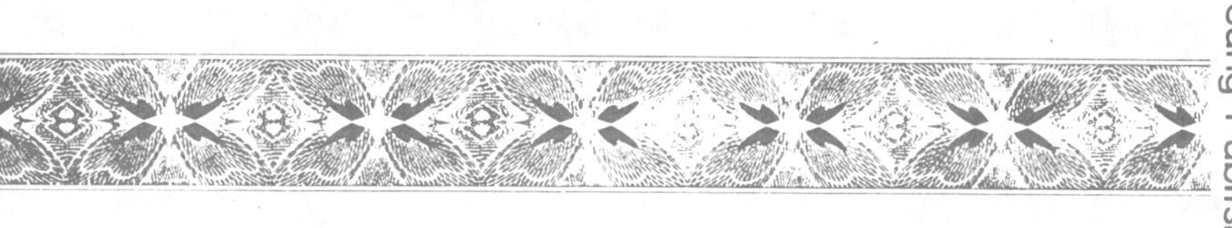

선영사
Sun Young Publishing Co.

선영사
Sun Young Publishing Co.

IMF
증권이론과 실전투자

조원환 지음

도서출판 선영사

머리말

SBS 서울방송에서 〈조원환의 증권교실〉〈조원환의 증권칼럼〉 등으로 방송한 지도 6년이 되었다. 그 동안 시청자들의 열화와 같은 성원으로 《거지 황제의 증권여행(1, 2)》《증권 제왕학》 등 증권가의 베스트셀러로서 손색없는 명작을 내놓을 수 있었다.

그리고 이번에는 IMF 시대에 걸맞는 종합 증권 길라잡이 지침서를 간곡하게 요청하는 독자들의 갈망에 따라 《IMF 증권이론과 실전투자》라는 책을 내놓게 되었다.

물론 그 동안 SBS 서울방송에서 방송했던 것을 위주로 가장 알기 쉽고 합리적이며 과학적인 요점만을 세분하여 정리하였다. 이는 IMF 시대라는 엄청난 어려움 속에서 뜻하지 않게 명예퇴직이나 조기 퇴직을 당하여 하루아침에 일자리를 잃고 방황하는 수많은 실업자들에게 새로운 용기와 힘을 갖고 자신 있게 도전할 수 있는 또 다른 인생의 문을 활짝 열어줄 필요를 크게 느꼈기 때문이다.

따라서 제2의 활기찬 새로운 인생길을 가장 희망적이고 실용적인 멋진 증권투자로 신바람나게 시작할 수 있는 증권 길라잡이 책자가 반드시 필요하다고 절감했기 때문에 이 책을 발간하게 된 것임을 밝혀둔다.

시중에는 증권에 관한 책들이 수없이 많이 쏟아져 나와 있다. 그러나 이 책은 그 어떤 책보다도 가장 알차고 쉽게 이해할 수 있으며, 또 훌륭한 주식투자의 진수만을 맛볼 수 있도록 투자 전략적인 면에서도 실전투자에서의 승리 투자가가 될 수 있는 비결(秘訣)만을 뽑아 기술했다.

부디 모든 주식 투자자들에게 행운의 알찬 열매만을 수확할 수 있도록 인도하는 길라잡이가 되길 바란다.

또한 이 시대 주식 투자자들이 불후의 명심보감적인 가치를 실전투자로 터득할 수 있도록 기원하는 바이다.

끝으로 필자가 그 동안 쉬임없이 방송할 수 있도록 뒷받침해 주시고 지도 편달해 주신 SBS 서울방송 임형두 상무님과 박건삼 제작국장님, 항상 힘과 용기를 북돋워 주신 이영주 회장님께도 감사드리며 특별히 IMF 한파 속에서도 이 나라 모든 증권 투자자들의 선망의 기수로서 길라잡이 책자를 출간해 주신 도서출판 선영사 김영길 사장님께 깊은 감사의 말씀을 드린다.

1998년 3월　포도 마을 연구소에서

조원환

차례

5 세계 명인의 투자 방법

6 증권투자 성공을 위한 제안

1

증권시장의 개념

제 1 장
증권시장의 일반

1. 증권시장의 국민 경제적 위치

금융시장은 화폐시장인 단기금융시장과 할인시장 및 콜시장과 단기대부시장으로 이어진다. 다른 한편으로는 자본시장인 장기금융시장과 증권시장 장기대부시장으로 세분된다. 증권시장은 다시 증권유통시장과 증권발행시장으로 나누어진다.

2. 증권시장의 개념

① 증권시장의 개념은 기업이 필요로 하는 산업자금이 직접 금융방식에 의해 증권을 매개로 하여 조달되는 장기금융시장이다.

장기금융시장은 유가증권과 화폐의 수시 상호 교환이 가능한 시장이다.

② 증권시장의 구성은 증권발행시장과 증권유통시장으로 구성된다. 그리고 주식시장과 채권시장으로 구성된다.

증권발행시장은 새로 발행되는 주식이나 채권 등이 발행자(기업, 국가, 지방자치단체)로부터 주선 및 인수기관을 통하여 최초의 투자자에게 매도되는 시장이다.

증권유통시장은 기 발행된 유가증권이 투자자 상호간에 매매되는 시장을 일컫는다.

3. 증권시장의 기능

① 자금조달 혹은 자본전환 기능

② 자본의 효율적 배분 기능

③ 금융조정 기능

④ 자산운용시장 기능

⑤ 소득 재분배 기능

⑥ 가격 보험 기능

4. 증권 행정 체계

1) 증권관계법

우리 나라의 증권거래법은 '62년 1월 15일 재정되어 '94년 1월 5일 11차로 개정되었다.

자본시장 육성에 관한 법률은 지난 '68년 11월 22일 재정되어 '93년 12월 31일 5차 개정되었다.

증권투자 신탁업법은 '69년 8월 4일 재정되어 '93년 12월 31일 3차 개정되었다.

2) 증권행정기구

① 재정경제원

② 증권관리위원회와 증권감독원

증권관리위원회는 유가증권의 발행 관리 및 공정한 거래와 증권

관계 기관의 감독에 관한 사항을 심의 의결한다.

증권감독원은 증권관리위원회의 심의의결 사항의 집행을 한다. 다시 말해서 유가증권의 등록 상장법인의 관리, 증권 관계 기관에 대한 검사 장외거래의 감독 등을 한다.

③ 한국증권거래소

④ 기타 증권 관계 기관

증권 관계 기관으로는 한국증권업협회, 증권예탁원, 한국증권전산(주), 한국증권금융(주), 한국상장회사 협의회, 투자신탁회사 등이다.

3) 우리 나라 증권시장의 주요 변천 과정

우리 나라 증권시장의 개설은 '56년 3월 3일이며, 상장회사 12개사와 국공채 매매 위주의 시장으로 개설되었다. 이때에는 주로 재정적자 충당을 위한 대량 국채 발행이 성행했다.

① '62년 1월 15일 증권거래법이 재정되어 주식시장으로의 전환이 가능해졌다. 즉, 주식공급의 증대와 정부 소유주식 매각이 가능하게 된 것이다.

② '62년 5월 증권파동.

③ '63년 4월 증권거래법이 개정되었고 '68년 12월 자본시장 육성에 관한 법률 제정.

이때는 거래제도도 크게 개선되었는데, 청산거래폐지 보통 거래시작 신용거래도입, 시장 1·2부제 도입('71년 12월 1일).

④ '72년 12월 31일 기업 공개 촉진법이 제정되었고 '72년 8월 3일 경제의 성장과 안정에 관한 긴급 명령이 있었다.

⑤ '74년 5월 29일 조치는 공개법인 지원확대와 총액, 인수제도

도입, 투자신탁회사설립, 증권저축 개시, 종업원지주제 확대운영 등이 주요 내용이었다.

⑥ '76년 12월 22일 증권거래법이 전면 개정되었는데 기업등록제 도입, 증권회사업무분화, 상장법인 경영권 안정 등 자본시장 수용태세가 보강된 것이다.

⑦ '77년 9월 20일 전산회사 설립에 따라 업무의 전산화가 시작됐다.

⑧ '79년 2월 국제 증권거래소 연맹 및 동아시아·오세아니아 증권거래소 연맹에 가입했다.

⑨ '79년 7월 증권시장 시설의 현대화로 인해 여의도 증권시장으로 이전되었으며, '88년 3월 1일에는 거래소 회원제로 조직을 전환시켰다.

⑩ '88년 3월 3일 전산매매를 실시했으며, '88년 12월 2일에는 자본시장 국제화 확대추진 계획이 발표되었다. '94년 11월 8일에는 종합주가지수(KOSPI)가 1,138.75포인트를 기록했다.('94년 11월 8일)

⑪ '90년 1월 전산매매를 96%로 확대했으며, '92년 1월에는 주식시장이 개방되었다. '92년 5월에는 시장관리종합시스템이 개발되었다.

⑫ '96년에는 주가지수 선물시장이 개설되었다.

제 2 장
매매거래 제도

1. 근거

증권거래법 제94조 업무 규정 및 제110조 수탁계약 준칙에 따라 그 근거를 찾게 된다.

2. 매매거래의 종류

매매계약을 체결한 당일에 결제하는 당일 결제거래가 있는데, 이는 국공채, 회사채 등 채권 거래에 한한다.

매매계약을 체결한 날로부터 3일째 되는 날에 결제되는 보통거래가 있는데, 이는 주식, 전환사채권, 신주인수권부사채권, 교환사채권 등의 거래가 이에 속한다.

정규매매 시간이 종료된 후에도 주식매매가 가능한 시간외매매제도와 가격을 정하지 않고 주문을 낼 수 있는 시장가 주문제도가 있다.

1) 시장가 주문제도

호가를 표시하지 않고 매도·매수 수량만 적어 내면 동시호가 중에는 매수의 경우 가장 높은 가격으로, 매도의 경우에는 가장 낮은 가격으로 호가한 것으로 보고 매매를 체결해 준다.

시장가 주문을 하면 동시호가가 아닌 장중매매시에도 동시호가와 같은 방식이 적용되고 지정호가가 있는 경우에는 지정호가보다 매수의 경우는 1호가 단위 높은 가격에, 매도의 경우에는 1호가 낮은 가격으로 매매가 체결된다. 또 투자자들이 지금처럼 가격과 수량을 정해 호가를 한 후 체결이 안 되는 부분에 대해서만 시장가 주문을 내려면 조건부 지정가 주문을 하면 된다.

2) 시간외매매 제도

정규 매매시간에 매매를 하지 못한 투자자나 그날의 종가로 주식매매를 원하는 사람들이 이용할 수 있다. 매매의 종류는 일반 투자자들의 이용이 가능한 시간외 종가매매와 시간외 단주 매매, 기관투자자들의 대량매매를 소화하는 시간외 대량매매 등이 있다.

3) 시간외 종가매매

장 종료 10분 후부터 30분간(평일 오후 3시 10분부터 3시 40분까지) 투자자들로부터 당일의 종가로 매도·매수 주문을 받아 체결해 주는 제도이다.

체결기준은 당일종가로 주문 수량에 관계없이 시간우선 원칙에 따라 체결되기 때문에 증권사에 미리 주문을 내는 것이 좋다. 다만 당일에 매매가 형성되지 않은 경우는 주문이 불가능하다.

4) 시간외 단주매매

전월의 주가가 5만 원 이상인 날이 매매기준일 기준으로 50% 이상인 종목을 대상으로 증권시장지 등에 게재된 종목으로 최종거래일의 주가가 5만 원 이상인 종목을 대상으로 한다.

시간외 단주매매를 하려는 투자자들은 증권사에 주문을 낼 때 주문표에 단주매매를 표시해 주면 되고 체결가격과 방식은 시간외 종가매매와 같다.

5) 시간외 대량매매

종목당 5만 주 혹은 10억 원 이상의 주문에만 해당되는 것으로 주로 기관투자가들을 대상으로 한다.

3. 매매거래의 관리

1) 매매 시간

평일에는 오전(전장)은 9시 30분부터 11시 30분까지이며 오후(후장) 시간은 13시~15시까지인데 주로 주권, 수익증권 및 채권거래가 이에 속한다.

단, 토요일과 연초 개장일, 연말 폐장일에는 후장이 없다.

관공서의 공휴일에 관한 규정에 따라 법정 공휴일은 휴장이며 근로자의 날과 연말 3일간은 휴장이다. 다만, 이때에 채권과 수익증권은 2일간으로 축소된다.

2) 호가

위탁매매호가와 자기매매호가가 있다. 거래소의 전산매매체결시스템에 호가를 기록하는 방법인 문서호가와 전산호가가 있다. 호가의 효력은 당일에만 유효하며, 접수 순서에 따라 매매거래가 성립되지 않은 호가 또는 잔량에 한해서는 호가의 취소 및 정정이 가능하다.

호가의 가격 단위를 살펴보면 주권 및 수익증권 1주의 또는 1좌의 가격이 1만 원 미만인 종목은 10원, 1만 원 이상 10만 원 미만인 종목은 100원, 10만 원 이상 50만 원 미만인 종목은 500원, 50만 원 이상은 1,000원으로 한다. 채권의 경우에는 소수점 둘째자리와 소수점 이하 셋째자리를 끊어 수익률을 계산하며, 주식의 성질을 갖는 사채권은 1원으로 한다.

3) 매매 수량 단위

주권 및 수익증권은 10주 또는 10좌로 하며 채권은 액면 10만 원으로 한다. 그러나 주식의 성질을 갖는 사채권의 권종 금액은 10만 원 미만인 경우 10만 원으로 한다.

4) 가격 제한폭

'98년 3월 2일 '12%(정률제)로 한다.

이는 유가증권의 급등락으로 인하여 일반투자자가 불의의 손해를 입지 않도록 하루 중에 변동할 수 있는 가격 폭을 일정 한도로 제안하는 것이다. 그 기준 가격은 원칙적으로 전일 종가로 한다.

4. 매매계약 체결 방법

매매 쌍방이 1인인 상대매매와 매매 쌍방 중 1방은 다수이고 상대방은 1인인 입찰매매, 즉 경매매가 있다. 또한 매매 쌍방이 다수인 경쟁매매가 있다.

개별경쟁 매매시의 매매체결 우선의 원칙으로는 가격 우선의 원칙, 시간 우선의 원칙, 수량 우선의 원칙, 위탁매매 우선의 원칙을 들 수 있다.

단일가격에 의한 개별경쟁 매매가 있는데 이는 동시호가 매매라고도 한다. 매매호가가 매수호가의 합계 수량이 합치하는 가격에서 단일 기격이 형성된다.

1) 단일 가격

시가 결정시 매매거래정지 또는 중단 후 최초의 가격 결정시 거래소가 별도로 정하는 종목의 종가 결정시 등에 적용된다. 다만, 모든 주문은 시간상의 구애를 받지 않는다. 왜냐하면 시간 우선의 원칙이 적용되지 않기 때문이다.

2) 복수가격

개별경쟁 매매는 접속매매라고도 하는데, 매도호가와 매수호가의 경합에 의하여 합치되는 경우 선행호가의 가격으로 결정된다. 그리고 가격 및 시간 우선의 원칙에 따라 매매가 계속적으로 이루어지며 형성되는 가격도 각기 다르다. 복수가격의 적용은 동시호가 매매종료 후(시가 결정 후)부터 매매종료시까지 적용되지만 전산매매 종목은 매매종료 10분 전까지 적용된다.

5. 매매계약 체결의 특례

대량 매매는 증권회사가 고객으로부터 위탁받은 주문수량이 대량이어서 적정한 시간 내에 적정한 가격으로 집행하기 어려운 경우에 그 주문을 원활히 집행하기 위해 거래소가 정한 특정 방법으로 매매를 체결시킨다.

여기에는 일정 수량 이상의 호가에 대하여 회원이 공개를 희망하는 경우 거래소가 이를 공개하여 매매거래를 체결시키는 희망대량 매매가 있다. 또한 종목 및 수량이 동일한 매도호가와 매수호가에 대하여 회원이 시가 또는 종가로 매매거래를 성립시키고자 신청하는 경우 그 가격으로 매매거래를 체결시키는 신고 대량매매가 있다.

상장법인이 자기 주식을 취득(처분)하고자 하는 종목에 대하여 회원이 전일종가로 당일매매거래 개시 전에 호가를 제출하여 매매거래를 체결시키는 상장법인 자기주식매매도 있다.

시가전산매매 종목 중에서 호가 폭주가 예상되어 매매거래의 지연이 우려되는 종목에 대하여 실시하는 단일가 전산매매도 있다. 단, 이때에는 전후장 각 2회씩 1일 4회 실시한다.

관리 종목은 전후장 각각 2회씩 실시한다.

6. 결제

회원증권 회사별로 차감된 증권 및 대금을 거래소를 통하여 결제하는 집중차감 결제방법이 있다. 이때 증권은 종목별로 매도 매수수량을 차감한 수량이 되며 대금은 매도 매수대금을 차감한 대금으로 결제해야 한다.

결제절차를 알아보면 거래소는 매매체결 및 확인 후 차감된 결제증권수량 및 대금을 산출하여 증권회사에 결제일 오전에 통보해야 한다.

고객은 고객결제 시한까지 매도 증권 또는 매수대금을 수탁증권회사에 납부해야 한다.

증권회사는 결제시한까지 결제증권 및 대금을 거래소에 납부해야 한다.

거래소는 결제시한 이후 결제증권 및 대금을 증권회사에 지급해야 한다.

증권회사는 고객에게 매수증권 또는 매도대금을 지급해야 한다. 다만, 이 경우 별도의 청구가 없는 한 증권회사의 고객계좌에 잔고를 기재해야 한다.

증권회사는 고객의 결제 불이행에 대비하여 매매거래 수탁시에 거래소가 정하는 위탁증거금을 고객으로부터 징수하고 거래소는 결제이행을 보증하는 기관으로서 증권회사의 결제 불이행에 대비하여 위약 손해배상 공동기금을 징수하여 적립함으로써 결제 불이행시에 충당하도록 한다. 이는 결제 이행을 위한 보증장치인 것이다.

제 3 장
시장 관리

1. 위탁증거금

결제 불이행에 대비하여 증권회사가 고객으로부터 매매거래의 위탁을 받을 때에 징수하는 증거금을 위탁증거금이라고 하는데 이는 시장 관리수단으로도 이용된다.

매수대금 또는 매도증권 전부는 위탁가액의 40% 이상으로 당일 결제거래를 해야 한다. (보통거래)증거금율 및 대용증권의 징수한도는 거래소가 정할 수 있다. 결제 불이행의 위험이 없다고 인정되는 국가 또는 특별법에 의하여 설립된 법인금융기관, 단기금융회사, 종합금융회사, 보험회사, 투자신탁회사, 상호신용금고, 외국 금융기관 등 기관 투자자는 증거금의 징수 면제가 가능하다.

2. 감리종목

주가가 단기간 동안에 급등할 경우 그 급등세를 진정시켜 주가의 안정을 도모하고 해당 종목의 투자시에는 신중을 기하도록 하기 위하여 감리 종목제도를 실시한다.

상승기간 상승률 및 전체시황 등을 감안하여 지정 또는 지정해제를 한다. 감리종목으로 지정시 일반종목과 다른 점은 대용증권의 효력이 정지되는 것이다. 지정기간 동안 증권저축 가입자는 매입이 불가능하다. 그리고 위탁증거금율은 100% 전액이며 신용거래종목에서는 제외된다.

3. 관리종목

상장규정 제37조는 상장폐지 기준을 기술하였는데 이에 해당하는 종목을 관리종목으로 지정하여 1일간 매매거래를 정지하므로 투자자의 주의를 환기시킨다.

관리종목으로 지정된 해당 사유의 해소 전망을 고려하여 상장폐지 또는 지정해제 조치를 취하게 된다.

주권상장폐지 기준을 살펴보면 형식적 요건과 실질적 요건으로 나뉜다. 우선 형식적 요건으로는 사업보고서 및 반기보고서 미제출 감사의견부적정 또는 의견거절이 3년 동안 계속될 때 등이다.

실질적 요건은 영업활동의 정지, 부도 발생, 또는 은행과의 거래정지, 자본금 전액 잠식 3년 계속, 소액주주 지주비율 10% 미만 2년 계속, 신규상장시 자본금 50억 원 이상 또는 자본총계 100억 원 이상인 법인이 상장 후 5사업년도 이내에 시장 제1부 종목 지정요건 중 주식분산 요건이 충족되지 못한 때가 된다(단, 신규상장시 요건충족의 경우는 제외). 그리고 회사정리 절차의 개시 또는 해산 공시의무 위반, 기타 공익 및 투자자 보상 상장폐지가 필요하다고 인정한 때에 행한다.

일반종목과 다른 점은 위탁증거금율 100%가 있어야 되며, 증권회사의 상품보유가 금지되어 증권저축 가입자의 매입이 불가능하다. 매매는 오전, 오후 하루에 4회 단일가격으로 결정되며 대용증권으로의 이용이 불가능하다.

4. 매매거래중단 및 재개

시장 관리상 필요하다고 인정되는 종목과 매매 중에 풍문과 관련하여 주가 및 거래량이 급변하거나 매매 개시 전에 풍문과 관련하여 주가 및 거래량의 급변이 예상되는 종목과 매매거래가 폭주하여 신속한 매매거래를 성립시킬 수 없다고 인정되는 종목은 즉시 거래중단의 사유가 된다.

그러나 풍문과 관련한 매매거래 중단 이후 중단사유에 대한 조회결과를 전장 종료 전에 공시한 경우에는 후장부터(후장이 없는 경우 익일 전장부터), 전장 종료 후에 공시한 경우에는 익일 전장부터 매매거래를 재개한다.

5. 예납조치

예납조치에는 결제 전 예납과 호가 전 예납이 있는데 이는 유가증권 시장이 과당투기 등으로 과열현상을 보일 경우 매수대금 또는 매도증권을 사전에 예납토록 함으로써 증시 주변자금의 유동성을 억제하여 증시의 안정화를 도모하는 조치이다.

6. 대용증권

대용증권의 실제 적용은 증권거래소가 정하는 대용가격을 준용하고 있다. 대용증권의 지정 및 대용가격 사정의 기준은 증권거래소에서 설정한다. 따라서 대용가격은 매월 첫째 월요일 5일 전일을 기준으로 소급하여 최근 매매거래일 6일간의 가중 산술 평균 가격

즉, 기준 시세에 사정비율을 곱한 것이다. 이는 주권, 채권, 수익증권의 위탁증거금이나 신용거래 보증금 등과 관련하여 증권회사가 고객으로부터 담보를 청구하는 경우 현금을 가늠할 수 있는 유가증권으로 풀이된다.

7. 권리락 및 배당락조치

권리락 조치 시기는 배정기준일 전일로 한다. 이는 유·무상증자시 신주 배정기준일이 경과하여 신주를 배정받을 권리가 없는 상태에서 이루어진다.

배당락은 보통 사업년도 종료일인 배당기준일이 경과하여 배당을 받을 권리가 없는 상태로 이날 이후 주식을 매입하는 자는 배당을 받을 수 없게 되는 것인데 배당락 조치 시기는 사업년도 종료일 전일이 된다.

제 4 장
상장 제도

1. 상장의 의의

상장이란 증권거래소가 특정 유가증권을 대상으로 증권거래소 시장에서 거래될 수 있는 자격을 부여하는 것이다.

2. 상장 대상 및 유가증권

증권거래법 제2조 제1항에 의거하여 국채증권, 지방채증권, 특수채증권, 사채권, 출자증권, 주권, 또는 신주인수권을 표시하는 증서 수익증권 등은 상장대상 유가증권이다.

3. 상장의 종류

상장의 종류에는 주권의 상장, 신주인수권 증권의 상장, 채권의 상장, 수익증권의 상장 등이 있다.

신규상장은 증권거래소의 주권이 상장되어 있지 아니한 주권의 발행인인 기업이 공개하여 주식을 일반에게 매각한 후, 처음으로 주권을 상장하는 것이다.

신규상장은 기상장된 주권의 발행인이 증자, 합병 등에 의하여 새로이 발행되는 주권을 상장시키는 것이다.

변경상장은 당해 상장주권의 종류를 변경할 경우 기존 발행주권을 새로운 주권으로 교체 발행하여 상장하는 것이다.

재상장은 상장폐지된 법인이 상장폐지 후 일정기간 동안 자구노력을 기울여 회사가 정상적으로 갱생하였을 경우에 이 회사에 대하여 신규 상장요건보다는 완화된 요건을 적용하여 보다 용의 하게 다시 상장하는 것을 일컫는다. 단, 상장폐지가 된 날로부터 5년 이내에 재상장 신청을 해야 된다.

4. 상장의 효과

상장의 효과를 살펴본다면 상장회사와 투자자 등 두 가지 측면으로 나눌 수 있다. 투자자 측면에서 본 효과는 신뢰성 있는 투자자료 입수가 가능하여 투자 판단에 도움이 된다. 그리고 신속 공정한 거래형성을 통한 투자자 보호에 중점을 두게 되고 상장증권은 그 가치가 제도적으로 보장되므로 높은 담보가치를 지니게 된다. 그리고 높은 시장성으로 환금이 용이하게 되는 것이다.

상장회사 측면으로 본다면 세제상의 각종 혜택이 부여되고 대외적 신용도의 증대와 생산성 향상 및 경영 합리화 촉진이 가능하다. 그리고 시장성의 증대로 자금조달이 용이하다. 증권시장을 통한 기업 및 생산제품의 PR이 기대된다. 또한 증권소유의 분산에 따른 기업의 경영과 소유의 분리 촉진 효과가 있다.

제 5 장
상장 관리

1. 소속부 지정 및 지정 변경

이 제도의 취지는 주식의 분산요건, 납입자본이익율, 배당실적, 감사 의견, 상장기간 월 평균 거래량 등을 기준으로 1·2부 소속을 구분하여 투자자에게는 합리적인 투자판단 기준을 제공함과 동시에 상장회사에게는 재무구조의 개선 및 주식의 분산을 유도하는데 있다.

시장 1부 지정요건은 제일 먼저 대주주 1인의 지분이 발행 총 주식의 51% 이상일 것, 소액주주의 수가 400~500명 이상일 것, 소액주주의 총 주식수가 40% 이상 등 주식의 분산요건을 모두 갖춰야 된다.

그리고 최근 사업년도 말의 자본금이 50억 원 이상이 되어야 할 것. 최근 3사업년도의 납입자본 이익율이 10% 이상이거나 유보율이 250% 이상이어야 할 것. 최근 3사업년도의 부채비율이 각각 상장법인의 동업종 평균 부채비율 이하일 것. 최근 3사업년도 유동비율이 각각 상장법인의 동업종 평균유동비율 이상일 것. 최근 3사업년도 중 2사업년도에 배당실적이 각각 5% 이상일 것. 최근 3사업년도 감사의견이 각각 적정 의견일 것. 상장 후 1년 이상 경과하였을 것. 주식의 월 평균거래량이 사업년도 말 현재 상장 유동주식수의 10/1000이상일 것.

지정 및 지정변경 시기를 살펴보면 신규상장은 시장 제2부에 기상장 종목은 결산기 종료 후 5월째 되는 월의 최초일이다. 지정특례는 수시로 가능하다

2. 기업내용 공시제도

이 제도는 상장법인으로 하여금 일반 투자자의 투자판단에 필요한 모든 기업정보를 제공하므로서 가격을 형성하고 증시를 통한 자원배분의 최적화를 목적으로 설립되었다.

1) 공시의 유형

발행시장에서의 공시와 유통시장에서의 공시가 있다. 유통시장에서의 공시는 다시 정기공시와 수시공시로 나뉜다.

2) 공시매체

공시방송망, 전산단말기, 증권시장지, 공시전용 자동음성 응답시스템 및 기업내용 공시실이 있다.

기업내용에 관한 중요한 사실이 발생하거나 풍문, 보도 내용에 대한 사실 여부의 조회 요구에 대해 당해 기업공시 책임자가 투자대중에게 직접 그 사실을 공시하는 직접공시 방법이 있는데 직접공시 사유 발생일 당일에 직접 공시하여야 한다.

3) 직접공시 의무 사항

어음수표의 부도 및 은행 거래정지와 은행 거래재개 영업면허를 취소반납 공장조업 중단 또는 재개 회사정리절차 개시 신청 또는 결정, 재해 발생으로 자본금의 20% 이상에 해당하는 손해발생, 합병, 영업양도·양수의 결의, 자본 증가 또는 감자의 결의, 은행관리, 주식배당, 자기주식취득 또는 처분의 결의가 있을 때이다.

4) 직접공시 사항

기업 내용으로서 투자자의 투자판단에 중요한 영향을 미치는 사항을 거래소를 통해 간접적으로 공시하는 간접공시 방법이 있다. 간접공시는 사유 발생일로부터 2일 이내에 신고하여야 한다. 관련 증빙서류를 첨부하는 것이 원칙이나 부득이 한 경우에는 우선 신고 후에 이를 보완할 수도 있다.

5) 간접공시 사항

사업 목적 변경, 시설투자, 타법인 출자처분, 차관기술도입, 자산재평가 실시, 신물질·신기술의 발명 특허권 취득 등 또는 해외 증권시장에 주권상장 추진 및 상장 후 해외 증권시장에서의 공시사항, 그리고 금융기관의 공시보고서 및 공시자료 공표시에 해당된다.

이외에도 조회공시가 있다.

불성실 공시에는 공시 불이행, 공시번복, 공시변경이 있다. 이에 대한 조치로는 매매거래정지 조치를 하고 불성실 공시사실을 공표함과 동시에 증권관리위원회에 제재요청을 통보하게 되며 혐의 종목은 증권관리위원회에 통보하여 당해 종목에 대한 매매심리를 착수케 한다.

3. 매매심사

증권시장에서 형성되는 증권의 가격은 수요와 공급의 원칙에 따라 다수의 투자자들의 경쟁을 통하여 자연스럽게 형성되어야 공정한 가격이라고 할 수 있다. 그러나 가격 형성 과정에 인위적인 요소가 개입된다면 투자자는 불의의 손해를 입을 우려가 있다.

따라서 증권거래소는 증권의 매매과정에서 개입될 수 있는 불공정한 요소들을 배제하여 증권시장에서 형성되는 가격의 공정성을 확보하고 나아가서 투자자를 보호하기 위하여 이상매매 적출업무, 감리, 종목지정 예고 및 지정상장법인, 지분변동보고의 처리, 상장법인 및 불공정 거래풍문의 수집 및 분석 등과 같은 매매내용의 심사업무를 수행하고 있다.

증권거래소는 대외 경쟁력을 확보하고 증권시장의 공정성 제고를 위하여 모든 매매 상황을 감시하며 불공정한 매매거래를 즉각 색출해 낼 수 있는 고도의 종합감리시스템을 개발하여 실제매매거래에 운용하고 있다.

4. 상장유가증권의 매매거래정지 제도

매매거래정지 제도는 당해 상장법인의 주권에 중대한 영향을 미칠 사유, 즉 주권상장폐지기준 해당 등이 발생할 경우 이 사실을 투자자에게 충분히 알려주어 선의의 투자자를 보호할 필요가 있을 때 행해진다.

매매거래정지 사유 및 정지 기간을 살펴보면 주권상장폐지기준에 해당할 때에는 매매일 기준 1일간이다. 다만, 필요시 매매거래정지를 해제하지 아니할 수 있다.

상장유가증권 중 위조 또는 변조유가증권이 발생했을 때와 주식의 병합 또는 분할 등을 위하여 주권의 제출을 요구했을 때에는 당해매매거래 사유 해소시까지 매매정지가 된다.

조회공시에 불응했을 때와 공시번복 또는 중요한 내용의 공시변경이 있을 때에는 당해사유발생 시점부터 익일 매매거래 종료시까지 매매거래가 정지된다.

주가 또는 거래량에 중대한 영향을 주는 공시 사항이 발생했을 때에는 공시시점이 오전 매매거래 시간 중인 경우에는 오전 매매거래 종료시까지 매매거래정지를 하고 공시시점이 오후 매매거래 시간 중인 경우에는 오후 매매거래 종료시까지만 매매거래가 정지된다. 다만, 이때에도 필요하다고 생각될 때에는 그 연장이 가능하다.

제 6 장
증시의 국제화

1. 증권시장 국제화의 개념

넓은 의미의 자본 자유화의 일부로서 자본 유입면에서는 외국인의 국내 증권투자와 국내 증권의 해외 발행자본 유출면에서는 내국인의 해외 증권투자와 외국증권의 내국 발행 증권시장 활동면에서는 증권업의 국제화를 포함하는 것이다.

2. 증시국제화가 증시에 미치는 영향

증권시장 제도 측면 또는 투자패턴 측면, 배당수익률 측면, 거래량 측면 등 여러 면에 많은 영향을 미칠 수 있다. 특별히 주가 형성 측면만 살펴본다면 국제금리, 환율, 원자재 가격 등의 해외 경제요인과 해외 주요국 증권시장의 주가등락에 따라 국내주가에 큰 영향을 미칠 것이다.

또한 대형 우량주를 선호하는 외국인들의 성향으로 종목간의 주가 격차 증대는 물론 성장산업 관련주의 고가 현상화가 예상된다. 핫머니의 유입 등으로 국내증시의 교란 요인으로 작용할 가능성도

배제할 수 없다

3. 추진상황

① 1981년 자본 시장 국제화 계획 발표 및 외국인 전용 수익증권 발매.

② 1984년 코리아 펀드 설립.

③ 1985년 국내 증권사의 외국증권 참여 허용 및 국내 기업의 해외 증권 발행 허용.

④ 1987년 코리아 유로 펀드 설립.

⑤ 1988년 국내증권사, 보험사, 투자신탁사의 해외 증권투자 허용, 그리고 자본시장 국제화의 단계적 확대추진계획 발표.

⑥ 1989년 해외 전환사채의 전환권 행사에 의한 외국인의 주식취득 허용.

⑦ 1991년 국내 증권회사의 해외 자회사 설립 허용 및 외국증권회사의 국내 영업 허용, 그리고 거래소 회원권 개방.

⑧ 1992년 외국인의 국내 주식투자 허용.

⑨ 1994 외국인의 국내 채권 투자 허용

4. 외국인의 주식투자

국내에 있는 영업소나 기타 사무소에 1년 이상 근무하거나 국내에서 1년 이상 영업활동에 종사하고 있는자, 또는 입국 후 2년 이상 국내에 체재하고 있는 자를 제외한 외국 국적을 보유한 개인을 외국인이라고 본다.

외국 금융기관으로서 국내에 주된 사무소를 두고 있는 법인으로 설립 후 1년 이상 경과된 자, 외국법인의 국내 지점으로서 2년 이상 영업실적이 있는 자를 제외한 법인을 외국법인이라고 한다.

해외 영주권자는 국제 금융기관 및 기타 단체를 일컫는다.

주식의 경우 종목별 외국인 1인 투자한도는 당해 종목발행주식 총수의 3%이며 종목별 외국인 전체 취득한도는 당해 종목발행주식 총수의 15%이다.

외자도입법에 의한 외국인 투자기업 또는 해외증권 발행기업은 신청에 의해 25% 범위 내에서 위원회가 한도를 정하는 경우와 공공법인으로서 상장된 기업(10%)은 예외이다.

상장된 주식은 증권시장을 통해서만 거래할 수 있고 신용거래는 할 수 없다.

채권의 경우 외국인의 채권인수는 발행금리가 국제금리 수준 이하이고 만기가 5년 이상인 국·공채 등 매우 제한적으로 허용된다.

중소기업 전환사채도 허용이 되며 종목별 외국인 취득한도는 당해 종목상장금액의 5%, 종목별 외국인 전체 취득한도는 상장금액의 30%이다.

투자 절차는 아래와 같다.

첫째, 갑류 외국환은행의 외화표시 및 원화표시 계정 개설을 하고 지정 외환은행의 외화표시 지정계정으로부터 원화계정으로의 이체에 대한 허가를 받아 증권회사 원화계정으로 투자자금을 이체해야 한다.

둘째, 주식매각대금 및 배당수령금은 증권회사의 투자계정으로부터 지정 외국환은행의 원화계정으로 이체 지정외국환은행으로부터 허가를 얻어 송금해야 된다.

셋째, 증권감독원에 실명으로 등록하고 투자 등록증을 교부받아야 한다.

넷째, 투자등록증을 제시하여 증권회사에 위탁계좌를 개설해야 한다.

다섯째, 투자관련업무를 수행하기 위하여 상임 대리인을 지정하고 문서나 전화 등으로 주문 제출해야 된다. 주문 제출시에는 위탁증거금을 납부해야 되며 모든 주문은 지정가 주문이어야 한다.

여섯째, 주식의 매수는 주문시점에 취득한 것으로 간주하고 주식의 매도는 체결시점에 처분한 것으로 간주하여 취득한도 초과여부를 점검하게 된다.

일곱째, 증권회사는 외국인의 유가증권 매매거래 내용을 증관위에 보고해야 된다. 매매체결 및 결재 기타는 내국인투자의 경우와 같다.

2

주가지수 선물거래 및 주가지수 옵션

제 1 장
주가지수 선물거래

1. 주가지수 선물거래의 의의

주가지수 선물거래는 다수의 주식을 동시에 매매하는 것과 같은 수단이 되므로 주식투자자의 투자종목 선택에 따른 어려움을 없애게 된다.

주가지수 선물거래는 주식시장 전체 또는 특정 주식집단의 시세임을 나타내는 주가지수를 대상으로 하는 선물거래이다. 따라서 투자자는 장래 일정시점을 주가지수를 예측하여 정하는 선물지수로 계약을 체결하고 계약 당시의 선물지수와 최종 결제지수간의 차이에 거래소가 정하는 일정 금액을 곱하여 산출한 금액을 받게 된다.

2. 주가지수 선물의 경제적 기능

주가지수 선물거래는 주식보유자나 주식보유 예정자가 주가 변동에 따른 손실을 회피하거나 줄이기 위해 선물시장에서 선물을 매도하거나 매매함으로서 주가 변동에서 오는 위험을 피할 수 있게 된다.

해지기능으로 인한 투자위험의 감소로 기관 투자자의 투자 확대를 통한 주식시장의 유동성 확대 및 시장의 안정화에 이바지하게 된다.

선물시장에 참여하는 해져와 투기자 등 다수의 참여자가 관련된 모든 정보를 수집, 분석한 후에 매매에 참여함으로서 결정되는 선물가격은 신뢰도가 높아 장래 주가 예측자료로 활용케 된다. 10% 내외의 낮은 증거금으로 주식시장 전체의 움직임에 대한 투자가 가능한 주가지수 선물거래는 고위험 고수익을 선호하는 투자자에게 새로운 투자 수단을 제공한다.

3. 주가지수 선물시장의 구조

거래소는 조직화된 시장을 제공하고 매매시간의 설정, 거래규칙의 제정 및 거래대상의 표준화, 시장정보의 전달, 거래의 이행보증 및 회원의 영업행위에 관한 공정규칙 등을 제정하는 것을 주요 업무로 한다.

거래소마다 사회적 신뢰도, 재무능력 등을 따져 일정한 자격요건을 기준으로 회원자격을 주는 회원으로 구성된다.

이에 대한 결제는 결제기구에 의해 이루어지고 있다. 결제기구는 거래소에서 체결된 모든 매매계약에 대해 상대방의 입장이 되어 손익에 대한 차액을 받음으로써, 쌍방의 계약이행을 보증하게 된다.

결제기구는 거래소의 담당부서 또는 부속기관으로 운영한다.

회원은 고객의 주문처리 고객별 미결제 약정수량(포지션)에 대해 기록유지 및 증거금 등 예탁금 관리를 하며 그 대가로 수수료를 받게 된다.

투자자는 크게 헤져(Hedger)와 투기자(Speculator)로 나뉜다.

헤져란 자신이 보유 중인 주식이 같이 하락 또는 매입 예정인 주식의 가격상승에서 오는 위험을 회피하기 위하여 선물시장에서 주식시장의 거래와 반대되는 거래를 하는 자를 말한다. 투기자란 자신이 수집 분석한 모든 정보를 기초로 선물시장의 가격 움직임을 이용하여 시세차익을 얻기 위하여 거래하는 자를 말한다.

4. 주가지수 선물시장 운영

거래소는 대상지수의 변동 정도, 지수 구성 종목의 적정성, 매매수요의 전망 등을 고려하여 거래 대상을 선정한다.

회원은 투자자로부터 주문을 받아 거래소에 전달한다. 모든 주문은 거래소에 집중되어 공개발성, 호가방식 전산시스템에 의해 매매(동경증권거래소, 독일선물거래소 등)가 체결된다.

회원은 고객주문의 매매결과를 거래소로부터 확인하여 투자자에게 통보한다.

거래소는 계약일과 계약이행일까지의 기간이 장기간이므로 계약의 이행보증을 위하여 매도 및 매수자로부터 회원이 받는 일정액의 금액을 증거금으로 받으며 이는 개시증거금과 유지증거금으로 구분된다. 개시증거금은 거래를 개시할 때 계약의 이행보증을 위해 징수하는 약정 금액의 일정 비율에 해당하는 금액이며 유지증거금은 고객이 자신의 선물계약을 유지하는데 필요한 최소한의 증거금으로 선물가격변동에 따른 매일매일의 정산결과 증거금이 유지증거금 아래로 내려가게 되면 고객은 개시증거금 수준까지 증거금을 충당해야 한다.

이때는 1일 정산을 하여야 되는데 1일 정산이란 미결제 약정(포지선)에 대해서 결제지수(당일의 최종 선물지수)로 재평가한 손익을 증거금에 반영하는 것을 말한다.

선물거래의 최종 거래일 이전에 당초의 매수약정 또는 매도약정을 반대매매(전매 또는 환매)하여 결제하는 방법, 즉 반대매매에 의한 결제와 최종 거래일까지 남아 있는 미결제 약정을 최종 결제지수로 평가하여 결제하는 최종 결제일 결제가 있다.

5. 주가지수 선물의 가격

주가지수 선물의 이론 가격은 현물가격(주가지수), 금융 비용, 배당수입의 3가지 요소로 결정된다.

그러므로 주가지수 선물이론 가격은 현물가격(주가지수)+금융 비용——배당수입이 된다. 금융 비용은 주가지수 선물 1계약이 해당하는 주식매입 대금의 차입이자 비용이다. 배당수입은 주가지수 선물 1계약에 상당하는 주식을 결제일까지 보유함에 따라 발생하는 배당수입을 말한다.

베이시스(Basis)란 현물가격과 선물가격의 차이로서 절대치로 표시되는 것이다. 주가지수 선물가격은 현물가격(주가지수)과 밀접한 관계가 있고, 최종 거래일에는 서로 일치하게 된다. 따라서 선물가격과 현물가격의 차이(베이시스)가 비정상적으로 커지거나 적어지는 경우에는 저평가된 선물 또는 주식을 매입하고 고평가된 선물 또는 주식을 매도하여 그 이익을 얻으려는 거래가 발생하여 다시 정상적인 베이시스, 즉 이론적 베이시스로 접근하게 된다.

6. 주가지수 선물의 거래 유형

여기에는 헤지거래(Hedging Trading), 투기거래(Speculation Trading), 차익거래(Arbitrage Trading), 스프레드거래(Spread Trading)가 있다.

헤지거래란 주가변동에 따른 손실을 막거나 줄이기 위해 이용하는 거래이다. 그리고 주식을 보유하고 있는 자는 주가 하락에 대비하여 선물을 매도함으로써 주가 하락에 따른 손실을 선물매매이익으로 보존하고 주식을 매입하려는 자는 선물을 매수함으로써 주가 상승으로 인한 손실을 보전하는 것이다.

투기거래란 현물(주식)거래와 연계하지 않고 선물가격의 등락을 이용하여 차익을 얻기 위한 거래이다. 주가 상승이 예상되는 경우 주가지수 선물을 매입하여 가격이 상승하면 매각하고 반대로 주가 하락이 예상될 때는 주가지수 선물을 매도하여 가격이 하락하면 매수함으로서 차익을 얻는다.

차익거래란 주가와 주가지수 선물가격의 비정상적인 가격 차이에서 이득을 얻는 거래이다. 이는 주가와 주가지수 선물가격의 차이가 비정상적인 상태에서 장래 정상적인 상태로 되돌아갈 것으로 예상하여 고평가된 선물이나 주식을 매도하고 동시에 저평가된 선물이나 주식을 매입하여 무위험 수익을 얻고자 할 때에 이용한다.

스프레드거래란 유사한 지수선물간 또는 동일지수선물 중 다른 결제월 종목간의 가격 차이 변화로부터 이익을 얻고자 하는 거래이다. 한 개의 주가지수 선물을 매입 또는 매도함과 동시에 유사한 다른 주가지수 선물을 반대로 매도 또는 매입하는 방법이 이용된다. 이에는 선물거래지수간, 스프레드 시장간, 스프레드 결제월간 등 세 종류로 구분한다.

7. KOSPI 200 주가지수 선물운영 요강

한국주가지수 200(KOSPI 200)이란 지수명으로 표기한다. 한국증권거래소에 상장된 종목 중 시장 대표성, 유동성, 업종 대표성 등을 고려하여 선정한 200종목으로 구성된다. 이는 1990년 1월 3일(100.00) 기준 시점으로 하되 산출방식은 시가 총액식으로 한다.

결국 KOSPI 200은 선물지수 구성종목의 비교 시점의 시가총액 합계를 선물지수 구성종목의 기준 시점의 시가총액 합계로 나누어 100을 곱한 것이다.

종목선정 기준은 매월 6월 정기시무일 직전 연도의 종목별 평균 시가 총액 및 연간 거래량을 기준으로 종목선정 및 변경을 하게 된다.

시가 총액식으로 하되 기준 시점은 1990년 1월 3일이다.

결제월 종목은 3월, 6월, 9월, 12월 등 4종목이다.

최종 거래일은 각 결제월의 2번째 목요일이며 가격 제한폭은 기준가격 대비 5%이다. 호가위는 100포인트 미만은 0.05포인트, 100포인트 이상은 0.1포인트로 한다. 거래단위는 KOSPI 200지수 곱하기 50만 원(거래단위승수)이고 위탁증거금은 위탁금액(주문가격×수량×50만 원)의 15%인데 이중 10%는 대용증권으로 납입이 가능하다.

유지증거금으로는 미결제 약정금액의 10%(동금액 미달시 추가증거금 징수)이며, 1일 정산을 하되 보유 미결제 약정을 당일의 선물종가로 평가하는 것이다. 매매증거금은 매매증거금 기준의 10%인데 전액 대용증거금으로 납입이 가능하다.

제 2 장
주가지수 옵션 거래

1. 주가지수 옵션의 정의

주가지수 옵션은 계약 당사자간의 정하는 바에 따라 일정한 기간 내에 미리 정한 가격으로 상품이나 유가증권 등의 기본자산을 살 수 있는 권리 또는 팔 수 있는 권리(선택권)를 의미한다.

옵션의 매도자는 계약서에서 정하는 특정자산을 살 수 있는 권리 또는 팔 수 있는 권리를 매수자에게 부여한다. 옵션의 매수자는 계약 후 일정기간 동안 기본자산의 시장가격과 계약 당시 정한 가격을 비교하여 상황이 자기에게 유리하면 그 권리를 행사하고 불리하면 권리를 포기할 수 있다.

주가지수 옵션의 매도자는 매수자가 권리를 행사하면 이에 응해야 하는 의미만을 부담하기 때문에 매수자로부터 그 대가를 받는데 이를 프리미엄이라고 한다.

2. 콜옵션(call option)과 풋옵션(put option)

주가지수선물 옵션거래에는 콜옵션과 풋옵션이 있는데 콜옵션은 매수자가 발행자로부터 지정된 날짜 이전에 특정 자산의 일정 수량을 미리 정한 가격으로 매수할 수 있는 권리를 말한다. 풋옵션은 매수자가 발행자로부터 지정된 날짜 이전에 특정자산의 일정 수량을 미리 정한 가격으로 매도할 수 있는 권리를 말한다.

3. 주가지수 옵션

주가지수 옵션은 주식시장 전체 또는 특정 주식 집단의 시세 움직임을 나타내는 주가지수를 대상으로 하는 옵션거래이다. 주가지수 옵션거래는 시장 전체의 등락에 따라 손익이 결정되므로, 주식투자시 투자종목 선택에 따른 어려움을 제거할 수 있다.

다만, 주가지수 옵션의 대상물인 주가지수는 실체가 없는 추상물이므로 살 수 있는 권리를 행사하더라도 주가지수를 인수받을 수 없고 팔 수 있는 권리를 행사하더라도 주가지수를 인도할 수 없다. 따라서 주가지수 옵션의 권리를 행사하면 살 수 있는 가격 또는 팔 수 있는 가격과 권리 행사 당시 주가지수의 차이에 거래소가 정하는 일정 금액을 곱하여 산출한 금액을 수수하게 되는 것이다.

예를 들어서 주가지수가 130포인트일 때 125포인트에 살 수 있는 주가지수 콜옵션의 권리를 행사하면 지수 차이 5포인트에 50만 원(거래소가 정하는 거래단위)을 곱하여 산출한 250만 원을 받을 수가 있다.

4. 옵션 매수자와 옵션 매도자

옵션 매수자(buyer)는 소지인(holder)이라고도 하며 옵션의 대가, 즉 프리미엄을 지불하고 옵션을 행사할 수 있는 권리를 산 사람이다. 옵션 매도자(seller)는 옵션 발행자(writer)라고도 하며 옵션을 창출하여 매도하는 자로서 매수인에게 매수할 수 있는 권리 또는 매도할 수 있는 권리를 부여하고 그 대가, 즉 프리미엄을 받는 자이다.

옵션 매도자는 그가 매도한 옵션을 유통시장에서 다시 매수하여 보유 포지션을 해소하지 않으면 옵션 매수인이 권리를 행사할 때 옵션의 계약조건대로 의무, 즉 기본자산의 매도 또는 매수를 이행하여야 한다.

제 3 장

증권투자

1. 의의

증권투자는 일반적으로 화폐형태의 자본을 투자하여 장래에 일정한 수익을 얻을 목적으로 자산이나 재산권을 취득하는 것이다. 유가증권, 부동산, 상품 등을 그 대상으로 하는데 이중에서 특히 유가증권에 대한 투자를 의미한다.

2. 주가 변동요인

주가 변동은 수요와 공급의 상관관계로 이루어지며 기업의 수익에 관계되는 모든 요인이 복합적으로 작용을 하게 된다. 뿐만 아니라 당해 기업 요인이 크게 작용될 수가 있다. 그것은 업계수지변화와 성장력, 경영형태, 경쟁관계, 입지조건, 경영기반, 경영자 등의 산업 및 경영요인에 의한 질적 요인과 시장인기 기관 투자자의 투자 증권정책 등 시장 내부요인과 국내외의 정치, 사회, 문화, 전쟁, 기후, 재해 등 경제외적인 요인과 생산, 물가, 임금 등 경기변동, 그리고 통화환율, 국제수지, 금리 등 금융동향과 모든 경제적 여건에 따르는 경제적 요인을 들 수 있다.

3. 투자 정보의 원천

증권시장지 상장회사의 사업보고서(반기보고서), 증권종합정보문의 단말기, 증권거래소 공시방송망, 일반경제신문, 증권회사가 간행하는 일보 · 주보 · 월보 등과 공시전용 자동응답 시스템이 있다.

4. 주식투자의 수익

배당수익과 유상주 수익, 무상주 수익, 매매차익이 있다.

채권투자를 살펴보면 원금상환과 정기(확정부)이자지급이 보장(안정성)되고 이자율은 공금리 수준보다 높아 그 수익성이 좋다. 채권매입 후 수익률 하락시에는 매매차익이 발생하게 된다.

참고로 BMF 수익증권은 정부와 한국은행에서 발행한 채권에 투자용(취급기관 증권회사)하여 예상수익이 기대되는 것이다.

환매조건부 채권은 증권회사가 보유하고 있는 채권을 고객이 매입한 후 현금이 필요할 때에는 언제든지 경과기간에 따라 일정액의 이자를 가산해 증권회사가 다시 사겠다는 조건으로 거래되는 저축수단이다. 이는 확정이자가 기대된다.

5. 증권투자 지표

주가지수(Stock Price Index), 주가평균(Stock Price Average), 배당수익율(Dividend Yield), 주가수익비율(Price Earnings Ratio : PER), 기타 거래량, 거래대금, 거래 형성율, 매매 회전율 등이 있다.

6. 증권투자시 참고사항

투자 자금의 성격 및 투자규모, 투자목적 기간 등을 사전에 검토하여야 한다.

자신의 판단과 책임하에 투자하고 눈앞의 주가 변동이나 주식시장의 분위기에 동요되지 않는 냉정한 자세로 투자해야 한다. 투자수익은 금액을 지향하고 투자 수익률, 즉 1주당 순이익 등을 중시하는 자세가 필요하다.

포트폴리오를 구성하여 분산투자를 하고 각종 투자정보를 수집하여 종합적으로 분석 활용해야 된다. 증권가격의 변동요인에 대하여 거시적 안목에서 판단하도록 해야 한다. 무엇보다도 여유를 가지고 소액투자로 시작하여 실패의 경험을 축적하므로서 자기능력 이상의 무리한 투자를 하지 않는 자세가 필요하다.

종목선택을 할 때에는 수익성, 안정성, 환금성(유통성)을 고려해야 한다. 그리고 장기 무배당, 부채과다, 누적결손, 과다주식 및 신용거래가 많은 주식 등은 피해야 한다. 예측이 어려울 때는 보유주식의 일부처리 등 주식수를 줄여야 한다. 매매거래량을 항상 감안하고 외국인과 기관 투자가의 동향을 잘 살펴야 된다.

사업의 장래성 및 성장성과 재무구조, 수익성, 계열기업군의 건실성, 경영자의 인격, 사회적 평가, 경영방침 등을 고려하여 최우량주를 찾아내도록 해야 한다.

매매시점 선택으로는 개별종목 및 같은 업종의 주가 동향과 시장전체의 동향을 분석하고 시장전체 주가 수준의 판단기준을 활용해야 된다.

제 4 장
주가지수 선물거래 제도

1. 제도의 기본 방향

주식시장과 주가지수 선물시장의 안정적 관리 및 균형 발전을 도모한다는 기본 원칙 아래 가급적 주식시장 제도와 비슷하게 함으로써 이용자의 편의를 도모한다. 주가지수 선물거래의 특성상 다르게 정하거나 새로이 정해야 하는 사항에 대해서는 외국의 예를 참고하되 우리 나라의 증권 및 금융시장 여건 등을 감안하여 우리 실정에 가장 적합한 제도를 채택하였다.

향후 시장 상황에 따른 증거금률조정, 가격 급변시 거래중단, 차익거래 관련정보 공시 및 규제 등 시장관리 방안을 통하여 주식시장과 주가 지수 선물시장에 안정화를 기하도록 하며 이 두 시장을 연계한 불공정거래의 효과적인 적출, 조사 등을 통하여 투자자 보호에 만전을 기하도록 한다.

2. 결제 및 최장거래 기간

결제월은 헤지 거래 중심시장으로 육성하고 국제관례 및 회사채의 이자 지급주기(3개월) 등 자금운용 사이클을 고려하여 결제월을 3개월 간격으로 하되 투자자가 기억하기 쉽고 상장회사의 결산기인 3, 6, 9, 12월로 한다.

최장거래 기간은 기관 투자자의 회계기간(1년)과 일치시키고 장단기 투자수요에 부응할 수 있도록 1년(4결제일 종목)으로 한다.

3. 최종 거래일 및 거래 개시일

최종 거래일은 현물주가의 단층현상이 발생하는 배당락일(1월초 및 월말), 시중의 자금수요가 집중되는 시기(셋째주~월말) 및 공휴일, 통화안정 증권의 입찰일(매주 금요일)과 납입일(매주 화요일) 등과 겹치지 않도록 각 월의 두 번째 목요일로 한다.

거래 개시일은 거래의 연속성 유지를 위하여 최종 거래일의 익일로 한다.

4. 거래시간

최종 거래일 이외의 날 전장의 거래시간은 차익거래를 원활하게 하기 위하여 주식시장과 동일하게 하되 토요일에는 평일 후장 종료시간을 주식시장보다 15분 연장하는 취지에 따라 주식시장보다 15분 늦게 종료한다. 후장의 거래시간은 확정된 최종 현물지수 및 현물 포지션에 따라 선물 포지션의 조정 기회를 부여하기 위하여 주식시장보다 5분 늦게 종료한다.

주식시장의 종가는 10분 동안 호가를 접수받아 단일가로 매매하므로 10분 동안 주식시장의 정보가 단절되어 동시간까지 거래를 계속할 경우에는 선물가격이 따로 움직여 현물간 가격이 왜곡될 수 있다. 따라서 선물거래의 종료시점을 주식시장의 종가 결정을 위한 동시호가 접수개시 시점으로 하여 주식시장보다 10분 일찍 종료한다.

5. 호가 방법 내용 및 공개범위

호가 방법으로는 회원 영업소에 설치된 호가 입력단말기로 입력하는 방법과 본 지점의 주문이 회원의 선물시스템을 경유하여 직접 거래소의 선물시스템으로 전달될 수 있도록 회원시스템을 거래소 선물시스템에 연결하는 방법 중 회원이 선택하도록 한다. 다만, 호가 입력단말기의 장애시에는 거래소에 설치된 예비호가 입력 단말기를 통하여 결제월 종목 매도·매수 구분, 가격, 수량 위탁·자기 매매구분 및 계좌번호 등을 입력한다.

차익거래의 원활화를 위해서는 가능한 많은 내용을 공개할 필요가 있으나 유동성이 부족하거나 호가 분포가 고르지 못할 가능성이 커 시세조작 등 불공정 거래가 우려되므로 최근 월물 및 차근월물은 매도·매수별 3개 우선호가(호가 가격 단위기준)의 가격과 그 수량, 매도·매수별 총 호가 수량을 공개하되 차근월물 결제월의 직접 월초부터 적용하며 원월물은 매도·매수별 최우선 호가(호가 가격 단위기준)의 가격과 그 수량매도 매수별 총 호가 수량을 공개한다.

6. 거래단위

거래단위는 한국주가지수 200(KOSPI 200) 곱하기 50만 원(거래단위승수)으로 하는데 소액 개인 투자자의 참여제한, 적정 유동성의 확보 및 주요 기관 투자자에 대한 설문조사 결과 등을 감안하여 거래단위 금액이 5천만 원 정도가 되도록 거래단위 승수를 50만 원으로 한다.

7. 호가 가격 단위

회원의 자기매매의 원활화를 위하여 선물가격이 1호가 가격 단위만큼 변동하였을 경우의 이익이 최소한 회원의 자기매매 비용을 보전할 수 있는 수준 이상으로 호가 가격 단위를 정할 필요가 있다. 거래소의 정률회비 증권업협회비 및 세금 등 회원이 자기매매 비용은 거래에 소요되는 증거금을 기준으로 주식시장의 징수율과 동일하게 적용할 경우 거래대금의 약 0.040%로 추정되므로 호가 가격 단위의 수익률(호가 가격 단위÷선물가격×100%가 0.040%)을 초과하도록 호가 가격 단위를 정한다.

8. 기준가격 및 가격 제한폭

기준가격은 시장 개설시 및 새로운 종목의 상장시에는 현 선물시장간의 가격 균형을 도모하고 투자자의 합리적 시장 참여를 유도하기 위하여 현물종가지수를 기초로 산출한 이론가격을 기준가격으로 한다. 최초의 선물가격이 성립한 후에는 선물가격이 연속성 유지를 위하여 최근일의 선물종가를 기준가격으로 하되 전일에 선물가격이 없는 경우로서 최근일의 선물종가와 당일의 이론가격과의 차이가 가격 제한폭을 초과할 경우에는 이론가격 [전일현물종가지수×(1+＜단기금리－배당수익률＞×잔존일수÷365)] 으로 한다.

가격 제한폭은 우리 나라의 경우 미국, 영국 등의 Locals, 일본의 기배제도 등과 같이 가격 안정성을 유지시키는 제도적 장치가 없고 주식시장의 가격 변동성도 높은 편이므로 선물시장의 가격 제한폭을 크게 할 경우 주식시장의 변동성을 증가시킬 우려가 있다.

반면 가격 제한폭을 작게 할 경우에는 빈번한 상·하한가의 발생으로 시장의 유동성을 저해하여 주식시장과의 불균형을 초래할 가능성이 크다. 따라서 선물시장과 주식시장의 가격 움직임이 균형을 이룰 수 있도록 하기 위하여 선물의 가격 제한폭을 기준가격에 5%를 곱한 수치로 한다.

9. 매매계약 체결방식 및 동시호가 수량배분

매매계약 체결방식은 대량주문의 신속한 매매체결 착오매매의 최소화 및 차익거래의 원활화 등을 고려하여 주식시장과 동일하게 전산시스템에 의한 개별경쟁매매 방식으로 한다.

주식시장과 동일하게 호가를 기준으로 우선 1계약, 5계약을 배분한 후 배분의 공평성을 기하기 위하여 그 잔량을 안분비례로 배분한다.

10. 선물시스템 장애시의 매매계약 체결방식

장애가 복구되지 아니한 경우에는 장애 발생 시점에서 당일의 매매거래를 종결하는 것을 원칙으로 하되 반대 매매기회의 상실로 결제 불이행 사태가 발생할 우려가 있거나 장애복구에 상당한 시일이 소요되는 때에는 거래기회를 부여할 필요가 있으므로 선물시스템 이외의 방법으로 매매체결을 할 수 있도록 한다.

장애가 복구된 경우에는 대기호가의 매매체결을 신속 공정하게 하고 기제출 호가에 대한 정정 취소로 장애시간 중에 발생한 정보를 반영할 수 있도록 단일가로 매매한다. 이때 단일가 매매를 위한 동시호가 접수시간은 대기호가 수량 및 장애발생 시간 등 시장 상황을 고려하여 거래소가 그때마다 정한다.

11. 주식시장 전산장애시 선물시장 운영방안

선물거래를 중단하지 않을 경우 현물시장의 시세 정보 단절로 선물가격이 급변하게 변하여 현 선물간의 가격 차이가 왜곡되며 이러한 선물가격은 주식시장의 매매거래 재개시 주식가격의 형성에도 영향을 미치게 되므로 주식시장의 전산장애로 주식매매거래가 중단된 때에는 선물거래도 함께 중단한다.

선물거래 재개시의 매매계약 체결방법은 중단시간 중 발생한 정보를 반영할 수 있고 대기호가에 대한 충분한 호가 입력 시간을 확보함으로써 매매체결의 공평성을 기할 수 있도록 단일가로 매매한다.

12. 착오매매의 정정 방법

착오매매는 회원착오에 의한 매매와 거래소 착오에 의한 매매 등 두 가지로 나눌 수 있다. 우선 회원착오에 의한 매매의 정정 방법을 알아보자.

첫째, 매매거래 시간 중에 발견한 착오매매는 회원이 즉시 반대매매하고 주문내용에 부합되는 호가를 다시 입력하도록 한다. 매매거래 종료 후에 발견된 착오매매는 가격과 수량 등 매매체결 내용의 변경 없이 위탁매매를 자기매매로 또는 자기매매를 위탁매매로 정정하되 정정의 악용방지를 위하여 회원으로 하여금 증빙서류를 첨부한 정정승인 신청서를 거래소에 제출토록 한다.

둘째, 거래소 착오에 의한 매매의 정정 방법을 알아보자.

거래소 착오 매매분을 회원의 자기매매로 인수시킨 후 익일에 반대매매를 하게 하며 이로 인하여 발생한 손익은 당해 회원과 거래소간에 정산하도록 한다.

정정시기는 거래 종료 후 거래소는 회원으로부터 전매 환매 수량을 신고 받아 미결제 약정 수량을 잠정 확정하여 일일 정산차금을 산출하여야 하므로 당일 정정은 허용하지 아니한다. 또한 회원은 거래 종료 후 고객의 미결제 약정에 대한 손익을 평가하여 위탁증거금이 유지증거금 수준에 미달할 경우 익일 13시(토요일은 10시)까지 추가 증거금을 징수해야 하기 때문에 그 후에도 정정을 인정할 경우에는 증거금 관리가 부실해질 우려가 있으므로 정정시기는 매매체결일의 익일 13시(토요일은 10시) 전으로 한다.

13. 회원의 선물거래 담당자의 업무, 등록 및 관리

등록요건은 시장 개설 초기에 매매체결 및 결제업무의 실무처리에 혼란을 최소화할 수 있도록 회원의 임원 또는 직원으로서 거래소 교육을 받은 자로 하되 선물시장이 확정된 후에는 증권연수원의 선물옵션반 교육과정을 이수한 자로 한다.

등록 인원은 매매 및 결제에 수반되는 업무를 신속히 해결하기 위하여 2인 이상을 등록하도록 하되 그 중 1인을 선물거래 책임자로 지정하여 선물거래 단말기 설치 장소에 상주토록 한다. 관리는 회원의 본점 또는 지점의 선물거래 단말기 설치 장소를 유가증권시장의 일부로 간주하여 동 장소에서 근무하는 선물거래 담당자에 대하여는 주식시장 대리인에 관한 제규정을 준용토록 한다.

14. 선물가격 급변시 선물거래 중단제도

선물시장의 가격 급변시 현물시장에 미치는 영향을 최소화하고 투자자에게 투자 판단에 필요한 냉각기간을 제공하고 시장의 투명성 제고를 위해 중단 기준을 명확하게 설정하되 빈번한 중단으로 가격의 연속성 저해를 방지하기 위해 가격 기준 이외에 괴리율 기준도 설정한다. 중단시간은 5분이며 중단은 14시 20분(후장이 없는 날은 10시 50분) 이후에는 적용하지 아니하며 중단횟수는 당일 중 1회에 한한다. 선물거래 재개시의 매매계약체결 방법은 단일가로 매매한다.

15. 선물이론가격 산정기준

기준 가격으로 적용하는 경우는 시장 개설시, 새로운 종목의 상장시 가격 제한폭 설정을 위한 기준 가격으로 한다. 최초의 선물가격 성립일 이후에는 최근일의 선물종가를 기준 가격으로 한다. 다만, 전일에 선물가격이 없는 경우에는 최근일의 선물종가를, 당일 이론가격의 차이가 가격 제한폭을 초과하는 경우에는 선물이론가격으로 한다. 일일정산시 결제가격으로 적용하는 경우 결제가격은 당일의 선물종가로 하지만 당일의 선물종가가 없는 경우에는 최근일의 결제가격으로 하되 최근일의 결제가격과 당일의 이론가격과의 차이가 가격 제한폭을 초과할 때에는 당일의 선물이론 가격으로 한다.

선물이론가격의 산출방법은 현물가격(KOSPI 200)에 금융비용을 합산하고 예상배당 수입을 차감하여 산출하는데 금융비용의 산출은 양도성 예금증서(CD)의 연이자율에 잔여 일수를 곱하여 산출하고 예상배당 수입의 산출에 있어서는 미래의 배당을 예상할 수 없으므로 전기의 현금배당금을 기초로 한 가중 배당수익율로 하되 산정기관에 발생하는 배당금만을 그 대상으로 한다.

제 5 장
결제제도

1. 전매 · 환매수량신고

회원은 호가 입력시에는 당해 호가가 신규 주문인지 또는 전매환매 주문인지를 구분할 필요가 없고 선물거래가 종료된 후 1시간 이내에 결제월 종목별, 자기위탁매매별로 당일에 전매환매한 수량을 선물거래 단말기에 입력하는 방법으로 거래소에 신고하여야 한다.

2. 최종 결제가격 산정

당일의 선물종가를 일일 정산시의 정산 가격으로 하고 동 가격이 없는 경우에는 최근일의 선물종가를 정산가격으로 한다. 다만, 개시증거금과 유지증거금과의 차이가 가격 제한폭인 점을 고려하여 최근일 선물종가와 당일의 이론가격과의 차이가 최근일의 선물종가를 기준가격으로 한 가격 제한폭을 초과하는 경우에는 당일의 현물지수를 기초로 산출한 이론가격을 정산가격으로 한다. 거래소와 회원간 정산 차금의 결제 시한은 착오매매 정정 등 결제업무에 필요한 기간을 감안하여 일일정산금 발생일로부터 기산하여 3일째의 날 16시(토요일은 13시)로 한다.

최종 결제가격은 최종 거래일 최종 현물지수로서 단일가 매매에 의해 결정되므로 차익거래와 관련된 주식거래 주문이 주가를 급변시키지 않으면서 원활하게 집행될 수 있으므로 외국의 특별결제지수와 유사한 효과를 얻을 수 있다. 따라서 최종 거래일의 최종 현물지수를 최종 결제가격으로 하되 최종 거래일에 현물지수가 없는 경우에 한하여 그 익일에 산출하는 특별 결제지수로 한다.

3. 거래소와 회원간의 최종결제 및 결제시한

최종결제는 최종 거래일까지 반대매매되지 않은 미결제 약정에 대해서는 매매 체결일로부터 최종 거래일까지 매일 선물종가로 일일정산을 해 왔으므로 해당 미결제 약정에 대해서는 최종 거래일의 선물종가와 최종 결제가격을 비교하여 산출하는 자금을 수수한다.

결제시한은 최종 결제가격을 최종 거래일의 최종 현물지수로 하는 경우에 일일 정산차금의 결제시한과 같이 최종 거래일로부터 기산하여 3일째 되는 날 16시(토요일은 13시)로 한다. 최종 결제가격을 특별 결제지수로 하는 경우에는 특별 결제지수가 최종 거래일의 익일에 산출되는 점을 감안하여 특별결제지수 산출일로부터 기산하여 3일째 되는 날16시(토요일은 13시)로 한다.

4. 결제대금의 수수방법

거래소가 지정하는 은행의 거래소 일일정산계좌와 회원계좌간에 이체하는 방법으로 하되 어느 한 시장에서의 결제 불이행 사태가 타시장에 파급되지 않도록 하고 주식과 선물의 위약손해배상 공동기금이 구분되어 적립 사용되는 점을 고려하여 주식결제대금과 주가지수 선물결제대금을 차감하여 결제하지 아니한다.

5. 매매증거금 산출시의 기준가격

회원의 매매증거금의 빈번한 예탁 인출에 따른 업무 번잡을 회피하기 위하여 결제 월종목별 매매증거금 기준가격을 매매거래가 최초로 성립한 날의 결제가격으로 한다. 다만, 시세가 크게 변동하여 최초 결제가격에 의하여 징수하는 매매증거금이 결제이행 보증기능을 상실하거나 과다 징수될 때에는 그 기준가격을 변경한다.

6. 매매증거금률 및 대용증권의 예탁한도

매매증거금률은 매매증거금이 유지증거금보다 적게 되면 결제이행보증기능을 상실하게 되고 유지증거금보다 많으면 고객으로부터 징수한 위탁증거금보다 많은 금액을 거래소에 예탁하게 되므로 유지증거금률과 동일하게 정할 필요가 있다.

동 유지증거금은 추가증거금 징수시한(익일)까지의 최대가격 변동폭을 고려하여 가격 제한폭의 2배로 설정하였으므로 매매증거금률도 가격 제한폭의 2배로 정하되 시장 개설 후 선물가격의 변동성 등을 고려하여 필요한 경우에는 조정할 수 있도록 한다.

대용증권의 예탁한도를 살펴보자. 대용증권은 환금성이 높은 증권을 대용증권으로 지정하고 있을 뿐만 아니라 그 대용가격도 시가를 기준으로 일정비율 사정하고 있어 매매증거금으로 충분히 가능할 수 있으므로 매매증거금 전액을 유가증권으로 예탁할 수 있도록 하되 필요한 경우에는 예탁한도를 조정할 수 있도록 한다.

7. 주가지수 선물시장에서의 대용증권의 지정 및 대용가격

우리 나라는 주식시장에서도 위탁증거금을 징수하고 있고 그 중 일부를 증권거래소가 지정하는 대용증권으로 징수할 수 있도록 하고 있다. 따라서 주가지수 선물거래 위탁증거금 징수시의 대용증권 지정도 주식시장과 동일하게 한다.

주식시장에서의 대용증권별 대용가격은 시가를 기준으로 일정비율을 적용한다. 그 비율은 60~90% 수준이어서 담보가치가 높으므로 주가지수 선물시장에서의 대용증권별 대용가격도 주식시장과 동일하게 적용한다.

8. 매매증거금

매매증거금과 위탁증거금의 징수 방법은 형평성을 유지할 필요가 있다. 그런데 위탁증거금의 징수시에는 시장 개설초기에 회원이 고객의 거래유형을 구분하기 어렵다는 점 등을 고려하여 거래유형별로 차등 징수하지 않고 있으므로 매매증거금의 징수방법도 거래유형별로 구분하지 않고 균등 징수한다.

징수 기준은 위탁증거금과 매매증거금 징수 기준의 형평성 및 시장의 안정적 운영 등을 고려하여 매도 미결제 약정수량과 매수 미결제 약정수량을 차감하지 않은 총미결제 약정수량을 기준으로 매매증거금을 징수한다.

대용증권의 예탁·인출방법은 회원의 유가증권이 대부분 증권예탁원에 집중 예탁되어 있는 점을 고려하여 증권예탁원을 개설하는 거래소 매매증거금 계좌와 회원계좌간에 대체하는 방법으로 한다.

현금의 예탁인출방법은 거래소가 지정하는 은행의 거래소 매매증거금 계좌와 회원계좌간에 이체하는 방법으로 한다.

대용증권 및 현금의 예탁시한 및 인출시기는 매매증거금의 산출에 필요한 미결제 약정수량이 매매체결일의 익일에 매매내용을 대조한 후에 확정되고 이후 거래소가 관련자료를 작성하며 이에 따라 회원이 대용증권 및 현금을 준비하는데 필요한 기간을 감안하여 매매체결일로부터 기산하여 3일째 되는 날 13시(토요일은 12시)로 한다.

제 6 장

수탁제도

1. 주가지수 선물거래 설명서 교부

주가지수 선물거래는 주식거래에 비해 투자원금에 대한 손익비율이 매우 커 높은 위험을 수반하므로 투자자가 거래를 개시함에 있어 계좌 설정 약정서에 기재된 위탁계약 내용과는 별도로 주가지수 선물거래의 특징과 구조를 충분히 숙지하도록 설명서를 교부한다. 다만, 기관 투자자 등은 주가지수 선물거래의 특성과 구조를 충분히 숙지하고 있기 때문에 동 설명서 교부를 면제할 수 있도록 한다

2. 주문의 종류

지정가 주문이 있는데 지정가 주문은 현행 주식시장에서 허용하고 있는 주문방식으로서 투자자에게 익숙한 기본적인 주문방식이며 고객과 증권회사간의 책임소재를 명확히 할 수 있다는 장점이 있다. 따라서 시장 개설 초기에는 지정가 주문만 허용하도록 하고 추후 주식시장에서 다양한 주문을 도입하는 경우에는 선물시장

에의 수용여부를 검토하도록 한다.

3. 위탁증거금의 징수 방법

1) 징수 기준

위탁증거금을 위탁금액의 일정률로 징수할 경우에는 현행 주식시장의 징수 방법과 형평성을 기할 수 있고 가격 수준에 따른 증거금 조정이 필요 없게 된다. 반면에 거래단위당 일정 금액을 징수하면 증거금 계산은 간단하지만 가격 수준에 따라 증거금을 자주 변경해야 하므로 번거롭게 된다. 따라서 주식시장과 동일하게 위탁금액의 일정률로 위탁증거금을 징수하도록 한다.

2) 징수 시기

위탁증거금을 주문의 수탁시에 징수할 경우에는 증거금 미납부 가능성이 근본적으로 배제됨으로써 증거금의 결제이행 보증이 강화되고 주식시장의 징수방법과 형평성을 기할 수 있으나 거래 성립 후에 징수하게 되면 가격이 반대로 움직일 경우 증거금 납부를 기피할 우려가 있다. 따라서 증거금의 결제이행 보증을 확보할 수 있도록 위탁증거금을 주문의 수탁시에 징수토록 한다.

현실적으로 거래유형의 구분이 어려울 뿐만 아니라 거래유형의 확인이 곤란하므로 증거금 징수업무를 간편화한다는 취지에서 거래유형에 관계없이 균등징수하도록 한다.

4. 위탁증거금 중 개시증거금률

1일 최대 가격 변동폭인 가격 제한폭을 기초로 하여 거래 성립 시점부터 추가증거금 납부시한인 익일까지의 발생할 수 있는 최대

가격 변동폭인 가격 제한폭의 3배(거래성립일 : 가격 제한폭의 2배, 익일 : 가격 제한폭) 수준으로 한다.

5. 위탁증거금 중 유지증거금률

고객이 거래개시할 때 납부하는 증거금(개시증거금)은 1일의 선물가격 변동에 따른 손실을 충분히 보전할 수 있는 여유분을 유지증거금에 더하여 추가적으로 미리 확보하는 수준이어야 하므로 유지증거금률은 개시증거금률에서 1일 가격 제한폭을 차감한 수준으로 한다.

6. 위탁증거금의 유가증권 대용한도

위탁증거금 전액을 대용증권으로 납부할 수 있도록 할 경우에는 매일의 선물가격 변동에 따라 발생하는 손실금이 매일 정해진 시한까지 납부되어야 하기 때문에 증거금 관리업무가 번잡하고 손실금 미납시의 대용증권 매각조치 등과 관련하여 고객과 분쟁이 발생할 소지가 있다. 따라서 고객이 보유하고 있는 미결제약정에서 발생할 수 있는 1일 최대 손실 가능액인 가격 제한폭을 현금징수율로 하여 회원이 일일정산에 필요한 현금을 확보토록 하고 나머지 부분에 대해서 대용증권을 납입할 수 있도록 한다.

7. 최소 증거금

기관 투자자 중심시장으로의 육성 필요성, 개인투자자의 투자결과에 대한 자기 책임의식 부족, 개인 투자자의 선물거래에 관한 전문지식, 투자기법 열세 등을 감안할 때 소액 개인투자자의 선물시장 참여를 제한할 필요가 있으므로 최소 증거금 제도를 도입한다.

최소 증거금액은 개인 투자자의 주식투자 금액이 3,000만 원 미만인 계좌가 전체 계좌의 93.8%('93년 12월 현재)를 차지하고 있어 소액 제한할 수 있는 수준인 3,000만 원 이상으로 한다.

8. 반대 매매 후 결제일 미도래 약정의 위탁증거금 관리 방법

증거금의 충실화를 기하고 고객이 불이익을 받지 않도록 하기 위하여 전매 또는 환매(최종결제 포함)에 의하여 확정은 되었으나 결제일이 도래하지 않은 손익을 증거금의 실제 가치 평가시 반영하도록 한다.

9. 일일정산에 의한 고객계좌평가 이익 인출 허용 여부

인출을 허용할 경우 동 평가 이익으로 추가적인 신규매매가 가능하여 선물시장의 투기적 성향이 더욱 커지는 등 선물시장의 안정성이 저해될 수 있으므로 시장의 안정성과 증거금의 결제이행 담보능력 증대를 도모한다는 차원에서 평가 이익을 인출하거나 새로이 징수하여야 할 위탁증거금으로 충당하는 것을 허용하지 않도록 한다.

10. 미결제약정 수량의 제한

거래소가 상시적으로 1인당 보유한도를 일률 적용하는 것은 각 업계의 보유주식 규모 등 자산운용의 특성을 반영하기 곤란하므로 거래소는 시장의 과열방지를 위하여 필요한 경우에 회원에 대해 미결제 약정수량을 제한할 수 있는 근거만 규정하되 개인투자자에 대해서는 증권업 협회의 규칙에 의하여 증권회사를 포함한 금융기관에 대해서는 각 금융기관협회가 자율 규제하도록 유도한다.

11. 위탁수수료

위탁수수료를 자율결정에 맡길 경우 우리 나라의 증권시장 여건상 회원간의 과다경쟁이 우려되므로 주식시장과 마찬가지로 징수율 한도를 정하여 그 범위 내에서 회원이 자율 결정토록 하는 제한적 경쟁 수수료제가 바람직하다. 한편, 위탁수수료 징수율 한도는 주식시장의 위탁수수료 징수율 한도와 균형을 이룰 수 있도록 위탁증거금률에 주식시장의 위탁수수료 징수율 한도를 곱한 비율을 주가지수 선물거래의 위탁수수료 징수율 한도로 한다.

징수시기는 주식시장의 징수시기와 형평 및 징수업무의 편의를 고려하여 거래성립(최종결제 포함)시마다 징수하도록 한다.

제 7 장

한국주가지수 200(KOSPI 200)

1. KOSPI 200의 특징

주식시장의 실세를 정확하게 나타내는 200종목에 의한 시가총액식이다. 시장 대표성, 유동성, 업종 대표성 등을 고려한 종목 선정이며 투명성과 안정성을 구비한 공신력 있고 선물거래에 적합한 지수이다. 한글명은 한국주가지수 200(일명 선물지수)이고 영문명은 Korea Stock Price Index 200.

2. 산출기준

기준시점은 1990년 1월 3일이다. 기준지수는 100.00(소수점 셋째자리에서 반올림한다.)

KOSPI 200 종목은 주식시장의 대표성과 지수조작방지를 통한 공정성 확보를 위해 전체 시가총액의 70% 수준을 유지하기 위한 적정 종목수이다.

구성 종목별 시가총액은 주가×상장주식수이며 보통구주가격(기세 포함)은 신주와 우선주는 발행되어 상장될 때까지 가격이 존재하지 않기 때문에 비교시가총액을 산출할 수 없으므로 보통구주의 가격으로 산출한다.

유·무상증자 주식배당 등으로 주식시장에서 매매가격이 형성되지 않을 경우 당해 종목의 시가총액은 변동 전 주식수에 권리부 최종가를 곱하여 산출한다.

상장주식수는 당일시점의 발행 총 주식수이다. 채권성격을 우선주는 포함하지 않으며 주식성격의 우선주는 포함한다. 특별법에 의하여 정부가 일정 비율을 보유하고 있는 법인의 경우 그 법정보유분은 발행 총 주식수에 포함하지 아니한다. 신주는 발행 총 주식수에 포함시킨다.

기준 시가총액의 수정은 유·무상증자 등 비교시가 총액 변동시기 준시가 총액의 수정으로 지수의 연속성을 유지한다.

종목선정 기준은 매년 6월 정기심의일 직전년도의 종목별 평균 시가총액 및 연간 거래량을 종목선정 기준의 원칙으로 한다. 단, 최초 산출하는 KOSPI 200은 '92년, '93년 2년간의 종목별 평균시가 총액 및 연간 거래량을 기준으로 한다. 시가 총액은 매월 마지막 매매거래일의 12회 평균이며 거래량은 1년간 누적 거래량이다.

3. 종목선정 방법

종목선정을 위한 대상종목(모집단)은 전년도 연초 매매 개시일 현재 상장종목(단, 최초 산출하는 KOSPI 200은 '90년 1월 3일부터 소급지수를 산출하기 위하여 동일 현재 상장종목으로 함) 정기 심의일 현재의 관리종목은 제외시킨다.

1) 산업분류 방식

23개 중 분류산업을 9개 산업군으로 분류한다. 9개 산업군 중 산업군별시가 총액이 1% 미만인 산업을 제외하여 다음과 같이 6개 산업군(제조업, 전기 가스업, 건설업, 유통서비스업, 통신업, 금융 서비스업)으로 분류한다.

2) 6개 산업군별 구성종목 선정원칙

시가총액에 의한 것과 거래량에 의한 선정이 있는데 시가총액에 의한 선정은 산업군 중 대상종목수가 적은 순서에 따라 통신업, 전기 가스업, 건설업, 유통서비스업, 금융 서비스업에서 구성종목을 우선 선정 후 제조업은 마지막에 선정한다. 각 산업군내에서 시가총액이 큰 종목의 순서로 선정하되 선정된 종목의 시가총액 누적액이 당해 산업군시가 총액의 7%에 달하는 종목까지 선정한다.

거래량에 의한 선정으로는 각 산업군 내에서 시가총액 순서에 따라 선정된 종목이라 하더라도 당해 산업군 내 거래량 순위가 상위 85% 미만인 종목은 제외하고 그 대신 시가총액이 차순위인 종목을 선정한다.

4. 구성종목변경 방법

정기심의에 의한 변경은 매년 6월 최종거래일 이전에 개최하며 시가총액 기준비율(70%), 거래량 기준비율(85%) 및 선정기준의 대상기간(1년)을 동일 적용한다. 신규로 선정되는 종목은 시가총액 순위가 당해산업군 구성종목수의 90% 이내, 제외되는 종목은 110% 밖으로 변동되는 종목으로 한다.

특별한 경우의 변경은 상장폐지, 관리종목지정, 합병 등 시급을

요하는 특별한 사유 발생시 정기심의시 미리 선정된 산업군별 예비종목 순서에 따라 순차적으로 보충한다.

5. 선물지수 운영위원회 설치운영

공정하고 객관 타당한 지수를 산출하기 위하여 선물지수 운영위원회를 설치 운영하는 것이며 선물지수산출의 공정성 확보를 위해 선물지수 운영위원회 위원의 임기는 2년으로 정하고 있으며 정기심의는 매년 6월 중에 하고 특별심의는 필요시 개최한다.

발표방법은 증권정보문 단말기(1분지수)와 증권시장지, 주식지, 증권통계연보(시·고·저·종가 지수)에 발표한다.

KOSPI 200의 산출 및 발표이용 등 동 지수에 관한 모든 권리는 한국증권거래소가 소유한다.

6. KOSPI 200 구성종목

① 음·식료품에는 동원산업, 농심, 제일제당, 롯데제과, 동양제과, 대상, 대한제당, 동양맥주, 조선맥주, 롯데칠성 등이 있다.

② 섬유 및 의복에는 충남방적, 제일모직, 동양나이론, 고려합섬, 코오롱, 선경인더스트리, 제일합섬, 동국무역, 방림, 신원.

③ 목재 및 나무제품에는 성창기업.

④ 종이 및 종이제품에는 한국제지, 한솔제지, 동해펄프.

⑤ 화합물 및 화학제품에는 한양화학, 동양화학, 이수화학, 동부화학, 한농, LG화학, 미원유화, 동성화학, 국도화학, 고려화학, 유한양행, 동아제약, 일양약품, 동화약품, 중외제약, 종근당, 녹십자, 동신제약, 태평양, 한국화장품, 한화종합, 한국티타늄, 새한미디어, 유공, 쌍용정유, 경인에너지, 한국타이어, 홍아타이어, 동아타이어, 서

통.

⑥ 비금속 광물제품에는 한국유리, 두산유리, 한일시멘트, 아세아시멘트, 쌍용양회, 현대시멘트, 동양시멘트, 성신양회, 금강.

⑦ 제1차 금속산업에는 강원산업, 동국제강, 포항제철, 인천제철, 한국철강, 동부제강, 현대강관, 부산파이프, LG금속, 영풍, 풍산.

⑧ 조립금속 · 기계 및 장비에는 대한중석, 금강공업, 대우중공업, 동양물산, 쌍용정공, 경원세기, 한국컴퓨터, 삼보컴퓨터, LG전자, 삼성전자, 대우전자, 아남전자, 삼성항공, 대륭정밀, 아남산업, 삼성전관, 삼성전기, 한국전자, 오리온전기, 대우통신, 대우전자, 대한전선, 일진, 기아자동차, 현대자동차, 쌍용자동차, LG정보, 성미전자, 흥창, 현대정공, 대원강업, 현대미포조선.

⑨ 기타 제조업에는 현대종합목재, 영창악기.

⑩ 전기 및 가스업에는 한국전력, 삼천리.

⑪ 건설업에는 삼성종합건설, 삼환기업, 동아건설, 대림산업, 한진건설, 코오롱건설, LG건설, 흥창, 현대건설, 금호건설, 태영.

⑫ 도 · 소매업에는 현대자동차서비스, 남성, 대우, 삼성물산, 쌍용, 선경, 코오롱상사, 신세계, 금강개발.

⑬ 운수창고업에는 대한통운, 대한항공.

⑭ 통신업에는 한국이동통신, SK텔레콤, 데이콤.

⑮ 금융서비스업에는 장기신용은행, 상업은행, 조흥은행, 한일은행, 외환은행, 한미은행, 신한은행, 보람은행, 경기은행, 대구은행, 광주은행, 대신증권, 대우증권, LG증권, 현대증권, 선경증권, 제일증권, 쌍용증권, 한신증권, 서울증권, 신영증권, 동양증권, LG종금, 삼성화재, 제일화재, 현대해상(수시 변경 가능).

3

옵션거래란 무엇인가

제 1 장
옵션거래의 실제

1. 옵션거래

옵션거래는 주식, 채권, 주가지수 등 특정자산을 장래의 일정 시점에 미리 정한 가격으로 살 수 있는 권리와 팔 수 있는 권리를 매매하는 거래를 말한다.

옵션거래에는 콜옵션과 풋옵션이 있는데 콜옵션은 매수인이 살 수 있는 권리를 매입하고 매도인은 일정한 프리미엄을 받고 살 권리를 매도하는 것이다. 풋옵션은 매수인은 팔 수 있는 권리를 매입하고 매도인은 일정 프리미엄을 받고 팔 권리를 매도하는 것이다.

선물거래와 옵션거래의 차이점은 선물거래는 이익이 무제한이지만 옵션거래는 매수자에게는 무제한이고 매도자에게는 프리미엄으로 한정된다. 손실면에 있어서는 선물거래는 무제한이고 옵션거래는 매수자는 프리미엄으로 한정되고 매도자는 무제한이다.

2. 옵션거래의 종류

옵션거래는 기초자산에 따른 분류와 거래형태에 따른 분류, 권리

행사에 따른 분류로 나뉜다.

기초자산에 따른 분류에는 상품옵션(농산물 : 밀, 옥수수, 대두, 커피, 면화, 설탕등. 광산물 : 금, 은, 동, 원유, 고무 등. 축산물 : 생우, 생돈, 삼겹살 등), 금융옵션(주식 : NYSE상장주식 중 일부, 주가지수 : S&P 100지수, S&P 500지수, Nikkei 2255지수 등. 금리 : T-bond, T-note, 유로달러, 유로엔 등. 통화 : 영국파운드화, 일본 엔화, 캐나다달러화등), 선물옵션(상품, 금융선물 : 상품/금융 옵션대상 중 대부분)이 있다.

거래형태에 따른 분류에는 거래소에서 거래되는 장내옵션과 OTC에서 거래되는 장외옵션이 있다.

권리행사에 따른 분류로는 만료일에만 권리를 행사하는 유럽형과 만료일까지의 기간 내에 언제라도 권리행사를 하는 미국형이 있다.

우리 나라에서 거래하게 될 옵션은 금융옵션 중 KOSPI 200을 대상으로 한 주가지수 옵션이며, 거래소에서 거래하는 장내옵션, 만료일에만 권리를 행사할 수 있는 유럽형 옵션이다.

3. 주가지수 옵션거래

주가지수 옵션거래란 개별종목이 아닌 증권시장에서 거래되는 일부 또는 전체주식의 가격 수준을 나타내는 주가지수를 매매대상으로 하는 옵션거래이다.

주가지수는 주식시장 전체의 동향을 나타내므로 주가지수 옵션거래를 이용하면 개별종목에 가격 변동보다는 시장의 전체 동향이나 변동성을 전망하여 주식시장 전체에 대한 투자를 할 수 있다.

우리 나라는 KOSPI 200을 대상지수(현행 주가지수 선물과 동일)

로 하는 주가지수 옵션을 도입했다. 주가지수 옵션거래에서 권리행사시 주가지수와 행사 가격간의 차이만큼 현금으로 결제함으로 거래를 단순화시키고 유동성도 높일 수 있다.

4. 주가지수 옵션거래의 특징

주가지수 옵션거래에는 실재하는 증서에 대한 매매가 아니라 주가지수라는 추상물을 대상으로 하기 때문에 결제일에 결제대금과 실물을 주고받는 것이 아니라 행사가격과 KOSPI 200 지수와의 차액을 현금으로 주고 받음으로서 결제가 종료된다.

즉, 행사가격이 80인 콜옵션을 3Pt에 매수했다면, 최종 거래일 KOSPI 20지수가 90이었을 경우 90－80－3=7Pt만큼 이익이 발생하여 거래단위승수(₩100,000)를 곱한 금액만큼, 즉 ₩700,000을 현금으로 수수하게 된다.

옵션매수자는 가격이 유리한 방향으로 움직일 경우, 옵션을 행사하면 이익은 비례적으로 증가하지만 가격이 불리하게 변동될 경우 옵션행사를 포기할 수 있어 손실은 프리미엄으로 한정된다. 그러나 옵션매도자의 최대 이익은 계약시 지급된 프리미엄으로 한정되는 반면에 가격이 불리하게 변동되는 경우 손실은 비례적으로 늘어나게 된다.

옵션거래에서는 가격 변동의 방향뿐만 아니라 가격 변동성(Volatility)에 대한 예측도 거래에 이용할 수 있다. 실제로 옵션거래에서는 가격이 움직이는 방향도 중요하지만 가격이 얼마나 큰 폭으로 움직이느냐도 상황에 따라 매우 중요하다. 그래서 옵션상품은 선물처럼 거래상품이 고정된 게 아니라 KOSPI 200 지수의 변동에 따라 계속 늘어나게 된다.

주식과 선물의 경우 최대 변동할 수 있는 하루 가격폭은 10%~16% 정도에 불과하지만 옵션의 경우 가격 제한폭이 없으므로 이익 발생시 많은 금액을 얻을 수 있지만 반대로 손실이 발생하면 많은 금액을 잃을 수도 있다.

콜옵션이나 풋옵션을 매입했을 경우 시장상황이 불리하게 변동하면 권리 행사를 포기할 수 있으므로 거래 이행의 강제성이 없다. 옵션의 이러한 특성은 현시점에서 확정되지 않은 채권 채무의 가치 변동 위험을 헤지(hedge)하는데 유용하게 활용될 수 있다.

5. 주가지수 옵션의 가격

옵션가격은 옵션프리미엄이라고도 한다. 옵션프리미엄은 내재가치(Intrinsic Value)와 시간가치(Time Value)의 합으로 구성된다.

내재가치란 옵션의 권리를 행사하는 경우에 확실하게 얻어지는 이익으로서 본질적 가치라고도 한다. 콜옵션의 내재가치는 기초자산가격에서 행사가격을 뺀 것을 말하고 풋옵션의 내재가치는 행사가격에서 기초자산가격을 뺀 것을 말하며 이 둘은 모두 최소한 0 이상이 된다.

시간가치란 옵션가치 중 내재가치를 차감한 부분을 말하며 외재가치(Extrinsic Value)라고도 한다. 시간가치는 옵션말료일 이전에 이익을 얻을 확률에 대한 기대가치이므로 만기가 길수록 시간가치는 커지며, 특히 등가격옵션(ATM)일 때 커지게 된다.

옵션가격을 결정할 때 고려되는 주요변수는 기초내재가치(기초자산가격, 행사가격), 시간가치(변동성, 잔존기간, 이자율) 등의 변수이며 주식옵션의 경우 배당(Dividends)도 포함해야 한다.

주요변수의 변화가 프리미엄(옵션가격)에 미치는 영향으로는 예를 들어 기초자산의 가격이 상승하면 콜옵션의 가치도 상승하므로'+'로 표시되고 기초자산의 가격이 상승하면 풋옵션의 가치는 하락하므로 '−'로 표시한다.

6. 옵션거래지표

1) 델타(Δ)

델타(delta)는 기초자산의 가격변동분에 대하여 옵션가격이 얼마만큼 변동하는가를 나타내는 지표이다. 예를 들면 델타 값이 0.5이고 기초자산이 1만큼 변동했을 경우 옵션가격의 변동분은 0.5이다. 옵션가격은 항상 기초자산의 가격 변화폭보다는 적게 변화하므로 델타의 절대값은 1보다 클 수 없다.

델타는 기초자산의 가격 변동에 노출된 위험을 측정할 수 있는 지표이다. 따라서 델타를 이용하여 반대 포지션을 적절히 구성하므로써 기초자산의 가격 변동에 영향을 받지 않는 전체포지션을 구성할 수 있다.

2) 감마(Γ)

감마(gamma)는 기초자산의 가격 변화에 대한 델타의 변화 정도를 말하는데, 감마가 높을수록 델타가 기초자산의 가격 변동에 더욱 민감함을 의미한다. 즉, 감마는 델타의 기울기를 의미한다.

감마는 델타 중립적인 포트폴리오를 유지하고 있는 투자자들에게 매우 중요한 의미가 있다. 일정 시점에 델타 중립적인 포트폴리오를 유지하고 있더라도 기준물의 가격이 변하면 델타 값도 변하기 때문에, 지속적인 델타 중립포지션을 유지하기 위해서는 변화된 델타 값에 맞게 보유 포트폴리오를 재조정해야 한다.

감마 값은 ATM 상태에서 제일 크고, ITM 상태나 OTM 상태로 변함에 따라 작아지는 특성을 가지고 있다.

3) 세타(Θ)

세타(theta)는 시간이 지남에 따라 옵션의 가치가 얼마나 빨리 잠식되는가를 나타낸다. 따라서 세타는 옵션보유에 따른 비용을 나타내고, 옵션매도에 대해선 이익을 나타낸다고 할 수 있다.

세타는 등가격(ATM)옵션에서 최대가 되는데 이는 결국 등가격 옵션이 잔존기관에 가장 많은 영향을 받는다는 것을 의미한다.

4) 베가(ν)

베가(vega)는 기초자산의 가격 변동성(Volatility)이 1% 변할 때 옵션가격의 변화 정도를 나타내는 지표이다. 변동성이 증가하면 옵션가격은 상승하므로 옵션을 매수한 사람에게는 유리하며 베가는 양의 부호를 갖는다. 반면에 옵션을 매도한 사람에게는 변동성의 증가는 불리하며 베가는 음의 부호를 갖는다.

7. 주가지수 옵션거래의 기본 전략

1) 콜옵션 매수(Long Call)

포지션의 구성 방법은 콜옵션 매수에 의하며 향후 주가지수가 상승하리라고 예상되는 경우에 구성한다.

예를 들어 행사가격이 100인 콜옵션을 3포인트 1계약 매수한 경우, 옵션만료시 주가지수(행사 가격과 프리미엄의 합계)가 103(100+3) 포인트라고 할 때 103보다 높으면 이익은 비례적으로 증가하고 낮으면 손실이 발생하지만 최대 손실은 최초 지불한 프리미엄인 3포인트로 한정된다.

2) 콜옵션매도(Short Call)

포지션의 구성 방법은 콜옵션 매도에 의하며 향후 주가지수가 하락 또는 변동이 없을 것으로 예상되는 경우에 구성한다.

예를 들어 행사가격 100인 콜옵션을 3포인트 1계약 매도한 경우, 옵션만료시 주가지수(행사가격과 프리미엄의 합계)가 103(100+3)이라고 할 때 103포인트보다 낮으면 이익이 발생하고, 높으면 손실은 비례적으로 증가한다.

3) 풋옵션의 매수(Long Put)

포지션의 구성 방법은 풋옵션 매수에 의하며 향후 주가지수가 하락하리라고 예상되는 경우에 구성한다.

예를 들어 행사가격 100인 풋옵션을 3포인트에 1계약 매수한 경우 옵션만료시 주가지수(행사 가격－프리미엄)가 97(100－3)포인트라고 할 때, 97포인트보다 낮으면 비례적으로 증가하고, 높으면 손실이 발생하지만 최대 손실은 최초 지불한 프리미엄인 3포인트로 한정된다.

4) 풋옵션매도(Short Put)

포지션의 구성방법은 풋옵션 매도에 의하며 향후 주가지수가 상승 또는 변동이 없을 것으로 예상되는 경우 구성한다.

예를 들면 행사가격 100인 풋옵션을 3포인트에 1계약 매도한 경우, 옵션만료시 주가지수(행사 가격－프리미엄)가 97(100－3)포인트라고 할 때 97포인트보다 낮으면 손실은 비례적으로 증가하고 높으면 이익이 발생한다.

5) 강세스프레드(Bull Spread)

포지션의 구성 방법은 행사가격이 낮은 콜옵션(풋옵션) 1단위 매수하고, 동시에 행사가격이 높은 콜옵션(풋옵션) 1단위를 매도하여 구성한다. 향후 주가지수가 상승할 것으로 예상되지만 하락시 손실을 한정하려는 경우에 구성한다.

예를 들어 행사가격이 90포인트인 콜옵션 1계약을 7포인트에 매수하고, 행사가격이 100포인트인 콜옵션 1계약을 2포인트에 매도한 경우, 옵션만료시 손익 분기점을 95포인트라고 할 때 95포인트보다 높으면 이익이 발생하고 낮으면 손실이 발생하는데 최대의 이익과 최대의 손실은 일정 수준으로 한정된다.

6) 약세스프레드(Bear Spread)

포지션의 구성방법은 행사가격이 낮은 콜옵션(풋옵션) 1단위를 매도하고, 동시에 행사가격이 높은 콜옵션(풋옵션) 1단위를 매수하여 구성한다. 향후 주가지수가 하락할 것으로 예상되지만 상승시 손실을 한정하려는 경우에 구성한다.

예를 들어 행사가격이 90포인트인 콜옵션 1계약을 7포인트에 매도하고 행사가격이 100포인트인 콜옵션 1계약을 매수한 경우, 옵션만료시 손익분기점이 95라고 할 때 95포인트보다 낮으면 이익이 발생하고, 높으면 손실이 발생하는데 최대의 이익과 최대의 손실은 일정 수준으로 한정된다.

7) **스트래들매수**(Long Straddle)

포지션의 구성방법은 같은 행사가격의 콜옵션과 풋옵션의 1단위씩 매수한다. 향후 주가지수가 크게 변동하리라고 예상되나, 어느 방향인지 모를 때 구성한다.

예를 들어 행사가격 100인 콜옵션을 3포인트에 1단위 매수하고 행사가격 100인 풋옵션을 2포인트에 1단위 매수할 경우, 옵션만료시 손익분기점이 95와 105 사이에 있다고 할 때, 95와 105포인트 사이에 있으면 손실이 발생하고 95포인트 이하이거나 105포인트 이상일 경우 이익이 발생한다. 최대 손실은 지급한 프리미엄의 합계로 한정되지만 최대 이익은 양쪽 방향으로 무한대로 증가한다.

8) **스트래들 매도**(Short Straddle)

포지션의 구성방법은 같은 행사가격의 콜옵션과 풋옵션을 각각 1단위씩 매도한다. 향후 주가지수가 크게 변동하지 않거나 변동이 적을 것이라고 예상되는 경우에 구성한다.

예를 들어 행사가격 100인 콜옵션을 3포인트에 1단위 매도하고 행사가격 100인 풋옵션을 2포인트에 1단위 매도한 경우 옵션만료시 손익분기점이 95와 105 사이에 있다고 할 때 95포인트와 105포인트 사이에 있으면 이익이 발생하고 95포인트 이하이거나 105포인트 이상일 경우 손실이 발생한다. 최대의 이익은 지급된 프리미엄의 합계로 한정되지만 최대 손실은 양쪽 방향으로 무한대로 증가한다.

9) **스트랭글 매수**(Long Strangle)

포지션의 구성방법은 각각 다른 행사가격의 콜옵션과 풋옵션을 각각 1단위씩 매수한다. 향후 주가지수가 크게 변동하리라고 예상되나 어느 방향일지 모를 경우 구성한다.

예를 들어 행사가격 105인 콜옵션을 2포인트에 1단위 매수하고 행사가격 100인 풋옵션을 3포인에 1단위 매수한다고 할 때 옵션 만료시 손익분기점이 95포인트와 110포인트라고 하면, 95포인트와 110포인트 사이에 있으면 손실이 발생하고 95포인트 이하이거나 110포인트 이상일 경우 이익이 발생한다. 최대 손실은 지급된 프리미엄의 합계로 한정되지만, 최대 이익은 양쪽 방향으로 무한대로 증가한다.

10) 스트랭글 매도(Short Strangle)

포지션의 구성 방법은 각각 다른 행사가격의 콜옵션과 풋옵션을 각각 1단위씩 매도한다. 향후 주가지수가 크게 변동하지 않거나 변동이 있더라도 일정 범위 내에서 변동하리라고 예상되는 경우 구성한다.

예를 들어 행사가격 105인 콜옵션을 2포인트에 1단위로 매도하고 행사가격 100인 풋옵션을 3포인트에 1단위로 매도한다고 할 때 옵션만료시 손익분기점이 95포인트와 105포인트라고 할 때 95포인트와 120포인트 사이에 있으면 이익이 발생하고 95포인트 이하이거나 110포인트 이상일 경우 손실이 발생한다. 최대 이익은 받은 프리미엄의 합계로 한정되지만 최대 손실은 양쪽 방향으로 무한대로 증가한다.

8. 주가지수 옵션거래제도

대상지수는 주가지수 선물거래제도와 마찬가지로 "KOSPI 200"

을 대상지수로 사용한다. 옵션 유형은 만료일에만 권리 행사를 할 수 있는 유럽형 옵션이다. 주가지수 선물거래의 거래단위승수는 50만 원이지만 주가지수 옵션거래의 거래단위승수는 유동성 제고를 위하여 10만 원으로 정한다.

예를 들어 100포인트인 콜옵션을 5포인트에 2계약 매수한다면 옵션 매수자는 옵션 매도자에게 100만 원(2계약, 5포인트, 10만 원)을 지불하면 된다.

1) 만료월 및 거래기간

주가지수 옵션은 당월을 포함한 연속 3개월과 3, 6, 9, 12월 주기의 3개 결제월을 만료월로 한다. 3, 6, 9, 12월물의 최장거래기간은 1년으로 하고 근월물의 최장거래기간은 3개월로 한다. 최종 거래일은 각 만료월의 2번째 목요일(주가지수선물과 동일)로 하고 거래개시일은 최종 거래일의 익일(주가지수선물과 동일)로 한다.

종목 코드번호는 주가지수 옵션은 8자리의 코드번호가 부여된다. 예를 들면 97년 8월이 만료월이고 행사가격 100인 콜옵션은 "20178100"이고 97년 9월이 만료월이고 행사가격이 97.5인 풋옵션은 "30179097"이 된다.

행사가격의 정수 이하 부분은 종목코드 부여시 생략한다.

권리행사 가격의 수는 다섯 개(등가격 옵션 1개, 외가격 및 내가격 옵션 각각 두 개)이고 권리행사 가격에 간격은 2.5포인트이다. 권리행사가격의 추가 설정은 KOSPI 200 지수가 변동할 경우 등가격 옵션을 기준으로 항상 외가격 옵션 및 내가격 옵션이 두 개이상 존재하도록 행사가격을 추가 설정한다.

기본적으로 설정되는 옵션의 수는 60종목이며, KOSPI 200 지수의 가격 변화에 따라 추가적으로 옵션이 상장될 수 있다.

매매거래시간은 주가지수선물과 동일하다. 전장은 평일 9시 30분~11시 30분이고, 토요일 09시 30분~11시 45분(11시 20분)이고 후장은 13시~15시 15분(14시 50분)이다.

※( )는 최종 거래일

2) 호가 가격 단위

옵션가격이 3포인트 이상인 경우 0.05포인트이고 옵션가격이 3포인트 미만인 경우에는 0.01포인트이다. 예를 들어 행사가격이 100과 102.5인 콜옵션이 각각 4.50과 2.10포인트에 거래된다면 행사가격이 100인 콜옵션에 대해서는 4.40, 4.45, 4.50, 4.55 등으로 호가하여야 하며, 행사가격이 102.5인 콜옵션에 대해서는 2.08, 2.09, 2.10, 2.11 등으로 호가하여야 한다.

3) 가격 제한폭

주가지수 선물시장은 기준가격 대비 ±5%이지만 주가지수 옵션에는 가격 제한폭이 없다. 단, 회원의 착오로 인한 손실을 사전에 방지하기 위해 정상호가 범위를 설정하여 당해 범위를 벗어나는 호가는 호가접수를 거절한다. 정상호가 범위는 KOSPI 200 지수의 ±10% 변동시 옵션이론 가격이 된다.

4) 매매체결 및 장운영방식

매매체결의 신속·정확성, 정보전달의 효율성 및 착오매매의 최소화 등을 고려하여 선물시장과 동일하게 전산시스템에 의한 개별경쟁매매방식으로 한다. 단일가격에 의한 개별경쟁매매방식은 동시호가로 하며 복수가격에 의한 개별경쟁매매방식은 접속매매라 한다. 주가지수 옵션시장은 주가지수 선물시장과 마찬가지로 주식시장이 전산장애로 매매거래가 중단될 경우 자동으로 매매거래가 중단된다. 그 이유는 주가지수 옵션시장이 현물 주식시장에서 파생된 시장이기 때문이다.

주가지수 옵션의 결제시한은 거래성립일에 익일 영업(T+1)으로 한다. 이에 따라 주가지수 옵션시장이 개장되면서 주가지수 선물시장도 결제시한이 T+1일로 바뀌게 된다.

옵션매수자는 옵션만기시에 권리를 행사하는 것이 자신에게 유리한 경우 권리 행사를 하게 된다. 그러나 고객이 권리 행사를 하지 않더라도 행사 가치가 있는 종목에 대해서는 거래소에서 자동으로 권리 행사를 처리하는 자동 권리 행사제도를 두고 있다.

최종결제가격은 주가지수 옵션거래의 경우 주가지수 선물과 마찬가지로 최종 거래일까지 전매 또는 환매되지 않은 미결제 약정에 대하여 최종결제가격(KOSPI 200 현물지수)으로 차금결제를 한다.

신규로 주문을 제출하기 위해서는 선물/옵션 옵션거래계좌에 최소한 3,000만 원의 최소 증거금이 예치되어 있어야 한다. 현행 주가지수 선물거래시 최소 증거금은 3,000만 원이었지만 주가지수 옵션시장 개설시부터 최소 증거금은 3,000만 원이다.

위탁증거금은 옵션거래시 계약을 충실히 이행하겠다는 약속의 표시로 회사가 고객으로부터 약정금액의 일정금액을 징수하는 것을 말한다. 현재의 종목별 증거금 제도에서 옵션도입 후 선물과 옵션의 포지션을 연계하여 결재의 이행을 보증하면서도 최소한의 금액을 증거금으로 징수하는 포트폴리오 위험기준 증거금제도를 채

택한다.

위탁증거금은 전액 현금으로 납부할 필요가 없고 필요한 현금증거금 이외의 금액은 대용증권(상장주식, 상장채권, 장외등록주식)으로 납부 가능하다. 미결제 약정이 없는 상태에서 신규 주문시 주문의 증거금이 계좌당 최소 증거금(3,000만 원)에 미달하는 경우에는 최소 증거금 수준까지 증거금을 납부해야 한다.

옵션신규매수 주문시의 위탁증거금은 옵션매수대금(옵션가격×수량×100,000) 전액을 현금으로 납부해야 한다. 예를 들어 행사가격이 100인 7월물 콜옵션 50계약을 4포인트에 신규 매수하는 경우 증거금은 2,000만 원(4*50*100,000)이 되며, 이를 전액 현금으로 납부해야 한다.

옵션신규매도 주문시의 위탁증거금은 예비증거금(당일 중 가장 불리한 상황에서 보유한 포지션을 청산할 경우 부담해야 하는 금액) 수준까지 납부해야 하며 전액 대용증권으로 납부 가능하다.

예를 들면 행사가격이 100인 7월물 콜옵션 50계약을 4포인트에 신규 매도하는 경우 증거금은 다음과 같다(단, 해당 종목의 전일종가가 3포인트, 당일 중 최고 이론가 9포인트)옵션매도시의 증거금은 3,000만 원[(9－3)×50×100,000]이 되며, 이를 전액 대용증권으로도 납부 가능하다.

추가 증거금은 고객이 납부한 위탁증거금 중 가격이 불리하게 변동하여 유지증거금을 하회하는 경우 추가 증거금이 발생하며 익일 영업 12시까지 최초의 위탁증거금 수준까지 납부해야 한다.

9. 주가지수 옵션을 거래하려면

주가지수 옵션을 거래하려면 거래인감과 실명확인증표를 가지고 가까운 증권회사 영업점을 방문하여 옵션거래 계좌를 개설하면 된다.

위탁증거금 중 일부를 대용증권으로 납부하기 위해서는 선물거래계좌가 아닌 주식거래계좌(위탁자 계좌)를 연결계좌로 등록한 후 대용증권을 지정해야 하고 대용증권으로 가능한 유가증권을 상장주식, 상장채권, 장외등록주식이다.

대용증권을 사용하기 위한 주식거래 계좌와 선물거래 계좌간에는 현금의 자동이체가 가능하다.

주가지수 선물계좌가 있는 고객은 별도의 계좌 개설 없이 주가지수 옵션거래가 가능하다.

제 2 장
자 사 주

1. 자사주의 의미

자사주 매매란 상장법인이 자기명의와 계산으로 자기가 발행한 주식을 취득 또는 처분하는 것으로 증권거래법 개정에 따라 자기주식을 발행주식의 5% 및 배당가능 이익범위 내에서 취득이 가능하게 된다. 이는 대주주나 임원의 자사주식 취득과는 용어가 다르고 명의와 주체가 다르므로 이에 포함되지 않으며 투신사의 자사주 펀드도 법률적 주체가 다르므로 포함되지 않는다.

대주주 임원의 자사주식 취득은 경영권 확보와 지분관리를 위해 대주주나 임원명의로 자사주식을 취득하는 것이나 자사주 펀드는 투신사가 펀드를 설정하고 설정펀드에 가입한 상장기업의 주식을 매입해 특정기업의 주가 안정화가 목적이다.

2. 자사주 취득의 허용배경

과도한 경영권 보호장치의 완화 목적으로 제정되어 '97년 1월 1일 시행된 대량주식 소요철폐에 관한 법률(증권거래법 제200조)에 따라 야기될 수 있는 적대적 기업매수 합병을 방어하며 경영권 안정을 도모하고, 주식매매의 자율성을 높이고 증권제도를 선진화함으로써 증권시장의 효율성을 높이기 위함이다.

3. 자사주 매매활용 대상기업

가처분이익잉여금(자기 주식취득재원)이 많은 기업, 대주주지분이 낮고 내재가치에 비해 저평가된 기업, 주가가 단기에 급락한 기업, 자사주 펀드에 가입한 기업, 전환사채를 발행한 후 전환 청구일이 도래한 기업, 또는 증자 및 주식연계 상품발행으로 주가 관리가 요구되는 기업이 대상이 된다.

4. 자사주 매매활용 방안

주가 안정화 및 기업 PR은 자사주 취득시 유동주식 공급물량을 감소시켜 주가를 관리하고, 자사주 취득 및 처분시 사전에 공시토록 되어 있어 저평가 인식에 따른 일반 투자가들의 매수를 유발하는 효과를 가져온다.

순자산 가치에 비해 주가가 지나치게 낮아 기업매수 합병의 표적이 될 가능성이 높은 기업의 주가 관리 또는 경영권을 유지하기에 불안을 느낄 정도로 지분이 낮은 기업의 경영권을 방어하기 위한 목적으로 활용한다.

유상증자시 발행가를 높이거나 주가를 올려 실권방지에 이용하거나 전환사채의 발행조건개선 및 원활한 물량소화 또는 종업원에 대한 상여금 지급, 임원에 대한 공로주 지급용으로 활용한다(성과급을 자사주나 전환사채로 지급하는 기업에 대한 손비인정 등 세제상 지원 : '94. 5. 23 대통령 주제 신경제 추진 위원회의 내용).

배당가능이익을 매입자원으로 하기 때문에 부실기업도 참여할 수 있는 자사주 펀드와 달리 기업 내용이 양호한 기업들이 동제도를 이용하고 경영권안정, 주가 관리에 관심이 높은 기존의 자사주 펀드가입 기업들이 자사주 매입 가능성이 높으며 매입시 자금력 과시의 효과가 있다.

5. 자사주 취득허용에 관한 주요내용

1) 취득한도

증권거래법에 의한 취득한도는 발행주식 총수의 10% 이내(이익배당가능 금액한도 이내)로 하고 동법 시행령에서는 발행주식 총수의 5% 이내로 제한한다.

자기주식은 소유비율 산정 기준인 발행주식총수에서 제외되므로 자기주식 취득으로 인해 소액주주의 소유비율이 축소되거나 대주주 1인의 소유비율 확대로 인한 시장 2부로 탈락되거나 상장폐지될 우려는 없다.

자사주 펀드를 통한 자사주 매입분은 한도와 무관하게 취득한도 5%와 별개 처리하며 증권, 은행을 포함한 금융기관의 자사주 취득도 원칙적으로 허용한다(자사주펀드와 별개로 처리)발행주식총수란 의결권이 있는지의 여부를 묻지 않고 동일상장법인이 발행하는 주식의 총계를 의미한다.

2) 취득재원

배당가능 이익은 B/S의 순재산에서 자본금과 기본적립자본준비금 및 이익준비금과 적립해야 할 이익준비금의 합을 뺀 것을 말한다. 따라서 취득재원은 배당 가능 이익에서 당해 연도 배당금과 재무구조 개선적립금과 기업 합리화 적립금의 합을 뺀 것이다.

3) 취득절차

증관위와 증권거래소의 자기주식 취득신고서를 사전에 제출하여야 한다.

4) 처분

소유한도 등의 축소로 인하여 주식초과 소유시에는 1년 이내에 처분하여야 한다.

5) 자기주식 소유자의 주주권 제한

증권거래법상 주주권행사에 대한 별도의 규정이 없다. 따라서 상법에 따라 제한한다. 자사주의 주주권제한시 동 제도의 효율성이 대폭 축소된다는 점에서 논란의 대상이 되고 있으며 시행령 확정과정에서 주주권 제한문제 등의 세부적인 사항을 관련 기관에서 검토하고 있으므로 일부 변경될 가능성이 있다.

자기 주식 소유자의 의결권은 상법 제369조 2항에 의해 인정되지 아니한다. 유·무상증자 다른 신주 인수권과 배당권 인정이 되지 않는 것이 통설이다. 그 외에 기타공익권도 인정이 되지 아니한다.

6. 자사주매매절차

자사주매매시 사전 준비 사항으로는 상장법인이 자기주식을 취득 또는 처분을 결정시에 상장법인은 즉시 자기주식 취득(처분)신고서를 증권관리위원회와 증권거래소에 제출해야 한다. 이때에 거래소는 그 사실을 즉시 공시하여야 한다.

상장법인은 자기주식 취득(처분)신고서를 제출한 후 3일이 경과한날부터 3월 이내에만 매매를 할 수 있다. 만일 그 기간 중 취득하지 못한 경우 기간 만료 후 3월이 지나야만 다시 취득신고서를 제출할 수가 있다. 또, 별도의 자기주식 매매거래 계좌를 설정하여야 하는데 자기주식 취득(처분)신고서에 의한 취득(처분)기간 중 위탁증권회사는 5개를 초과할 수가 없다. 다시 말하면 1개 증권사에 1개의 자기주식 매매거래 계좌만 설정이 가능하다. 자기주식 매매거래 계좌에서는 자기주식만 매매가 가능하다.

상장법인이 자기주식을 증권사에 매매거래를 위탁할 시에는 당일전장종료(11시 40분) 이전까지 하여야 한다. 다만, 토요일 등 후장이 없는 날은 전장개시(09시 40분) 전까지 위탁하여야 한다. 이때에 1일 중에는 한 개의 회사에만 위탁이 가능하다.

1일 위탁수량은 5,000주 이상이어야 하나 신고시에 신고한 수량에서 신고서 제출 이후 취득처분한 총 수량을 차감한 수량이 5,000주 미만 일시에는 그 수량으로 위탁이 가능하다. 이때에 '자기 주식매매'임을 명시할 필요가 있다.

종가에 의한 시간 외 매매신청서를 거래소에 제출시 증권회사는 자기주식 매매위탁을 받은 즉시 거래소에 의한 시간 외 매매신청서를 제출하여야 하며 신청서의 효력은 제출 당일에 한한다.

증권회사는 시간 외 매매신청서 제출과 동시에 주문을 입력해야 하는데 주문가격은 매수는 상한가, 매도는 하한가를 입력하여야 한다.

거래소는 자기 주식매매 신청내용을 시장에 공개하는데 이는 단말기 입력 및 공시 방송을 통하며 공개 이후에는 신청서 내용 및 호가내용의 취소 및 정정이 불가능하다.

매매거래를 하고자 하는 투자가는 자기주식 매매호가의 상대되는 매매주문을 증권회사에 위탁하며 거래소는 자기주식 매매신청사실 공개 10분 경과 후부터 당일 매매거래 종료시까지 접수한다. 이때 상대호가는 매매거래시간 종료 전에 취소 또는 정정이 가능하다.

매매계약 체결은 당일 매매시간 종료 이후로 하며 후장종가(후장이 없는 경우 전장종가) 가격으로 한다. 매매체결은 상대호가간에는 시간 우선 원칙이 적용되고 당일 시장에서 매매거래가 이루어지지 않은 경우에는 종가에 의한 시간 외 매매거래를 체결하지 않는다. 주문전달 및 매매체결은 '94년 6월 4일부로 전산가동되고 있다.

자기주식의 취득을 완료하거나 그 취득기간의 만료시 당해 기업은 그 날로부터 5일 이내에 자기 주식의 취득 결과 보고서를 감독원에 제출하여야 하고 자기주식 취득 후 발행주식총수 또는 이익배당금 한도의 감소로 인하여 자기주식의 취득 한도 초과시에는 그 초과내역 및 처분계획을 사유 발생일로부터 5일 이내에 감독원에 보고하여야 한다. 이때 취득결과서를 제출한 날부터 6월 이내에 거래소 시장을 통한 처분은 불가능하다.

자기주식 처분신고서를 제출한 당해 기업이 자기주식의 처분을 완료하거나 처분 기간 만료시 5일 이내에 자기 주식 처분 결과 보고서를 감독원에 제출하여야 한다. 당해기업은 자기주식 취득신고서, 처분신고서, 취득결과보고서, 처분결과보고서는 각각 한 부씩 감독원에 제출하며 감독원은 그 서류를 2년간 공시한다.

자기주식을 취득(처분)하고자 하는 기간 중에 당해 기업은 투자자의 투자판단에 영향을 미친 중요한 정보가 있을 경우 법정절차(거래법 시행규칙 제36조)에 따라 그 정보가 공개되기 전에는 자기

주식을 취득할 수 없다.

미확정 공시기간이 길어지는 경우 주가 급변 및 투자자의 투자 판단에 혼란을 야기시킬 수 있으므로 '검토 중' 공시 후에는 반드시 3일 이내에 취득(처분) 내용을 확정 공시해야 한다.

참고 1) 뉴욕증시의 다우지수에 대해서

세계에서 가장 많은 주목을 받는 주가지수는 뉴욕증시의 다우지스이다. 다우지수의 오르내림에 따라 투자자들의 희비가 엇갈리고 세계증시가 출렁거린다. 또 다우지수가 1천 포인트를 올라설 때마다 세계 언론의 큰 뉴스거리가 된다.

다우지수의 정확한 이름은 '다우존스 공업주평균(Dow Jones Industrial Average)'이다. 그러나 다우지수는 '공업주'만으로 구성된 것도 아니고 '평균'도 아니다.

다우지수는 1896년 뉴욕증시에 상장된 우량기업주식 30개 종목으로 시작됐다. 물론 이때의 우량주는 모두 공업주였다. 그러나 산업구조가 변하면서 잘 나가는 기업의 업종도 바뀌었다. 다우지수도 이같은 변화를 반영하기 위해 편입종목을 여러 차례 교체했다.

1991년에는 오락·레저산업의 붐을 타고 월트 디즈니가 새로 포함됐고, 지난 17일에는 휴렛 팩커드(컴퓨터)·존슨 & 존슨(의약)·트레블러스 그룹(보험·금융)·월마트(소매) 등 하이테크산업과 서비스업종의 우량기업들이 추가됐다. 이처럼 편입종목이 바뀔 때마다 원래 포함됐던 '공업주'들이 다우리스트에서 밀려났다.

1백 년 전 최초의 다우지수 편입종목 가운데 지금까지 남아 있는 기업은 제너럴 일렉트릭(GE) 단 하나뿐이다.

지수산출 방식도 변했다. 당초 다우지수는 30개 편입종목의 주가

다우 30개 종목

(단위 : 백만달러)

회사명	시가총액 (순위)	
제너럴 일렉트릭	161,617(1)	
코카콜라	122,108(2)	
엑슨	117,842(3)	
머크	94,969(5)	
필립 모리스	89,469(8)	
IBM	81,205(10)	
P&G	70,859(11)	
존슨&존슨	68,978(12)	
AT&T	62,495(15)	
휴렛 팩커드	57,454(17)	
월마트	57,350(18)	
듀폰	53,681(21)	
월트 디즈니	48,978(26)	
제너럴 모터스	42,712(32)	
쉐브론	42,016(34)	
3M	34,144(48)	
보잉	32,847(50)	
맥도널드	32,709(51)	
이스트먼 코닥	27,209(66)	
아메리칸 익스프레스	24,816(81)	
얼라이트 시그널	19,516(103)	
시어스 로벅	19,422(105)	
JP모건	19,066(109)	
유나이티드 테크놀로지	17,224(121)	
캐터필러	14,786(148)	
인터내셔널 페이퍼	12,488(170)	
아메리칸 알루미늄	11,049(199)	
굿이어 유니어카바이드 트레블러스그룹	7,589 5,971 NA	250위 이하

를 합쳐 평균을 내는 방식으로 만들어졌다. 그러나 주식분할이나 무상증자 같은 일이 벌어지면서 단순평균으로는 정확한 주가추이를 보여 줄 수 없게 됐다. 예컨대 1백% 무상증자를 했다면 기업의 가치는 똑같은데도 주식수만 두 배로 늘어난다.

이론적으로 주가는 절반이 되고 단순평균으로 다우지수를 내면 그만큼 지수가 떨어질 수밖에 없다. 이 때문에 다우지수는 편입종목에 변화가 있을 때마다 이를 조정해 왔다. 따라서 지금은 그간의 변화를 반영하느라 아주 복잡한 산식(算式)이 동원된다.

그런데 불과 30개 종목만으로 구성된 다우지수로 어떻게 세계 최대인 뉴욕증시의 움직임을 보여 줄 수 있을까?

다우지수에 편입된 종목수는 전체 뉴욕증시에 상장된 주식의 약 1%밖에 안 된다. 이 점에서 전 상장종목을 대상으로 하는 우리 나라의 종합주가지수와는 판이하다.

다우지수의 구성종목수는 증시 규모가 작은 런던증시의 FT100 지수나 도쿄(東京)증시의 닛케이 225 지수에 비해 적고, 같은 뉴욕증시의 S&P500 지수에 비하면 17분의 1에 불과하다. 그러나 다우지수와 S&P500 지수의 중장기 추이를 보면 큰 차이가 없다.

이에 대해 다우지수 편입종목을 결정하는 월 스트리트 저널지의 존 프레스트보 증권부장은 "(편입종목 결정은)과학이라기보다 예술"이라고 말한다. 다우지수 편입종목은 월 스트리트 저널의 증권부장과 담당국장이 독자적으로 결정하는데 여기에 무슨 기준이 있는 것은 아니라 전적으로 두 사람의 '감(感)'에 의존한다.

사실 모든 지수가 그렇듯 다우지수가 증시 변화를 정확하게 반영하는 것은 아니다. 또 지수가 올랐다고 해서 내가 갖고 있는 주식의 주가가 오른다는 보장도 없다.

결국 주가지수라는 것은 하나의 흐름을 보여 주는 데 불과하다. 그런 점에서 간편하게 시장 전체의 움직임을 보여 주기에 다우지수만큼 '정확한' 것도 없다는 게 전문가들의 설명이다.

다우지수는 1972년 지수 1,000을 돌파한 후 15년만인 1987년 2,000을 넘어섰다. 그리고 갈수록 1,000포인트를 돌파하는 기간이 짧아지고 있다.

다우지수는 미국 경제의 호황을 등에 업고 1996년 10월 6,000선을 깬 지 불과 4개월만인 1997년 2월 13일 다시 7,000선의 벽마저 무너뜨렸다. 그리고 1998년 3월 16일 현재 9,000포인트를 코앞에 두고 있다.

참고2) 증권거래소가 발표한 '98년도 2월말 현재 주식의 개인보유 상위 20인의 현황

주식현황에 따르면 삼성그룹 이건희 회장은 3028억 원어치에 달하는 40,900,170,064주의 상장주식을 갖고 있는 것으로 집계되었다. 이건희 회장이 이어 현대그룹 정몽헌 회장은 3,016억 원, 대우그룹 김우중 회장은 2,266억 원, 미래산업 정문술 사장은 1,450억 원, 현대그룹 정주영 명예회장은 1,065억 원 등으로 상장주식 재산이 밝혀졌다.

주식수를 기준으로 할 경우에는 미래산업의 정문술 사장이 27,876,000주로 가장 많은 상장주식을 보유 중이다. 그리고 김우중 회장은 27,529,926조, 정몽헌 회장은 1,620만 주, 최종현 SK그룹 회장은 9,598,676주, 정주영 명예회장은 8,511,434주 등의 순이다.

보유 주식수는 미래산업 정문술 사장과 대우그룹 김우중 회장 등이 많지만 시가 총액면에서 삼성그룹 이건희 회장이 가장 많은 것은 삼성전자 등 고가 주식을 주로 보유하고 있기 때문이다.

미래산업 정사장의 경우 최근 동 회사가 5,000원짜리 주식을 1백원으로 액면 분할을 한 덕분에 상장주식수가 크게 늘어났다. 한편 1백만 주 이상의 상장주식을 보유하고 있는 개인은 모두 127명이며 50만 내지 1백만 주를 보유한 사람은 183명이고 십만 주 내지 50만 주의 소유자는 74명으로 집계되었다.

개인보유 상위 20인 현황

(단위 : 주, 억원)

순 위	보유자명	회 사 주	주 식 수	싯가총액
1	정 문 술	1	27,876,000	1450 억
2	김 우 중	4	27,529,926	2266 억
3	정 몽 헌	6	16,201,124	3016 억
4	최 종 현	5	9,598,676	691 억
5	정 주 영	9	9,104,075	1065 억
6	정 몽 구	8	8,511,434	672 억
7	조 옥 례	2	88,436,596	66 억
8	유 찬 우	1	7,700,000	278 억
9	조 중 훈	9	7,316,608	508 억
10	조 양 호	9	7,092,530	509 억
11	최 원 석	4	6,419,958	300 억
12	설 원 량	3	6,210,232	373 억
13	정 용 근	4	5,829,226	406 억
14	김 석 원	5	5,534,865	223 억
15	이 건 희	4	5,091,764	3028 억
16	지 석 량	1	5,030,629	114 억
17	김 승 연	6	4,919,383	155 억
18	김 중 원	1	4,055,438	46 억
19	이 창 재	2	3,998,456	27 억
20	이 순 국	8	3,968,433	38 억

4

증권분석의 개념 및 큰손들의 작전포착과 역이용법

제 1 장
증권분석의 개념

1. 증권 분석

1602년 암스테르담의 증권거래소 개설 이래 400년간 주가 변화의 정확한 원인규명은 발견되지 않고 있다. 과학적인 접근법이 시도되었으나 실패하고 증시 자체가 불가측적인 현실 세계를 반영한 것이기 때문에 이론적 통계적 접근법은 실전에는 무용지물에 가깝다.

1) 기본적 분석

기업의 내재가치를 찾아 시장 가격과 비교하여 고평가, 저평가 여부를 결정하여 투자 수익을 얻고자 한다(중세유럽, 동서양의 항해에 따른 증권거래가 시초)

경쟁력, 업계동향, 경제동향, 영업환경, 재무제표, 설비투자, 이익, 매출액 등을 분석하고 기업 탐방을 통해 내재가치를 평가한다. 이에는 경제학, 경영학, 회계학, 통계학, 컴퓨터 등이 지원된다.

2) 기술적 분석

내재가치 산정의 어려움과 불확실성 때문에 내재가치 분석보다 시장에서 형성된 주가, 거래량, 변화 자체를 분석하는 기법이다. 모든 정보는 시장 자체에서 획득하므로 정보획득이 용이하고 시장에서 형성된 가격에는 기본적 분석에 필요한 모든 자료가 이미 반영되어 있으므로 주가와 거래량 자체를 분석한다는 관점이다.

컴퓨터의 도움을 받아 하루에도 수십 개의 차트가 개발된다. 1980년 월스트리트가에서 새로운 투자기법의 세계를 개척하는 신천재 그룹이 등장했다.

3) 기본적 분석의 한계

정확한 내재가치 산정이 어렵고 순간적 내재가치 산정으로 미래 수익력이나 영원불변의 내재가치 산정이 불가능하다. 내재가치에 의한 합리적 투자보다 비합리적 투자가 역사적으로 성행하고 있다. 데이비드 드레망은 이렇게 말했다

"비합리적인 분위기에 휩싸이면 엄청난 투기 시세가 형성되고 비합리적인 환상에서 깨면 경제적으로 이탈하므로 주가가 실제 가치보다 훨씬 폭락한다."

2. 기술적 분석의 개념

1) 기술적 분석의 의미

주가는 정치, 경제적인 모든 복합적인 원인에 의해 변동하며 모든 일들이 직·간접적인 주가 변화의 원인이라고 할 수 있다. 따라서 주가의 분석대상은 무한대로 확장될 수 있다. 따라서 증권분석은 시장 자체에서 해답을 구하는 기술적 분석이 바로 성공의 열쇠

라 할 수 있다.

2) 기술적 분석의 발달과정

다우(Charls Dow)의 다우지수(주가 움직임의 지수화)와 추세 분석 이후 엘리어트(Eliot)의 파동이론, 에드워드 & 메기(Edward & Magee)가 260개의 사례분석을 통한 10개의 패턴을 추출(패턴분석)을 하였다. 그 후 그랜빌(Joseph Granville)이 기술적 분석 이론을 집대성하고 기술적 분석의 계량화를 선도했다.

세계 각국에서 각종 기술적 지표양(소나, P&F 등)이 되고 있다.

3) 가치분석과 시간분석

투자는 투자 수익의 극대화를 목적으로 한다(기본적/기술적 분석 동일).

기간투자 성과는 절대금액보다 투자수익률 보유기간에 따른 투자수익률이 중요하다

예를 들어 1년의 50%의 수익보다 6개월간 25%의 수익이 좋다.

4) 기술적 분석의 기본 철학

투자가 아닌 거래로서, 매 거래시마다 연수익을 극대화하는 것이다. 투자하는 기간 동안 시간과 자금을 최대한 활용하고 투자기간을 최소화하고 매매시점을 최소화한다. 빠르고 간편하게 종목을 선정하여 매매타이밍을 선정하고 정확하고 빠른 주가를 추적한다.

3. 증권분석 발전과정

1) 증권시장의 기원

1602년 네델란드 암스테르담에서 세계 최초의 증권거래소 설립, 동서양 항해선박에 대한 증권발행으로 모험적인 증권투기 시대가 열렸다(항해 선박에 대한 기본적 분석과 성공예측 확률분석이 증권분석의 과제로 등장한다).

2) 미국 증권시장(180년)

1929년 대공황 이전에는 개인 큰손들의 시대였고 1929년 9월 이후 1932년 7월까지 대공황으로 주가가 89% 하락했다. 그 후 25년 후인 1954년 11월에 예년 최고치 381포인트를 회복했다. 1929년 대공황 이후 기관투자가의 비중이 증가되고 과학적 투자기법이 발전했다.

1998년 2월말 현재 경기 호황 등으로 8,600포인트를 상회하고 있다.

3) 일본 증권시장(120년)

1950년 이전에는 개인 투자가들이 신용매입과 공매측으로 나눠어 치열하게 혈전을 벌인 개인투기사 시대였다. 1950년에서 1960년에 걸쳐 일본 증권사들의 성장이 기대가 되었으며 1960년에서 1970년까지는 자본 자유화 및 투자신탁 성장의 시대였다(성장주 이론과 PER의 기본적 분석도입). 1970년에서 1980년까지는 일본 증권사에서 기술적 분석을 개발(소나, 시그마 등), 1980년 이후 증권사는 컴퓨터를 이용한 투자 모델 개발에 주력을 했고 개인 투자가들은 각종 기술적 투자 기법을 양산했다.

4) 한국증권시장(60년)

1985년 이전에는 개인 큰손들이 활개를 치는 시대였고 1986년에서 1989년에 주가가 크게 상승하여 증권사의 성장을 초래했다. 1989년에서 1992년에는 주가가 하락하여 외국에 자본시장을 개방하였다.

1997년 10월 IMF여파로 종합주가지수 330포인트 선까지 대폭락했다가, 외국인의 적극적인 매수에 힘입어, 1998년 2월 현재 550포인트 선까지 회복했고, 점차 활기를 되찾을 전망이다.

제 2 장

큰손들의 작전포착과 역이용법

1. 매집국면의 일반적 현상

보통 1~2개월 동안 가격대가 일정 수준에서 좁은 협대를 유지한다. 이는 매집세가 가격이 하락할 조짐이 나타나면 받치고 반대로 상승하면 팔아 일정기간 등락폭을 일정 수준에서 벗어나지 않도록 하기 때문이다(일반의 유입세력과 이탈세력을 적정 수준에서 유지한다).

매집단계에서는 일반 매수세력이 전혀 주목을 할 수 없다. 따라서 거래량은 소강상태를 유지한다. 이따금 거래량이 추세를 벗어나 증가하기도 한다. 그러나 이는 주가 수준에 회의를 느낀 일반 투자자들의 매도에 기인하는 수가 많다. 그러나 대체로 거래량 수준이 낮은 상태에서 형성된다. 매집이 끝나면 호재성 루머를 유포시키면서 가격을 올려붙인다.

루머에 의한 일반 매수세의 유인에 성공하면 폭발적으로 거래량이 증가하고 주가도 상승 탄력을 받게 된다. 이때 거래량이 증가하는 것은 이들 매집 세력이 저가로 매집한 가격대부터 분할매도하기 시작했다는 것을 의미한다. 보통의 경우 매집세력은 고점에 이르기 전에 이탈하면서 관상의 법칙에 따라 주가는 천정을 형성한 후 거래량 상투를 기록한다.

2. 주가 차트상에서의 매집국면 특징

대체로 1~2개월간 일반 등락폭이 좁은 협대의 가격대를 이룬다. 거래량이 갑자기 줄어들면서 소강상태로 돌입한다. 이는 보합권에 머물던 주가가 종가 무렵 대량매도 주문으로 하한가로 밀려 일반투자 심리가 위축되므로써 나타나는 현상이다. 매집국면 말기에는 특별한 호재가 없는데도 주가가 전일 종가보다 상당폭 밑돌다가 오후장 끝날 무렵에는 거래량 동반과 함께 주가도 상당폭 상승반전했을 때 주가를 본격적으로 올려부치려는 신호로 볼 수 있다.

3. 큰손을 이해해야 하는 이유

증시의 속성상 큰손은 언제나 시장의 선도세력이다. 그 다음은 전문투자가, 일반투자가가 항상 뒤따르게 된다.

일반 투자가의 궁극적인 과제는 큰손의 바로 뒤를 잇는 전문투자가가 되거나, 큰손보다 앞지르는 전문투자가가 되는 것이다. 큰손은 일반투자가들보다 정치, 경제, 기업 및 기관의 세밀한 자금사정 등 정보 포착이 빠르다. 풍부한 자금력과 기업의 내재가치에 대한 기본적 분석능력와 기술적 분석능력이 뛰어나다. 따라서 큰손들이 단지 돈이 많기 때문에 주식투자로 성공한다는 것은 큰 오해이다.

큰손보다 앞지르는 전문투자가가 되기 위한 유일한 길은 정보에 있지 않고 주요업종 및 종목군의 특성을 이해한 후 주가 조정기의 마지막 무렵에 큰손의 매집 기미를 거래량 분석, 기술적 분석 등의 방법으로 포착하는 방법밖에 없다.

전문투자가가 되는 길은 주가 움직임의 특성과 최소한의 투자 무기를 가지면 된다. 그리고 욕심의 3%를 버리고 자기 탐욕을 극기할 수 있다면 비교적 쉽게 전문투자가가 될 수 있다. 주식은 투자라기보다 투기로 이해하는 것이 쉽고 훌륭한 투기사는 신중함보다는 배짱, 그리고 그 이면에는 언제나 냉철한 계산과 치밀한 판단력, 직감력 등을 가져야 한다. 치밀한 판단력이 뒷받침되지 않는 배짱은 큰 손해를 보게 된다.

4. 큰손 세력군

중소형 투기주를 좋아하는 세력군, M&A 기업인수 합병재료주만을 뒤쫓는 세력군과 은행, 증권, 단자 등 금융주를 좋아하는 세력군, 돈만 많고 실력은 별로 없는 세력군, 증시에 수십 년간 잔뼈가 굵은 전통적인 세력군(우량주를 좋아하고 시세의 흐름을 물 흐르듯 잘 타는 세력군), 보험사를 주축으로 한 기관 투자가, 언제나 중소형주, 잡주, 불량주를 선호하는 세력군 등이 있다. 다만, 이들 큰손의 유일한 강적은 외국인 투자자와 기관 투자가 그리고 대세이다.

이 큰손들이 이익을 크게 보는 것은 정보, 자금력, 분석력이 탁월하기 때문이다. 분석력이 없는 큰손은 외국인 투자가와 기관 투자가 등을 이길 수 없으며, 이는 실패의 지름길이다.

5. 큰손 매매의 특징

큰손들은 분할매수, 분할매도의 원칙을 철저히 고수한다. 작전에 실패했을 경우에는 잠시 시세를 부치면서, 일반이 따라 붙게 한 후, 일괄 매도한다. 1차 매수는 물량 매집을 위해서이고 2차 매수는 시세를 부치기 위해서이다. 3차 매수는 물타기를 하기 위해서이다. 물타기 매수 후에는 기다리기보다는 빠져 나온다.

주가 침체기는 끈질기게 물량을 매집하며 일반을 속이기 위해 끈질기게 주가를 관리한다. 장세 전환 지점에 물량을 내놓았다가 거두어들이기를 계속한다. 주가 침제기엔 일반으로부터 헐값에 주식을 산다. 그러나 결국에는 비싸게 파는 행위를 반복한다. 일시적으로 지지선을 깨는 모양을 유발시켜 많은 전문투자 분석가마저 속이기 위한 차트 모양을 만든다. 이들의 투매유발은 극약 처방이다.

6. 큰손 매입표적 종목군

주가가 장기간 침체기, 대세하락시기(1차매수표적 종목군)에는 일반이 잘 모르는 종목군이나 일반이 많이 가지고 있지 않은 종목군, 은밀한 재료를 가지고 있는 종목군(예를 들어 외국인 선호 종목, M&A 재료, 대폭유무상, 실적대폭호전 등)을 장세 반전 시작 직후나 대세 상승기(2차매수표적 종목군)에는 단기간 대량의 물량확보가 용이한 종목이나 일반이 따라오기 쉬운 가격대의 종목군, 유명 종목군(삼성전자, 포철, 한전 등)을 큰손이 시세에 부칠 때(위장매매, 속임수) 자본금 규모가 적은 종목군, 유통물량이 적은 종목군들이 매입의 표적이 될 수 있다.

7. 큰손이 시세를 부칠 때

1차 물량매집기의 특징(전통적인 큰손)은 주가 침제기·장기간 조정기에는 일정한 가격대로 주가 관리를 하며 꾸준히 매집을 한다. 이때에는 주가 차트상 띠모양을 형성하는 것이 특징이다.

큰손이 시세를 부칠 때 즉, 주가 침체기에는 1단계로 자본금 규모가 적은 종목군이나 유통물량이 적은 종목군를 위장매매하거나 속임수를 사용한다. 2단계(정상적인 주가 부침)로는 거래량이 급격히 증가되어 물량을 줬다 뺐었다 한다. 차트상 저항선을 강력하게 뚫는 모양을 형성한다. 근거 없는 은밀한 풍문을 유포하고 시장 선도주를 출현시킨다. 소수 종목군 풍문과 함께 지속적인 상승현상을 나타낸다.

큰손이 시세를 낸 종목의 특징을 보면 수익률 측면에서 공통점을 발견할 수 있다. 그것은 주가 일봉 차트의 공통점(3차 상승)이 있다.

8. 큰손이 흔들 때

큰손이 주가를 흔든다는 말은 큰손이 시세를 부치는 작업이 여의치 않을 때 주가 침체기에 상승 탄력을 회복하기 위해서 투매를 유발하는 경우 등을 말한다. 또 다른 의미로는 물량 부담을 가볍게 하기 위해 또는 추가 물량매집을 위해 악재를 퍼트린다는 것을 의미한다.

큰손들이 주가를 흔들 때는 일반 매수세가 너무 약하고 대기 매물 공세가 매우 강할 때, 매집이 완료되지 않는 단계에서 일반 매수세가 너무 왕성할 때 물량을 확보하기 위해서 취해지는 상투적인 수단이다. 일반적으로 그 기간은 비교적 짧다.

9. 큰손이 물량을 팔 때

큰손이 주식을 팔고 빠져 나갈 때는 시세를 순조롭게 붙인 후 마지막에 터는 것이 특징이다.

기관매물 등 돌발적인 악재가 나타날 경우, 대량 거래 후 수일간 최소 보합수준을 유지해야 되는데 대량 거래를 유발하고 1~2일간 시세를 부친 후에도 거래량이 현저히 감소하고 주가가 전일종가보다 상당히 낮게 형성되는 것은 시세에 부치는 것이 여의치 않을 때 나타나는 특징이다.

약세장에서 반등을 시도할 때 전장에 시세를 강하게 부친 후 여의치 않을 경우 후장에 곧바로 파는 경우가 많다.

시세를 예상 외로 크게 부치는데 성공했을 경우에는 잔여 매물을 2~3일간 하종가로 매도한다. 그러나 이때에 잘못 투자했던 일반투자자는 손해액만을 생각하고 아까워서 하종가로 잘 팔지 못한다. 큰손이 빠져나갈 때 1단계는 2차 상승에서 3차 상승 중간에, 2단계는 3차 상승 후 꺾어질 때 하종가 수준으로 매도한다.

큰손들의 작전이 실패로 돌아가는 경우는 대세를 역행할 때(자금력 과신), 시세를 부치는 초기에 작전이 노출될 경우(역이용), 감독관청의 조사를 받을 때(세무서, 감독원 등), 기관의 대량매물공세를 받을 때(증권주 등 기관주식의 경우), 대세 판단 착오로 늦게 뛰어들었을 때, 작전 초기에 돌발호재가 발생해 출현자금이 바닥났을 때, 큰 시세가 난 후 주가 반등시기를 잘못 판단하여 매물공세를 받을 때(신용매물, 미수매물, 일반 및 기관 또는 외국인의 매물)와 같은 경우이다.

10. 큰손 움직임 포착확인 방법

주로 주가 및 거래량의 움직임을 판단(수치분석기법) 기준으로 삼는다. 주가 일봉차트로 단기 저항선 이탈시점을 판단하여 바닥 탈출을 판단한다. 주가 일봉차트로 전고점 판단 및 바닥모형(2차 및 3차 상승 가능성)을 판단한다. 단기, 중장기 차트 및 단기중장기 이동평균선(타이밍차트 V차트 소나 차트, 이격도 등)을 판단한다.

장기 일봉차트로 전고점 판단 및 저항선 이탈 모습 및 가격대를 판단한다. 예상 수익률 계산(수치분석기법)으로 판단한다(30%, 50%의 원칙, 3차 상승 모형가정), 탐색기능에 의해 포착(매집포착)한다. 매물분석 및 저항가격대 분석 및 시장 전체흐름에 의해 판단한다.

11. 큰손의 매집세력 형성가능성 판단기준

고급 큰손은 약세 시장에 시장 선도주가 될 만한 우량주인가를 사전에 치밀하게 과학적으로 검토 분석한다. 자금력이 풍부한 큰손은 강세장이나 금융장세에 적합한 대형주에 초점을 맞춘다.

강세장의 경우에는 일반 투자자가 따라오기 적당한 가격대인가를 본다. 약세장의 경우나 작은 큰손의 경우는 일반 투자자가 따라오기 쉽지 않은 고가 주식인가 혹은 중소형 주식인가를 본다. 신문보도 수개월 전에 대폭호전을 풍문으로 확인할 수 있는가를 본다. 늦게 뛰어드는 자금력이 막대한 큰손의 표적종목은 대량의 물량확보 및 처분이 단기간에 용이한 주식인가를 본다. 대폭 유무상증자 가능성이 있는 우량주인가를 본다.

기업인수의 표적이 되고 있는 유망종목인가를 살핀다.

제 3 장
종목 선정

1. 종목선정의 중요성

주식투자는 종합지수를 거래하는 것이 아니다. 시시각각 변하는 800여개 종목 중에서 몇몇 종목을 매입해야 하느냐의 종목 선택에 따라 수익률이 천차만별이 된다. 때문에 수익률이 높은 주식 선정의 안목이 필요하다. 아무리 지수가 하락해도 연초 대비 연말 주가가 50% 이상 상승한 종목도 있을 수 있다. 심지어 수십 배의 수익 종목도 나타난다. 하지만 반대로 종합지수가 50% 이상씩 상승한 80년대 말에도 재미는커녕 손실을 본 경우도 허다하기 때문에 불량기업의 급락 종목을 피해야 된다.

유망종목 인가를 평가하려면 현금 흐름이 좋으며 시장 점유율이 높고 자산 재평가 차익이 큰 선두기업이자 안정기 산업 종목인가, 과거 현재 미래 실적(매출, 이익, 성장기 제품 여부) 신장이 좋은 성장성 주식인가, 제품품질의 국제경쟁력이 좋은 국제적 기업인가, 기술의 라이프 사이클을 선도하는 기술력이 있나, 기업의 장래를 예측할 수 있는 경영자의 능력을 평가했을 때 우수한 경영자인가,

장기주가 상승의 기준 척도인 당기순이익의 수준과 변화과정을 보았을 때 이익이 안정 성장했는가를 알 수 있는 재무면 등을 검토해 판단할 수 있다.

종목 선정법은 성장기업 주식(인기테마와 시대적 명분주식)인가, 수급을 고려했을 때 유리한 종목인가(아무리 좋아도 모두에게 다 알려진 주식은 안 된다)를 살펴봐야 한다. 하지만 주식투자의 왕도는 없으므로 집요한 노력이 필요하며 종목선정 100%는 안 된다.

지난 85~86년까지는 G5 선진국 정상회담, 3저현상, 수출주도형 경제성과 수출주도형 자동차, 전자가 150~250% 상승했다. 그러나 87~88년까지는 원화절상 예상과 내수 부문 주도로 수출에 어려움이 나타나자 새롭게 금융과 건설 관계 주식이 300~500% 상승했다.

2. 급등주 발굴 및 매입 매도방법

1) 급등주의 조건

주가가 긴 폭락행진을 멈추고 거래량이 급증하면서 상한가에 진입한 종목, 주가가 떨어질수록 거래가 급증하는 주식, 증자를 하나 둘 적극적으로 추진하는 업종의 주식(실권방지를 위한 주가 관리, 미래사업을 밝게 전망), 미래 성장주, 긴 띠 모양의 박스권을 상향 이탈하면서 거래가 크게 늘어나는 주식, 모든 사람들이 전혀 예외없이 이제는 완전히 끝났다고 느끼는 주식, 시대의 인기 유형 테마를 갖추고 있는 주식(M&A 기업인수 합병 관련 주식 등), 남들이 왜 오르는지 몰라 어리둥절한 주식, 전혀 관심밖의 종목(한번 시세내고 인기끈 주식은 모두 매입했으므로 1년 내 급등주 불가능), β계수가 높은 종목(장세에 따라 급등락하는 종목) 약 1년 내 크게 성장할 경기 여건을 가진 주식, 오랫동안 못 오르거나 장기간 하락한 주식 등이 있다.

강세장으로 전환시 가장 낙폭이 큰 주식과 안 내린 주식, 약세장에서 안 내리는 주식(큰손이 주가를 관리하고 있으므로 2차 상승 가능성이 높다), 주가가 오르지 못한 상태의 대량거래(손바뀜으로 물량이 가벼워진 것으로 호재나 실적 호전의 명분이 뒷받침되면 급등주가 된다), 크게 못 오른 종목 중 거래량이 급증한 주식(주도주는 상승 초기 매수는 성공하고 말기 매수는 실패한다), 향후 성장성 예상되는 주식(주도주가 될 수 있는 조건이다), 질서 정연한 논리에 의해 뒷받침될 수 있는 대의명분이 있는 주식, 주도주가 드러났을 때 대장주식(시세가 가장 강하게 뻗는 주식)이다.

다만, 유의해야 할 점은 내수 안정주는 주가가 다시 원위치하기 때문에 급등주가 될 수 없다. 대시세가 난 후에도 (급등주는 1년 이상 안 간다. 영원한 급등주는 없다) 급등유망주가 바뀐다. 모두가 좋은 주식이라고 하면 더 이상 큰폭 상승이 어렵다. 30% 이상 급등주가 전일 최고가와 종가를 완전히 감싸는 큰음선이 나오면 무조건 하종가로 팔아라. 급등주식이 대량 거래되면서 최고가 대비 10% 하락하면 미련 없이 매도한다.

급등주식은 상승 초기에 10% 이익으로 빨리 팔아서는 안 된다. 강세장에서 안 오르는 주식은 급등주가 될 수 없다. 기울기가 급하게 급등하는 종목은 오래 못 간다(완만하게 GAP 없이 상승하는 종목이 크게 간다) 신규상장종목 중 저평가 종목은 상장과 더불어 매수(상장 후 2주일 내 매도할 것), 10% 등락에는 쫓아가고 30% 등락에는 대항한다. 이중 천정형, 3중 천정형 V자 바닥형 원형바닥형, 긴 직사각형 등은 바닥권 패턴이다.

자신 있는 큰장이 예측되는 사이클파에서는 적은 이익에 초단타를 해서는 안 된다. 대시세가 난 급등주는 매도 후 다른 종목으로 교체 매매를 해야 한다. 1년에 적어도 7루타 종목 2~3개는 반드시 찾아내도록 노력해야 한다.

2) 급등주의 일반적 특징

미래 경제 환경 변화에 따른 성장업종과 성장기업, 부실기업(관리대상 종목이나 적자기업)에서 우량기업(2부 승격이나 흑자 반전)으로 전환된 종목, 최근 1~2년간 보합권을 유지하며 오랫동안 못 오른 종목, 장이 반전될 때마다 등락폭이 큰 종목(건설, 증권주) 등이다.

큰손들이 작전을 하기 쉬운 종목이나 오랫동안 대부분의 일반투자자에게 외면된 주식으로 순환매가 없었던 종목도 급등주의 특징 중 하나이다. 그러므로 이유 없이 오르기 시작하는 종목은 시세 초기 단계로 상승하고 오르는 이유를 일반 투자자가 납득하면 시세는 끝나게 되는 경우가 많다.

성장주의 그래프가 6개월에서 1년 동안 긴 이중 바닥형을 크게 그리거나 증자를 적극 지속적으로 하는 주식은 급등주가 될 수 있다. 주가가 하락할수록 거래량이 늘어나거나 주가 폭락 후 더 이상 하락하지 않는 종목과 거래량 그래프나 역시 계곡선이 연중 최저 바닥권에서 방향을 급반전하는 종목은 눈여겨볼 필요가 있다. 특정 업종에 대한 관련과 애착심을 버리고 한발 앞서 성장 전망을 진단하여야 한다.

3) 급등주의 기술적 특징

주가 탄력성이 크고 매물 부담이 적으며 신용물량이 적다. 거래비중이 늘어나며 시장 인기(테마)주이다.

4) 주가 및 거래량 변화로 급등주 포착법

주가가 오랜 기간 띠 모양을 형성하며 평행 추세대 형성 기간이 길어야 한다. 그리고 종가관리의 흔적이 보여야 하며 매물부담이 많지 않거나 전고점의 집중거래 가격대와 괴리도가 큰 종목으로서 거래량이 크게 늘어나면서 주가가 오르는 것이어야 한다. 거래량이 어느 날 갑자기 세 배 이상 급증하거나 주가를 아침부터 첫 상한가로 부추기는 것, 또는 늘림목 현상(TEST)이 나타나는 주 등 이때에 거래량 급증률 3~8배 수준에서 주가 초강세로 출발해 매물을 받지 않을 경우에는 과감하게 편승해 보라.

거래량 급증률 3~8배 수준에 주가가 강세로 출발했으나 주가 상승폭이 작거나 빠지면서 거래량이 10배 이상인 날이 연속하여 3일 이상 지속될 때에도 뒤돌아보지 말고 갖고 있는 주식을 모두 팔아야 한다.

5) 급등주의 매입, 매도 시점

매입은 첫 상한가(후장 동시호가 또는 단일가) 때, 다음날 거래량 체크 분석 후, 주가 및 거래량 이평방향 전환시(6일 또는 25일), 정배열 전환시(장단기 이평 결집 후 재이별)에는 매입해도 좋다.

매도 시점은 시세진행 후 장대음선(첫 하한가 추격)이 나올 때에는 거래량을 분석한 후 또는 역배열 전환시(장단기 이평 이별 후 일시 결합 후 재이별)에 매도한다. 또, 주가 및 거래량 이평방향 전환시(6일 또는 25일)에 매도한다.

6) 급등종목 발굴 계명

시대의 테마와 인기, 유행을 주안점으로 찾아야 한다. 세 배 이상의 거래량 급증 종목, 주가 지수대가 띠 모양을 형성한 종목, 주가가 긴 하락 후 V자 바닥형, 모돌이파 완성 후 상승 종목, 6, 25, 75일 장단기 이동 평균선이 역배열에서 정배열로 바뀌면서 그 간격이 좁은 꽈배기 종목(꽈배기 전에 수개월 이상 붙어 지내던 종목) 등 매일 상종가 친종목의 공통점을 찾아라. 업종거래의 비중이 점차로 증가하는 업종에서 종목을 찾아라. 전장에서 첫 상종가 친종목에서 테마와 유행의 포인트가 발견되고 그 동안 안 오른 종목이면서 차트상 바닥 매수 신호인 종목, 긴하락 추세선 진행 후 추세선 상향 이탈하는 종목, 기술적 분석상 유망 종목(매집포착, 6일주가거래량이평, 타이밍, 소나).

3. 인기출세주 초기 발굴법

1) 기본적 분석에 의한 발굴

순위 분석작성에 의한 PER/PBR분석 등이 있다. 호황산업을 추출하여 선도기업 정보를 입수하여 반기 실적 발표 2~3개월 전에 최고 실적 신장기업을 추출한다. 공장준공, 신상품, 신기술 개발 특허, 노사분규 종료 등의 구조가 근본적으로 변화된 기업을 조사한다.

2) 기술적 분석에 의한 발굴

상승하고 있는 종목이 가장 주가가 오를 가능성이 많다. 주식은 티이밍, 즉 시간의 게임으로 출세주도 단기적으로 주가가 얼마나 크게 상승하느냐에 초점을 둔다.

단기투자란 3개월 단위의 단기파동(엘리어트의 파동이론에 나오는 인터미디에이트파 대상)으로 대세가 상승기일 때는 상승기간이 3개월, 대세 하락기일 때는 3주 대세 수평장일 때는 6주이다. 너무 단기적인 파동을 추구하면 적중률이 떨어지기 때문에 아무리 초단기로 잡아도 1주 이상 급등종목을 발굴한다.

3) 조정 2기의 상승업종이 주도주 부상 가능성

경기 안정시 정치 불안으로 주가 하락시에는 수출호황 업종이 좋다. 특별한 재료에 의해 업적 상승 종목이, 주가 하락기에는 증시 부양책으로 기관 매수 우위시 기관 및 외국인 선호종목이 좋다.

4. 7루타 종목발굴법

벼락 출세주를 발굴하기 위해서는 큰손의 의도와 행동양식의 연구가 필수적이다. 종목 교체술은 손해난 종목은 매도하고 오르는 종목은 보유하는 것이 정석이다.

수익의 80%일 때에는 이익 실현 후 한동안 쉬면서 다음 주도주를 체크한다. 7루타 종목은 기간조정이나 가격조정이 끝난 종목이거나 오랜 세월 철저히 비인기 종목으로 새로운 유행과 인기테마 종목이다. 가격대별 주식 사이클은 고가주에서 중저가주로 또는 저가주로, 다시 고가주로, 다시 중가주로 변할 수 있다. 반등폭이 얕으면 폭락시세, 반락이 얕으면 큰 시세이다.

예측기법은 천장 전에 매도한다. 상투 직접 출연징후(삼선전환도, 주봉갯수, 장대음선출현, OBV, 거래량 징후, 선도주질, 선도주 강도) 구좌 50%는 기법대로, 50%는 자기 멋대로 한다. 속임수 늘림목에서는 무조건 매수하는 것이 좋다. 일반 매수도 없고 소문도 없을 때 신용 잔고 바닥에서 급상승한다.

주식 매입 후 3일 내에 결판을 낸다. 신용은 매입 후 일주일 내에 결판을 내야 한다. 신용은 1년에 3회가 적정하다. 현금의 50%는 7루타 종목 발굴을 위해 항상 비축하라. 10%는 종목 발굴 기본 연구에 쓰라. 투자는 대형주 1~2종목 중소형주는 3~5종목이 좋다. 거래량 적고 가격 변동이 작은 주식 거래급증은 매수의 신호이다.

모든 주식은 임자가 있음을 기억해야 된다(가끔은 임자가 바뀐다. PER). 큰손들의 심리를 꿰뚫는 전술을 구사할 수 있어야 한다. 어떤 주식도 최대 상승 기간은 띄우는 세력의 마음에 달렸다. 주식이 잘 안 되면(사이클을 못 타면) 주식을 몽땅 팔고 1주일 동안 쉬면서 주식을 연구하라(기회는 또 온다. 내일도 시장은 선다), 휴식 기간을 반드시 가져라. 거래량 급증 종목, 긴 하락종목, 쇼크나 상처로 폭락한 종목, 오랫동안 철저한 보합권 종목은 인기유행 테마종목이다. 종목 교체를 잘하라. 이익보다 절손매를 먼저 생각하라. 편승매매는 중반까지만 한다.

주도주의 순환은 가격대별 순환, 대형주 · 중소형주 순환, 테마별 순환, 업종별 순환이 있다. 7% 원칙, 30% 원칙, 주도주는 주봉 6개이고 비주도주는 주봉 2개이다. 신용잔고는 FULL매도이다. 주도주 대장주식이 깨지면 매도한다. 일단 하락추세로 전환되면 반등을 기대하지 말고 기간 이익을 위해 빨리 매도해야 한다. 대형주가가 상당기간(30% 이상) 오른 경우 상당폭 오른 종목의 장대 옵션이 출현하면 무조건 추격 매도한다. 매입가격에서 10% 내리면 무조건 매도한다. 3개월마다 이익금의 30%는 현금으로 인출하여 비축하라.

적은 이익을 노리고 매매해서는 안 된다. (7%는 실패)주가 상승할 수록 투자 규모를 줄이라.

주도주 순환을 예의 주시(시나리오 작성)한다. 3산 매도, 3천 매수를 적극 탐색한다. 상처난 주식, 30% 오른 주식, 불꽃 피운 주식, 작은 시세 노리는 주식, 정보에 의한 주식은 매수를 금지한다. 거래량 꽃봉우리 이후 주가 거래량이 감소된 주식은 매도한다. 전고점 거래량을 못 벗기면 하락한다. 전장보다 후장거래가 많으면 주가가 상승한다.

(시간당 체크)전고점 거래량을 벗기면 주가도 전고점을 벗긴다. 전고점까지 거리가 짧으면 주가는 그대로 치솟을 가능성이 높다. (5개월이 지나면 영향이 소멸된다) 주가가 내려가면서 거래가 증가된 주식은 조만간 주가가 상승한다. 신고치 갱신 3~4일 후에는 일단 조정이 온다(모두에게 이익 발생하므로 경계 이식 매물이 출회한다). 주가가 못 오른 상태의 거래급증은 손바뀜이 끝난 상태이다(급등가)

5. 급등주와 큰시세내는 종목발굴법

작전 업종 및 종목의 특징은 3년 주봉상, 1년 일봉상, 거래량상, 패턴분석상, 주도주 순환패턴상, 수치 분석상 특징이 있다.

작전대상업종 및 종목은 매물부담 집중지수대와의 괴리도가 큰 업종 및 종목. 실적 호전 또는 정책 재료 보유 등의 대의 명분 있는 업종 및 종목, 중소형 전기전자주, 제지, 제약, 섬유 등의 내수주, 블루칩 4인방 등 작전 업종 및 종목, 매물 부담이 철저히 가볍고 일반이 보유하고 있지 않은 업종 및 종목, 특별재료 보유 종목, 낙폭과대종목 등이 있다.

6. 기본적 투자 전략

거래량 회전율이 높은 종목을 주시하라(거래량 회전율이 높으면 대기 매물을 소화하면서 상승할 수 있는 힘 보유). 실전호전 종목에 관심을 두고 재료 관련주의 관련종목 주가의 추이를 관찰하라. 신규 상장종목 중에서 실적 우량 종목 중기투자와 낙폭과대 종목에 관심을 두라(하락폭이 큰 주식이 반드시 상승폭도 크다). 매수 종목의 분산투자로 위험을 축소(BMF, 청약예금)하고 증시 내외적 여건의 폭넓은 중장기 장세를 파악하여 홀로서기 능력을 길러라.

7. 리스크 극소화하고 수익을 극대화하는 투자 방법

다량거래가 지속되면 팔아라(물량천정). 모두가 기다리는 반락과 반등은 없다. 연속 4일 동안 오르면 사지 말고 쇼크에 의한 급락은 사라. 탐욕을 버리고 이성적으로 판단하라. 고수익을 올리려면 대중 투자자보다는 한발 앞선 행동과 보다 깊은 연구가 요구된다. 분산투자를 하되 나누어 사고 팔아라, 곧 영원한 우량주는 없으며 우량주는 끊임없이 바뀐다는 것을 명심하라.

대세 상승장에서는 중기매매, 주가가 하락하는 시점은 휴식, 보합장세에서는 단기매매를 해야 한다. 정보와 루머에 솔깃해 투자하지 말고 오직 자기 판단과 논리로 투자하라. 주가급등, 급락종목을 발굴하여 투자에 활용하라. 천정과 바닥보다 1부 벗어난 능선에서 매매하라. 차트를 완벽히 이해하여 매매 타이밍의 승부사가 되라.

주식시장에는 좋은 주식, 나쁜 주식은 없다. 단지 오르는 주식, 내리는 주식이 있을 뿐이다. 아마추어가 공포에 눌려 주식을 팔고 객장이 텅 비고 투자자가 데모를 하고 경제 신문의 사설이 증시대책을 강도 높게 지적하면 신용을 걸고 주식을 배짱 있게 매입하라.

그것은 눈으로 시세의 강함을 보면 마음으로 파는 것을 생각하고 귀로 시세의 약함을 보면 마음으로 사는 것을 생각하라는 격언을 되새기면서 주식은 팔고 사고 반드시 한동안 쉬어라.

주식투자 성공의 길은 빠른 손절매와 신중한 매입종목 탐색(상승 기울기는 완만하고 하락 기울기는 급경사이다). 10% 하락하면 무조건 매도하라. 기업도산 위험성과 인기탈락으로 장기침체 위험회피하고 단기 매매 기술을 익혀라.

8. 시세흐름의 투자 지침

① 긴 보합은 본격적인 상승과 하락의 징조이다. 그러므로 무너지는 쪽으로 날쌔게 붙어라.

② 강세장에도 안 오르는 주식은 매수하지 말라. 반대로 약세장에서도 내리지 않는 주식은 매도하지 말라. 약세장이 강세장으로 반전 예상되면 주가가 가장 많이 하락한 주식과 그 동안 주가가 내리지 않은 강한 주식을 매입하라. 극단적으로 장세 약화 가능성이 있다면 매수를 자제하라.

③ 신용 매수 1주일 이내에 승부를 걸어라. 안 되면 손절매하라.

④ 주봉은 대세판단, 일봉에서는 이격이 중요하다.

⑤ 3공은 다시 제자리를 찾아간다.

⑥ 전환점인 +, +이후 시세를 잘 관찰하라.

⑦ 25일 이평 위에 음선이 나란히 나오고 시초가가 전일 음선의 시가 위에서 형성될 때에는 상승 전환 확률이 높다.

⑧ 주식 투자시 적어도 10% 손실을 감수해야 된다.

⑨ 편승매매는 중반까지만 따라가라.

⑩ 증권사 직원의 말이나 그들이 추천하는 종목을 믿지 말라. 그

리고 주가 지수도 무시하라.

9. 시세파악의 포인트

상승 국면에 있는 종목이 상당 기간 상승한 다음 1~2포인트 내리고 그 후 다시 상승으로 전환하여 전고점을 돌파하지 못하는 종목은 매도하는 것이 좋다. 그러나 내리는 시세에서는 이와 반대 현상이 일어난다. 아침에 급격하게 반등했던 주가가 오후에 낮은 가격으로 끝날 경우, 다음날은 저가로 시작되는 것이 보통이다. 반대로 아침의 내림세가 회복되어 고가로 끝나는 경우 다음날은 고가로 시작한다.

천정에서 파는 기회를 놓치거나 바닥 시세에서 사는 기회를 놓쳐도 후회하지 말라. 극단적으로 높거나 낮은 가격은 극히 짧은 동안에만 형성된다. 그러므로 천정이나 밑바닥 시점은 포착하기가 어렵다. 이것은 월가의 전문가들에게도 마찬가지이다. 폭락 후의 완만한 회복 시세는 또다시 하락을 예고하는 것이다. 반대로 폭락 후 지리한 하락이 끝나면 급격한 반발이 일어난다.

거래량이 적고 가격변동도 미미하던 종목이 점점 거래량이 증가하면서 대활황을 나타낼 때는 매입 주문을 내라. 바닥 시세보다 조금 높은 시세에서 사고 천장 시세보다 조금 낮은 시세에서 파는 것이 이상적인 매매 기법이다. 특정 종목이 연일 상승 내지 하락을 계속하는 경우 최후에는 급변하는 역전 현상이 일어난다.

전일의 고가보다 올라간 주가가 다시 전일의 저가로 하회하는 움직임은 매도 신호이다. 주가가 급격히 변화하여 생긴 차트상 갭으로 공백이 생긴 부분은 다음의 상승 내지 하락 시세가 크게 되면 메워진다. 고가 저항선을 돌파하여 상승한 종목은 다음 반락의 경우 그 저항선이 새로운 저가 지지선이 된다. 주가가 보합하고 있을 때에는 매매하지 말라. 때로는 여유 있는 투자 판단을 위하여 조용히 쉬면서 관찰하는 것이 필요하다.

과거의 고가 저가에서 상당한 기간이 지난 다음에 이것을 능가하는 장세가 나타날 때는 큰 규모의 주가 흐름이 예상된다. 과거의 고가 저가에서 상당 기간이 지난 다음에 이것을 능가하는 시세가 나타날 때는 큰 규모의 주가 흐름이 예상된다. 보통 신고가가 3일 동안 계속되면 일시적인 약세시장이 온다. 전일의 고가만큼 오르지 못하는 경우는 일시적 반락을 각오하라. 주가가 좋은 재료에 반응하지 않으면 한번쯤 의심할 필요가 있다. 재료가 너무 많은 것도 주가에는 좋지 않다. 주가가 전면고가로 과거의 고가에 접근할 때에는 차트상으로는 강세지표를 나타낸다.

상승시세보다 하락시세에서 활황을 보이는 경우는 매도가 매입보다 우세하다는 증거이다. 일반적으로 주가 흐름은 강약이 같은 힘으로 극단에서 극단으로 움직인다. 주가는 강세시장의 천정에서 가장 좋게 보이고 약세시장의 바닥에서 가장 나쁘게 보인다. 주가 흐름이 한쪽 방향으로 끈질기게 진행된 후 거래량이 비정상적으로 늘어나는 경우는 대개 전환점으로 볼 필요가 있다. 거래량이 활황을 나타내고 있는 주식이야말로 가장 좋은 관심 종목이 된다.

전반적인 약세 시장에서는 어떠한 우량주라도 일시적 하락을 면치 못한다. 주가는 상승 또는 하락의 어느 한쪽 방향으로만 장기간 진행되지는 않는다. 약세시장이 아닌 강세시장에서 뒤늦게 움직이는 주식에 주목하라. 급격한 변동보다는 완만하게 움직이는 종목을 매입하는 것이 좋다. 급등한 종목은 오래 가지 못한다. 장기간에 걸친 주가 하락 후에 정체되는 경우는 대개 상승으로 전환될 징후이다. 주가 흐름은 오르는 국면보다 내리는 국면이 광범위하고 급격함을 명심해야 된다.

10. 주식투자 운용기술

어떤 시점에서 한 종목에 플배팅하는 것은 결국 대실패의 종말을 예약하는 것이다. 마치 화투판에서 못 먹어도 GO, 땡 아니면 따라지라는 발상과 다를 게 없다.

주식은 공격시점에서는 과감한 공격을 해야 한다. 그러나 결코 무모해서는 안 된다. 철저히 계산된 공격이어야 하며 철수할 때는 재빨리 퇴각해야 한다.

주식은 사고 팔므로서 이익을 실현해야 한다. 실현하지 않은 이익은 숲 속의 새와 같다. 주식을 30년만 장기 보유하면 10개 중 9개는 휴지가 된다는 격언이 있다.

주식은 복리의 수익률이 창출되는 머니 게임이다. 따라서 적정횟수의 매매를 통해 복리의 이익을 취해야 큰 수익을 올릴 수 있다.

주식은 은행예금과는 다르다. 잘 투자하면 큰 수익을 올릴 수 있지만 잘못 투자하면 큰 손실을 보는 치열한 머니 게임이다. 따라서 매번 승부를 거는 승부사의 자세가 필요하다

한번에 플배팅하면 다음에 좋은 종목이 출현해도 매입할 여력이 없게 된다. 따라서 항상 보유자금의 50%는 주식매수 자금으로 대기하고 있어야 한다.

종합주가가 폭락하는 때에도 수익을 올릴 수 있는 종목이 반드시 있다. 진정한 프로는 종합주가 지수를 보지 않는다. 오로지 오르는 종목만을 택할 뿐이다.

종합적인 분석 검토로 확실한 정답을 얻고 나서 매수하라. 다시

말해 분석을 완료하지 않은 상태에서는 어떤 주식도 절대 매수해서는 안 된다. 매수는 신중히 여러모로 검토한 후에 상승 확신이 설 때 매수하여야 한다. 또 매수한 후에도 즉시 매도 시점을 매일 치밀하게 검토하고 시의에 따라 과감하게 실행해야 된다.

주가가 상승해 가면서 점차로 주식 매입 규모를 늘려가는 것은 자살 행위와 같다. 주가가 상승함에 따라 점차 매입 규모를 줄여가고 현금 비중을 높여 가야 한다.

정보에 따른 투자는 주가에 직접적 영향을 미치는 정보를 남보다 일찍 입수한 경우를 제외하고는 안 하는 것이 좋다.

무리는 절대 금물이다. 주가 천정권에서의 신용 매입, 남의 돈을 빌려 투자는 것, 지나치게 오른 주식매입 등 탐욕의 무리수는 실패로 끝나게 된다.

매입시점을 놓치는 것은 수많은 기회 중에 하나를 놓치는 것이다. 그러나 주식을 팔 시점을 놓치는 것은 많은 돈을 잃는 것이다. 소탐대실이란 말처럼 적은 이익을 노리고 주식을 매매해서는 안 된다. 남에게 줄 꼬리와 머리가 없기 때문에 십 중 팔 구는 실패로 끝난다.

교체매매시에는 손해본 종목, 상승폭이 적은 종목, 기대에 어긋난 종목, 상처난 종목을 모조리 매도하라. 다만, 상승세에 있는 우량 인기종목만은 남겨두라.

주식은 매매기술이 중요할 뿐 예측이 중요하지는 않다. 한번 잘 예측한 사람도 어처구니없이 다음번에 틀릴 수가 있기 때문이다. 따라서 주식 시세를 잘 본다고 소문난 사람을 찾아다니면 뇌동매매의 효과적인 단점에 따라 판단이 흐리게 되어 크게 실패할 소지가 크다.

3년 장기 일봉상에서 200일선이 꺾이고 하락추세로 전환되면 대세가 꺾이는 것이다. 따라서 반등을 기대하지 말고 모든 주식을 무조건 팔아라. 만일 주가가 반등한다 해도 현재가 수준 이상에서 팔기는 어렵다.

급등주는 저항선 이탈 직전 또는 직후에 거래량을 분석하고 추세선 모양이 좋으면 과감히 매수하라. 주가는 회기본능이 있어 반드시 고향을 찾아간다.

주가 급등 후에는 크게 떨어진 종목과 안 떨어진 종목이 오른다.

주도주의 조건은 〈6, 25, 75일〉의 정배열 상향 반전 종목이다.

주식은 오랜 기간 오르면 하락하고 많이 떨어지게 되면 다시 크게 올라간다.

주식투자로 절대 손해 보지 않는 비결은 하락 추세하의 주식을 매입하지 않는다. 그리고 바닥에서 크게 올라간 주식을 매입하지 않는다.

바닥패턴형 주식을 매입하라(이중바닥형, 긴띠 모양의 보합띠 형, 원형바닥형, 상승 삼각형).

가는 주식은 더 가고 떨어지는 주식은 더 떨어진다는 격언도 기억하라.

큰손의 장난이나 속임수에 속아서는 안 된다.

11. 시장심리 반대전략(Contrary Opinion approach)

시장심리를 이용한 매매는 증시에서 희망이 사라졌을 때는 매입하고 증시가 불붙는 활황장세를 보일 때는 매도한다.

반대 전략가는 주가가 바닥권에 있을 때 주가의 움직임은 오로지 상승하는 쪽이라고 판단하고 한발 앞서 선취매를 한다.

일반 투자자가 바닥 포착이 어려운 이유는 증시가 침체하면 주식에 관심을 안 기울이며 공포심 때문에 주식매입을 꺼리기 때문이다. 대부분의 투자자들은 바닥 탈출을 바라고 구체적 상승신호를 기다리나 막상 신호가 출연해도 매입에 선뜻 응하지 못한다. 그 이유는 그 이전 하락 시세에 대한 공포스런 기억 때문에 반전이 좀 더 확실할 때까지 기다리기 때문이다. 그리고 반전으로 보이나 거래량이 충분치 못하다고 기다리는 심리는 이전에 워낙 자기주가의 하락이 컸기 때문에 재차 개입하기가 두렵기 때문이다.

바닥권에서의 최초 상승 신호 출현시 일반 투자심리는 손실 공포 때문에 매수를 두려워한다. 그래서 수익을 얻기 위해서는 손실 위험도 감수해야 한다. 성공 투자자가 되기 위해서는 이러한 증시 전환기에서의 손실 공포의 심리 갈등을 극복해야 한다.

시장심리 이용 반대전략은 철저히 대중과 거꾸로 매매해야 한다. 즉, 많은 사람이 사고 싶어 안달일 때 또한 신용얻기가 매우 어려울 때는 적극 매도하고, 반대로 많은 투자자들이 공포감에 질려 마지막으로 투매를 하고 증시를 떠날 때에는 분할매수에 임하는 전략이 필요하다. 사는데 만장일치면 팔고, 파는데 만장일치면 사라는 격언을 기억하라.

대부분의 일반 투자자들은 자기의 주가가 매입 원가 이하로 떨어지면 매도하지 않고 버티는 습관이 있다. 손해보기 싫어하는 인간의 본성 때문이다. 상승기의 장기투자나 오래 버티기는 본전이 회복되면서 다시 상당한 이익을 남겨주지만 하락기의 장기투자는 손실폭만을 크게 할 뿐이다. 따라서 그에 맞는 매매기법도 변경해야 한다.

12. 주가 바닥권확인신호

단기적으로는 주식매도 의사를 가진 자가 모든 주식을 팔아야 한다. 오랫동안 큰 폭으로 떨어지면 대부분의 투자자는 모든 주식을 팔게 된다.

이때는 거래량이 크게 감소한다. 즉, 팔자가 다 팔고 사자도 공포에 사로잡혀 매수하지 못해 거래량이 극도로 줄어든 상태에서 주가 하락을 멈추고 횡보 현상을 해야 한다.

바닥권 시세에서는 아무리 악재가 나와도 더 이상 주가가 안 떨어져야 한다. 매수 및 매도자의 동시 실종 현상인 시세의 무풍지대가 형성되어야 한다.

바닥권 말기에서는 간혹 주가가 크게 V자로 하락할 경우가 있다. 이때는 오랫동안 참고 기다리던 마지막 투자자들이 매도에 가담하기 때문이다. 이때 용기를 갖고 매수하면 바닥 매수가 된다.

주가 바닥은 통상 기간상 매우 오래 걸리므로 주식매수는 바닥기간이 끝난 후 상승세 전환시 매수가 유리하다. 불황기의 바닥기간은 천장 3일 바닥 100일이란 격언처럼 지겹도록 길다. 주도주 순환이 끝나고 새로운 주도주가 바로 출현하지 않으면 장세는 하락기조로 접어 들어간다.

셀링 크라이막스의 마지막 투매는 바닥 확인 신호이다.

이때는 신용과 공매잔고가 미미할 정도로 급감한다.

오랜 침제에 지친 일반 투자자들이 증시를 떠나가고 극도로 위축된 한산한 장세가 오래도록 지속되는 것이 대바닥의 특징이다.

13. 주가 천정 징후

증권사 객장에는 고객들로 붐벼 발 디딜 틈이 없다. 주요 일간지에 증시 기사가 급등 우려로 1면을 장식한다. 정부가 주가에 대한 규제 조치를 발동한다. 증시광란의 폭등세가 출현(78. 8, 81. 7 천장권 현상, 1929. 10. 25일 뉴욕 증시 대폭락 1일 전에 동일한 현상 출현)한다.

만인이 대폭등을 점치는 급등 시세에서는 눈 딱 감고 보유주 전량을 처분해야 한다. 촛불은 꺼지기 직전이 가장 밝고 새벽은 먼동이 트기 직전이 가장 어둡다. 선도주의 대장 주식이 꺾인다. 장대음선이 출현한다. 거래량이 급격히 줄어든다. 신용 잔고 그래프가 꺾인다. 주가 거래량 6일 이평이 내려간다.

제 4 장
주식장외시장

1. 주식장외시장의 개념

증권거래소에 상장되지 않은 유망기업 또는 모험기업 등의 주식을 한국증권업협회에 장외거래 종목으로 등록하고 이러한 주식을 증권회사 또는 투자자 상호간에 사고 팔 수 있도록 제도화시킨 증권시장을 말한다.

2. 장외시장 등록과 효과

주식공모 또는 회사채 발행으로 불특정 다수의 투자자로부터 자금조달을 할 수 있다.

장외시장에 신규로 등록하거나 이미 장외시장에 등록되어 있는 법인이 일정한 요건을 충족하게 되면 공모증자가 가능하다.

장외시장 등록법인(대기업은 제외)에게는 회사채 발행을 위한 기채 조정시 타기업에 비하여 평점이 가산되는 혜택이 주어진다. 장외시장 등록법인의 주식은 양도차익에 대하여 비과세되는 혜택이 주어진다.

기업 내용이 건실하고 장외거래를 통해 일정비율 이상 주식이 분산되는 경우 거래소 상장요건을 충족하게 되어 기업 공개절차를 생략하고 상장할 수 있다.

주식의 등록, 거래 및 공시사항 등이 대중매체를 통해 널리 알려지므로 회사의 사회적 신용이 향상되고 기업이 홍보되는 효과가 있다.

3. 장외시장의 등록기준

장외시장 등록대상법인은 증권관리위원회에 등록한 법인으로서 유망중소기업, 모험기업(Venture Business : VB), 즉 신기술 사업금융회사, 신기술 사업투자 조합이 10/100이상 투자한 신기술 사업회사, 중소기업 창업투자 회사, 중소기업 창업투자 조합이 10/100이상 투자한 창업회사 등이다.

또한 증권투자 신탁재산으로 편입된 비상장주식의 발행회사, 모집설립법인 및 은행법에 의한 금융기관, 기타 법인으로서 장외시장에 등록을 희망하는 법인이 된다.

4. 장외시장에 등록된 주식의 매매방법

장외시장의 거래는 각 증권회사에서 고객과 고객, 고객과 증권회사 및 증권회사 상호간에 다음과 같은 방법으로 거래된다.

① 증권회사가 고객간의 거래를 중개하거나 또는 고객의 상대방이 되어 직접 거래하는 방법.

② 증권회사가 고객이 위탁한 주식이나 상품으로 보유하고 있는 주식을 타증권회사와 거래하고자 할 경우에 주식장외거래 중개실에 주문을 내고, 그에 따라 매매를 체결하는 방법.

주식장외거래 중개실이란 장외시장 등록법인주식의 거래를 중개하기 위해 한국증권업협회 내에 설치된 장외거래 중개시스템으로 '91년 10월 22일부터 그 기능을 수행하고 있다.

주식장외거래 중개실이 개설됨으로써 증권회사의 호가 전달체계가 완전 나타나는 효과는 아래와 같다. 전산화됨으로써 전국 어느 곳이든 Real-time으로 장외등록주식의 시세와 호가의 전달이 이루어진다.

증권회사의 호가가 중개실에 집중됨으로써 가격 경쟁에 의해 공정한 시세형성이 이루어지며, 그에 따라 거래체결이 더욱 높아지게 된다.

투자자의 입장에서는 전국 어느 증권회사 영업점에서나 장외등록주식을 사고 팔 수 있게 된다.

중개실을 통해 장외등록법인의 경영내용에 대한 공시사항이 신속, 정확하게 전달됨으로써 투자 가치판단에 도움을 주고 또한 투자자 보호에도 기여하게 된다.

5. 장외등록주식투자 요령

① 투자자가 장외등록주식에 투자하기 위해서는 전국 어디서든 가까운 증권회사 영업점을 이용하면 된다.

② 고객이 장외주식을 매매하고자 할 경우에는 증권회사에 계좌를 개설하고 증권카드 또는 주식 장외거래 통장을 교부받아야 한다.

③ 매매주문은 증권회사의 단말기를 통해 호가를 확인하고 종목, 수량, 가격을 결정하여 주문을 내며, 전화주문도 가능하다.

④ 위탁수수료는 매수, 매도시 각 거래대금의 0.4%, 증권거래세

는 매도시 거래대금의 0.5%이다.

⑤ 증권회사 창구매매의 경우에는 매매거래에 관한 약정과 동시 또는 3일째 되는 날 이루어진다. 중개실을 통한 거래의 경우는 당해일로부터 3일째 되는 날 결제를 하게 된다.

6. 장외등록주식의 투자시 유의사항

① 고객이 장외등록주식에 투자하기 위해서는 장외거래에 관한 유의서를 증권회사에 제출해야 한다. 이는 장외등록주식이 일반적으로 상장회사에 비하여 소규모의 회사가 발행하는 주식이어서 가격 변동성이 크므로 투자자에게 주의를 환기시키고자 하는 것이다.

② 장외등록 종목들은 대개 상장요건이 충족되면 거래소에 상장을 추진하고 있어 이 점을 염두에 두면 투자자들은 큰 이익을 얻을 수 있다. 이는 장외시장에서 거래되는 주식의 가격이 거래소 상장주식의 가격보다 상대적으로 낮기 때문에 상장이 되면 주가가 큰 폭으로 오르게 될 가능성이 있으므로 장외주식을 매입해 두었다가 거래소 상장 후 매각하면 상당한 시세차익을 기대할 수 있다.

③ 상장주식의 경우는 유상증자시 대부분 시가 발행을 하는 반면 장외등록 주식은 일반적으로 액면증자를 하기 때문에 증자혜택이 크다.

5

세계 명인의 투자 방법

[redacted]

투자 명인들의 14가지 공통점

1. 현실을 날카롭게 직시하고 감정이나 막연한 미래에 대한 기대감을 갖지 않는다.

2. 창의력, 즉 사물에 대한 유연한 발상과 독특한 시각을 가진다.

3. 일에 모든 시간을 바치고 끊임없이 노력한다.

4. 독자적인 투자 원칙을 설정하여 원칙대로 기계적으로 투자하며 부화뇌동하지 않고 뚜렷한 주관을 가진다.

5. 독자적으로 생각하고 결정하며 행동한다.

6. 잘 안 되었을 때는 체념이 빠르고 절손매에 능통하며 한두 번의 실패에 좌절하지 않는다.

7. 주식투자에 관한 한 고독을 즐긴다.

8. 인내력과 흔들리지 않는 강한 정신력이 있다.

9. 확실한 근거 없이 투자하지 않는다.

10. 투자 대상기업은 재무제표 등의 수치를 정밀히 분석해서 실상을 정확히 파악한다.

11. 현재 자산 가치나 수익 가치가 매우 낮은 종목이나 장래 성

장을 고려하여 저가가 확실한 종목만을 매입한다.

12. 시세가 지나치게 강세시장이라면 잠시 물러나서 쉰다.

13. 자기에게 적합한 투자 전략을 세우고 그 한 가지 방법으로만 실행한다.

14. 임기응변에 능통하다.

곤도 노부호

전설적인 매도의 괴물 승부사

1. 성장 과정과 경력

① 게이오 대학에 입학했지만 도박과 술집을 전전하다가 대학시절 주식투자로 거액을 손실한 후 큰 교훈을 얻음.

② 곤도 노부호의 아버지는 면사(무명실) 거래소 이사장으로 큰 부자였으나 수십억 엔의 빚을 남긴 채 사망.

③ 곤도 노부호는 엄청난 빚더미에 쌓인 아버지의 방적회사를 인계받았다. 그리고 면화를 저가에 구입할 수 있는 방법에 대해 깊이 연구한 다음 거기에 승부를 걸기 위해 면화를 사 모음.

④ 미국의 미시시피 강 범람으로 면화 가격이 폭등함으로써 그동안 사 모았던 면화를 팔아 28세에 거액의 은행 빚을 모두 상환.

2. 투자 성공과 실패 사례

① 면화를 매집한 뒤 폭등시 매도하여 28세에 큰 이익을 얻음.

② 1963년 케네디 쇼크로 주가 하락, 곤도 노부호는 대형 우량주 600만 주 공매(4대 증권사가 함께 매입을 시도했으나 대세 하락을 못

막아냄).

③ 1966년 노무라증권이 소니 주 매입 개시, 곤도 방적은 공매를 계속하여 결국 90억 엔의 손실을 입었다. 소니 주 매각 대실패로 주식에서 잠시 손을 뗌.

④ 나카야마 제강에서 30억 엔을 손실을 입었으나 우익계의 보스 사사가와 이토야마의 매집에 대해 곤도 노부호는 다시 공매하였다. 그러나 결국 실패하여 병상에 눕다(사람은 병이 들면 만 가지 욕심이 재처럼 식어 버린다. 부귀를 얻어도 건강하지 않으면 가난하기 때문에 건강한 자를 선망하게 된다. 병을 생각하면 일체의 욕심도 없어진다).

⑤ 도요타 자동차 주식을 3년간 공매하여 큰 성공.

⑥ 시미즈 건설, 아사히 화성, 일본 전기를 공매하여 큰돈을 벌다.

⑦ 병상에서도 두 대의 전화기로 주식 시세를 들었고, 밥 먹기보다 주식을 더 좋아했으며 그 덕분에 거부를 축적함.

3. 투자 원칙과 투자 철학

① 승부사는 시세와 더불어 살고 시세와 더불어 죽는다. 시세 이외는 어떤 것도 손대지 않는다.

② 내가 시세에 승부를 거는 것은 돈에 집착하는 것이 아니다. 등산가는 산이 있기 때문에 올라가듯이 나도 시세가 있기 때문에 승부를 건다. 승부는 결과이지 목적이 아니다. 고심해서 승부를 걸고 우여곡절을 겪는 동안의 전율을 즐기는 것이다. 시세에 승부를 걸지 않고서는 느낄 수 없다.

③ 나에게 있어 주식은 도락과 같은 것이다. 사람들은 여자를 유

혹할 때 성공하기도 하고 때로는 실패하기도 한다.

그러나 유혹하는 과정이 바로 즐거움이다. 주식은 나의 본업이고 나의 모든 것이다. 사람이 한 가지 일에 전념하고 부화뇌동하지 않으면 실패하지 않는 법이다.

④ 사자가 토끼를 잡는 데 혼신의 힘을 기울이듯 아무리 약한 상대라도 승부를 겨루는 이상 혼신의 힘을 다해 승부를 다투는 것이 상대방에 대한 예의이다.

⑤ 승부사는 결과가 전부이다. 패배했을 때 변명은 소용이 없다.

⑥ 증권시장이야말로 엄청나게 많은 돈을 버는 사람이 있는 반면, 빈털터리가 되어 굶어죽는 사람도 있다. 이 세계에서는 이긴 자가 항상 정의이며 진 쪽은 악이라는 평가가 내려진다.

⑦ 큰 부를 얻으면 어려움이 없어지는 것이 아니라 다만 어려움의 형태가 바뀔 뿐이다. 가난한 자이거나 부자인 자이거나 그에 따른 좋은 점과 나쁜 점이 있는 법이다.

⑧ 어느 순간 승부를 걸지 않으면 안 될 때는 최후까지 자신을 몰입시켜 돌파구를 찾아야 한다.

⑨ 인간을 단련시키고 성장시키는 것은 고독이다. 고독을 맛보지 못한 사람은 지배자의 위치에 설 수 없다. 고독을 운명 삼아 성장하는 것이 필요하다.

⑩ 가정의 단란함을 즐기는 것은 남자 나이 30대이다. 40대가 되어서도 가족들과 즐기려는 사람은 큰일을 할 수 없다(곤도 노부호는 집도 별채를 지어놓고 일에 몰두함).

⑪ 시세는 전쟁과 같이 흐름을 탄다. 승운을 탈 때는 적극 투자해도 좋으나 일단 약세로 바뀌면 도망쳐서 다음 기회를 기다리는 겁쟁이가 되어야 한다.

⑫ 시세는 10보 앞을 내다보며 2, 3보 나아가는 것이 필승의 방법이다. 10보 앞을 내다보고 10보를 걸어가면 타이밍이 맞지 않는다.

데이비드 라이언

미국 주식투자 챔피언, 연수익률 16%의 천재

1. 성장 배경과 철학

① 13세 때 〈월 스트리트 저널〉 구독. 1달러로 주식 매수.

② 16세 때 〈주간 차트〉지 정기 구독, 투자 세미나 참가, 주식 연수.

③ 1982년 대학 졸업 후 오닐 사에 입사(입사가 허락된다면 잡역부로서 무보수로 일할 용의를 밝힘. 4년만에 가장 나이 어린 부사장감으로 지목, 포트폴리오 매니저로서 종목 선정의 오닐 사의 비서관).

④ 1985년 소덴포드 주관 미국 주식투자 챔피언십에서 주식투자 부문에 우승. 161%의 투자 수익률.

⑤ 1986년 160%의 수익률로 2위 차지.

⑥ 1987년 챔피언 재탈환, 3년간 종합 수익률 1,379%.

⑦ 주식에 대한 깊은 사랑과 열정을 가짐. 종목 선정을 멋진 보물찾기 게임으로 인식.

⑧ 차트와 컴퓨터만 주어진다면 어떤 곳에서도 즐겁다.

2. 투자 원칙

① 최고의 보물찾기 게임에 열중──밤과 주말도 없이 주식 탐구.

② 중점 연구 대상 : 차트의 철저한 연구(우량주의 과거 주가 대변동 조사, 분석)와 기업 실적 점검.

③ 개인적인 투자 : 1982년 입사와 동시에 20,000달러로 투자 시작, 1983년 52,000달러 투자, 1984년 16,000달러 투자, 1985년부터 연평균 160%씩 투자 수익 올림.

④ 투자 실패의 경험 : 대세 하락의 중반에서 주식매수하여 강세장과 같은 공격적 투자를 한 것과 주가와 거래량이 너무 많이 오르고 늘어난 종목 매수가 최대 실수로써 뼈아픈 반성을 했다.

⑤ 3분의 1이 토막난 투자 실패에도 불구하고 자신감을 회복한 이유 : 매우 열심히 공부했고 충분한 수련을 쌓음(1985~1988년 동안 독자적 투자기법으로 연 100% 이상의 높은 투자 수익률 기록).

3. 성공적 투자 기법의 연구 방법

① 시장 그 자체에서 배워야 한다. 특히 종목 선정을 잘해야 함.

② 주식 매입시마다 매입 이유 기록, 추후 반성과 평가도 잊지 않음.

③ 차트상에서의 주식 최적 매입과 매도의 시점 탐구.

④ 큰 시세를 내는 우량주의 특징을 깊이 머리에 새김.

⑤ 실수로부터 무엇인가 확실히 배운다.

⑥ 매일 거래일지를 작성한다(상당폭으로 주가가 오른 종목은 매입하지 않게 된다).

⑦ 주식시장 루머에 귀를 기울이면 기울일수록 돈을 잃을 가능

성이 더욱 커진다.

4. 유망종목의 선택 과정

① 차트를 정밀히 점검하고 세밀한 기술적 분석을 행한 후 그 결과를 차트에 반드시 기입. 자신이 주시하는 모든 종목에 대해 주석을 붙임.

② 총 7,000개 종목 중에서 1주일에 약 4,000개 종목의 차트 분석은 반드시 실시(약 2,000개의 저가주 : 10달러 이하는 검토 대상에서 제외).

③ 10달러 이하 저가주 회피 이유 : 그렇게 주가가 내리기까지에는 그 만한 이유가 있다. 따라서 올라갈 확률보다 부도날 확률이 더 많다.

④ 10달러 이하 저가주 중에서 출세주 출현 가능성이 있어도 차라리 20달러 돌파할 때까지 기다린다.

⑤ 차트 분석, 주석집 작성, 5년간 순이익 성장률 검토(최근 두 분기 순이익 성장률과 전년도 순이익 성장률을 대비함. 예를 들어 과거 5년간 평균 30% 성장했더라도 최종 분기 성장률이 15% 미만이라면 강한 성장 기간의 마감 임박을 예고하는 징표).

⑥ 순이익 성장률에서는 EPS 비교가 중요(될수록 높은 EPS가 좋으며 적어도 80이상, 실제 매수 종목은 99이상의 EPS이다. 높은 투자 수익률 종목 분석 결과 순이익 발표 후 상당 기간 동안 주가에 반영).

⑦ 높은 순이익에도 주가 보합일 때 : 전반적 약세시장일 때이며 시장이 강세로 바뀌면 높은 수익률을 올림.

⑧ EPS 외에는 상대 강도(Relative Strength)를 매우 중요시함. 상대 강도가 높은 종목이 크게 먹어 준다(단, 이 경우에도 차트 검색을

반드시 제일 먼저 하기 때문에 바닥권 가격대에서 지나치게 오른 종목은 매수 종목군에서 제외함 : MS사 97의 상대 강도일 때 50달러~161달러. 상대 강도가 높을수록 더 좋아하며 일단 꺾이기 시작하면 반드시 탈출한다. 상대 강도의 수치뿐 아니라 추세를 더 중요시한다).

⑨ 종목 선정 순서는 순이익 증가 보고서가 나오기 전에 상대 강도가 먼저 상승하고 EPS를 다음에 적용.

⑩ 종목 상대 상도뿐 아니라 업종 상대 강도도 이용.

⑪ 거래량 검색(적당한 거래량이 좋다. 매우 많은 거래량이 거래되는 것은 노년기 종목으로 공급 과대를 의미함).

⑫ 기관 투자 비중이 1~20% 사이에 적당히 있는 종목이 유망. 지나친 기관 보유 물량이 많은 주식은 나쁘다.

⑬ 뭔가 새로운 상품이나 상황 반전의 재료가 있는 주식을 중시.

⑭ 70,000개 종목에서 이러한 기준을 충족하는 70종목을 추출, 좀더 엄격한 기준을 적용하여 7개 종목 선정(선정기준 : 주가 바닥형 패턴을 보이는 종목).

5. 종목 선정 기준

① 종목 선정 기준 : 오랫동안 바닥권에 머물러 온 주식보다는 이미 2배 이상 오른 종목 매입. 무엇인가 의외의 일이 발생했기 때문. 시장이 강세일 때 2배는 주가 상승의 시작 상태임.

② 기본적 분석과 기술적 분석에 합치되는 종목 선정.

③ 이런 식으로 골라도 성공 확률은 50%(실패하는 종목은 7% 미만 손실로 빨리 탈출함). 1년에 몇 개 안 되는 주식에서 3배 이상의 수익률. 이러한 수익률은 작은 실패를 커버해 줌.

④ 종목 보유 기간 : 높은 수익률은 6개월, 낮은 수익률은 3개월,

마이너스 수익률은 2주.

⑤ 매입 종목 하락시 물타기 : 지지선 무너지면 손절매.

⑥ 보통 장일 경우는 일반 매매, 강세장일 경우는 매수 호가대로 무조건 매수, 하락장일 경우는 매도 호가대로 무조건 매도.

⑦ 1982년 대세에서 중요한 교훈 : 15달러 텍스톤 주를 14달러 매수, 오퍼 체결 안 됨. 16달러에서 매수 못 함. 45달러까지 상승.

6. 투자 기술

① 신고치 갱신 종목을 신고가를 갱신하자마자 매입(신고치는 과거 천장에서 물린 사람들이 수개월 동안 손해를 보며 기다리다가 본전에 팔고 나오길 기대하는 매우 강력한 저항선임으로 신고치를 갱신하면 주가 상승 여력이 매우 커진다).

② 신고치를 뚫고 올라가다가 무너지는 주식(단기 상투에 사서 단기 바닥에 파는 이중 손해 가능성을 피하는 방법은 거래량으로 판단, 거래량이 늘어나면 좋은 징조).

③ 신고치 종목 매입 후 매수가격 이하로 다시 하락하면 매입 수량의 50%를 일단 매도(본래 가격대의 저항선에서 더 이상 크게 하락하지 않는 경우 모양이 좋으므로 계속 보유. 예를 들어 16달러, 20달러 신고치 갱신, 21달러, 19.5달러, 16달러, 20달러에서 매입하여 19.5달러에 최소한 50% 매도).

④ 주식은 일일 지표 : 주식은 매수 당일 이익이 나야 하며, 매수 당일 수익률이 최종 수익률에 가장 결정적임.

⑤ 거래량 분석 : 상승 주가가 조정시 거래량 감소, 거래량 재상승시 주가도 상승 가능성이 높음. 신고치 갱신 때에는 거래량이 늘고, 조정 국면에서는 거래량이 줄어야 함. 조정 국면에서 거래량이

많으면 팔자가 많아 상투.

⑥ 약세 시장에서의 대주 : 대주는 현금 매매보다 3배 더 어렵다. 약세 시장에서는 될 수 있으면 관망하고 대주는 확실할 때만 사용.

⑦ 약세시장의 예측 : 강세 국면 동안의 전문 투자자들이 실패하기 시작하면 약세 시장 도래 예고(약세 발견 신호 : 다우지수와 ADL이 상승하지 않고, 이자율이 3년만에 인상되는 것을 보고 시장이 끝났음을 알았음).

⑧ 매년 계속적인 높은 투자 수익률 확보 자신 : 성공적인 투자를 위한 정형화된 원칙이 있음. 피나는 노력을 기울일 것이기 때문에 성공을 자신, 일반 투자자보다 주식을 훨씬 잘하는 이유는 주식을 좋아하고 재미를 느끼기 때문. 퇴근 후에도 4시간 이상 분석하고 주석집을 작성함. 자신이 하는 일을 진실로 사랑한다면 위험한 주식시장에서도 큰 성공을 거둘 수 있다고 생각.

⑨ 대다수 일반 투자자도 주식을 연구하지만 대부분 수익이 저조하거나 손해를 보는 이유는 종목 선정과 시점 선정이 무원칙하기 때문. 신문기사를 읽고 좋은 종목으로 보이니까 산다, 증권사 직원이 추천하니까 산다는 식이면 실패.

⑩ 초보자에게 하고 싶은 조언 : '자기 실수로부터 배우라.', '남다르게 주식을 사랑하고 깊이 파고 들어라.', '주식투자는 보물찾기와 같기 때문에 차트에 숨어 있는 성공 투자의 길을 찾아내야 한다.'(나도 그것을 찾기 위해 늦은 밤에도 주말에도 끊임없이 노력하고 있다).

[redacted]

마티 슈바르츠

미국 최고 수익률의 펀드 매니저

1. 성장 배경과 투자 경력

① 크게 명성을 날리기 전 10여 년간 항상 손해만 보는 무능력자로 낙인이 찍혀 실패자로 세월을 보냄.

② 투자방법을 바꾸고 절치부심 노력하여 미국 최고 수익률의 펀드 매니저로서 변신에 성공함.

③ 1979년부터 독립형 펀드 매니저로서 매년 엄청난 수익률을 올렸고 매월말 월간 결산에서도 3% 이상의 손실은 기록한 적이 없음. 한 번은 1년간 무려 781%의 경이적인 수익률 기록함.

④ 고등학교 때는 장학생이었으나 수학이 뒤떨어져 개인 교습으로 수학을 극복한 후 공부에 깊은 매력을 느낌. 대학원 졸업 후 베트남 전쟁에서 해병대 근무. 거친 해병대 훈련으로 육체와 정신을 무장.

⑤ 퀸뢥(KUHN LOEB)사에서 증권 분석가로서 근무. 1972년 XYZ 투자 회사로 직장 변경, 30명의 증권 분석가와 함께 연구원 생활. 1973년 ADL이 꺾이고 기술적 분석상 상투임을 확인, PER이

50이나 되었기 때문에 비관적 보고서 작성. 약세 시장에서 실직 후 4개월 휴식. 이 기간 중 당시 그의 전재산을 털어 넣어 투자했으나 전산매매에 익숙치 못한 데다 약세 시장이어서 재산 탕진.

⑥ 친구의 도움으로 에드워드 앤드 한리(Edward & Hanly)사에 취직했으나 적응을 못 하고 몇 군데 증권 관련 기관을 실의에 찬 채 옮겨 다님. 그 후 1978년 증권 분석가로서 8년째 되던 해 깊이 깨달은 바가 있어 기본적 분석가에서 기술적 분석가로 전향. 독자적인 투자 기법을 개발하여 1979년부터는 독립형 펀드를 2, 3개씩 운영하면서 미국 최고의 경이적인 수익률을 올림(현재 미국내 최고의 기술적 분석가로 등장).

2. 투자 철학과 원칙

① 주식시장은 일종의 전쟁터이고, 거래자들을 적으로 간주.

② 일상 업무를 수도자의 자세로 끊임없는 시장 분석과 수치 분석, 기술적 분석을 실시함.

③ 완벽한 기술적 분석가로 전향, 사람들이 유능한 기술적 분석가가 없다고 이야기하면 언제나 웃는다.

④ 매직 T. 예측기법(테리 론드리) 연구.

⑤ 실패에서 성공으로 바뀐 원인 : 돈을 벌겠다는 탐욕스런 이기심을 극복하고 자신이 잘못 판단했다는 것을 인정한 상태에서 신속히 절손매. 그리고 다음 번 게임에 대비. 기술적 분석의 오묘한 세계를 깨달음.

⑥ 주식투자의 자살행위 중의 하나는 손해보고 있는 상태에서 물타기를 계속하는 것. 1987년 암흑의 일요일, 31만 달러의 작은 손실로 절손매하고 빠져나옴(해병대 전술처럼 어떤 상황에서도 멈추

어 있지 말고 앞으로 나가든지 뒤로 후퇴하든지 하라. 움직이면서 무엇인가 모색하라).

⑦ 주식시장에서 가장 중요한 것은 탄약을 비축하는 것, 돈을 버는 것, 그리고 번 돈을 지킬 때는 방어만을 위해 노력하는 것(1987년 10월 19일 블랙 먼데이). 대폭락의 경우 모든 투자 상태에서 번개처럼 빠져나옴(안전을 위해 모험을 하지 말자).

⑧ 대부분의 투자자는 손실을 보면 단번에 손실 만회에만 노력하기 때문에 백전백패한다(라스베가스 도박관 : 절대 크레디트 카드를 넣고 가서는 안 되며, 도박을 걸어도 좋을 만큼의 금액만 가지고 간다).

⑨ 큰 성공 뒤에는 항상 큰 손실이 뒤따른다. 그 이유는 자만심으로 부주의해졌기 때문이다. 나만의 투자 원칙을 벗어나는 실수도 가끔 저지름. 한 번의 성공적인 투자 후에는 그 보상으로 하루를 쉰다.

⑩ 높은 이익을 올린 후에는 투자 금액을 오히려 줄인다. 큰 손실을 본 것은 언제나 큰 이익을 본 직후이다. 또 다른 원칙은 매입을 하기 전에 반드시 손실 폭을 미리 결정해 두고 마지막 노선에 이르면 절손 매도를 엄수해야 한다. 지금까지 펀드 매니저로서 매월 말 평가 기준 최대 손실율이 3%, 매월 이익이 90%.

⑪ 기본 시장 철학은 매월 단위로 수익률을 얻는 것을 원칙으로 하되, 하루 동안이라도 수익률을 얻도록 노력.

⑫ 매년 말에는 반드시 연간 투자분 결산을 하고, 전혀 새롭게 펀드를 결성하여 시작함(다수의 소액 펀드보다 소수의 거액 펀드 운용. 다수의 펀드는 골치가 아프기 때문).

⑬ 후계자 양성도 해 보았으나 말을 물가로 데려갈 수는 있어도 물을 강제로 먹일 수는 없듯이 노력과 열정의 부족으로 중도 포기.

대다수의 일반 투자자가 손해보는 이유는 잘못을 인정하기보다 돈 잃은 데 낙담만 하고 수익률을 내기 위한 노력과 투자를 하지 않기 때문.

⑭ 높은 수익률을 올리려면 손해보는 방법을 배우라. 돈을 버는 데 가장 중요한 것은 손실을 방관해서는 안 된다는 것. 또 재산이 2, 3배 이상 증식되었을 때 투자 금액을 더 이상 늘리지 말라는 것. 초기 이익에 배팅을 강하게 하면 가장 빠른 시간 내에 재산을 날리는 지름길. 초보자에 대한 마지막 당부는 노력, 노력, 노력하라는 것이다.

3. 주식투자 기법

1) 차트 분석

① 이동평균선 분석(배열도 분석과 주가와 이평의 크로스 분석)

이동평균선을 거역하는 것은 자살 행위.

② BP점 돌파 분석

전체 시장이 BP 하향 돌파시, 개별 종목이 BP 상향 돌파하면 큰 시세 낼 종목

③ 재정 증권의 이평과 채권 이평의 격이 벌어지면 모든 매매를 정지.

④ adl을 비롯한 주요시장 지표 분석

⑤ 상승 기간과 하락 기간 및 변동폭 분석(M-Top이라 부르는 상투권 분산활동 분석).

⑥ 수치 분석과 차트 습성 분석

2) 시장판별 지표 분석

① 뉴스에 대한 주가 반영도 : 강세, 약세 판별

② 채권 수익률의 하락 : 매도 시점

③ 감각적인 판별 능력

④ 목표치 분석에 따른 절손 매도 가격 결정

⑤ 매월 단위 결산, 매일 단위 수익 올리는 기법 연구

벤자민 그레이엄

금세기 최고의 기본적 분석의 원조

1. 성장 배경과 경력

① 증권 투자를 내부 정보 또는 육감에서 과학적, 체계적 학문으로 발전시킨 증권 연구가.

② 《증권분석》, 《현명한 투자가》라는 그의 저서 두 권을 읽지 않고 주식투자를 하는 것은 어리석은 일이라는 말이 있을 정도로 주식과 관련된 불후의 명저임.

③ 세 번 결혼, 아내를 집에 두고 먼 여행을 떠나는 모험가이며 문학에 심취했음.

④ 수학을 좋아해 기업의 질적인 면이나 경영자의 특성에 의존하지 않고 숫자만으로 증권 분석을 함.

⑤ 1940년 그의 저서 《증권분석》이 추천한 종목들이 그 후 8년간 250% 이상 상승하여 같은 기간 동안 S&P 지수 상승율의 3배 이상 기록.

2. 투자 기법과 증시 변화

① 그레이엄의 기본적 증권 분석 방법(특히, 매입 매도 기법 3기준)은 미국에서 많은 거액 펀드 매니저들이 공공연히 답습함으로써 세대를 초월한 영향력을 끼침.

② 그러나 발표 후 40년 후에는 그레이엄의 진리가 만인의 진리가 되어 그의 투자 기법에만 의존해서는 경쟁 상대를 능가할 수가 없게 됨.

③ 컴퓨터의 발달은 데이터 처리와 각종 차트, 기술적 분석들을 용이하게 하여 1960년대부터 기술적 분석의 새로운 차원이 열림. 또한 각종 투자 기법들이 매일같이 엄청나게 쏟아지게 됨.

④ 투자는 전쟁에 비유된다. 시대의 변화에 따른 새로운 투자 기법(단검, 활, 기관총, 전차, 레이더 등)이 잇따라 출현해 전장을 지배한다. 이윽고 적도 같은 무기를 도입하여 결국은 균형을 이루게 된다.

⑤ 오늘날의 증권 분석가는 컴퓨터의 메모리나 리얼 타임 처리 장치를 통해 그레이엄과 같은 분석가가 몇 백 명 달려들더라도 감당할 수 없는 데이터를 혼자서 구사할 수 있음. 오늘날 미국에는 약 1만 명의 증권 분석가가 컴퓨터를 구사해 사태의 추이를 초단위로 쫓고 있음.

⑥ 투자 기법은 끝없이 개발하고 발전시키면서 대중들보다 항상 앞서 나가야 하는 마라톤 게임과 같은 것(그러나 최소한 컴퓨터의 대중적 보급에 의해 과거보다 주식투자가 훨씬 쉬워진 것은 사실이다).

3. '현명한 투자가'의 주요 관점

① 업적이 나쁘고 단기적 전망이 어두워 주가가 낮을 때 매입

호기.

② 주가 대폭 상승 후의 매입과 대폭 하락 후의 매도는 절대 엄금.

③ 일반 투자자가 복잡한 증권 분석 없이 간단히 매매하고도 놀라운 적중율을 올릴 수 있는 기법은 주가가 순유동 자산보다 낮은 종목을 매입하는 기법이 유일한 방법.

④ 주가 수익률(per)이 낮다고 반드시 좋은 것은 아님(무언가 결정적인 악재가 내부적으로 있을 수 있기 때문이다).

4. 투자 원칙과 매매 기법

① 훌륭한 투자는 1달러 가치 있는 것을 50센트에 매입하는 단순한 행위를 반복해 감으로서 어떤 종목에서 실패하더라도 결국은 훌륭한 성과를 거둔다.

② 기업 이익은 실질 이익이 중요하며 가공 이익을 그대로 믿어서는 안된다(실질 이익=지불 배당금+1주당 순자산 증가액). 실질 이익은 보통 이익잉여금의 변동으로 표시된 숫자이며 내부 자금으로 유보하고 있던 잉여금을 빼내서 이익으로 결산한 것인지 구분해야 한다.

③ 주식 매입 기법(너무나 놀라운 인기를 끌었던 저가주 발굴 3가지 기준).

④ 장래 가격 상승 기대 종목 발굴 기준.

순유동 자산 수준, 장기 부채와 자본 비율, 수익의 안정성, 배당 실적, 이익의 신장률, 주가 유형, 고정 자산배율, 수익력의 등급, 주가 순자산 배율 등이다.

⑤ 검증 결과 가장 유효한 종목 발굴 기준.

첫번째, 주가가 순유동 자산(유동자산——유동부채)의 3분의 2 이하인 주식 매입, 유동 자산과 같아질 때 매도(100종목 이상 분산 투자)한다.

두 번째, 고정 부채를 상회하는 순자산 가치가 있고 주가 수익률(PER)의 역수가 AAA 등급 사채의 현재 이율의 2배에 달할 것.

예를 들어 만일 AAA 등급의 사채 이율이 10%면 주가 수익률(PER)의 역수는 2배인 20% 수준의 주식을 매입해야 하고 주가 수익률(PER)은 5배 이하 주식을 매입해야 한다.

세 번째, 고정 부채를 상회하는 순자산 가치가 있고 배당 수익률이 AAA 등급의 사채 이율의 3분의 2 수준 이상에 해당할 것.

예) AAA 등급의 사채 이율이 9%이면 주식의 배당 수익률이 6% 수준 이상일 것.

⑥ 3가지 매입 기준을 50년간 펀드에 적용한 결과 기준 적용 종목의 수익률은 50년간 연평균 19%의 수익률을 올림(다우존스 평균 3.5%).

기준 적용 종목은 연평균 18.5%의 수익률을 올림.

5. 주식 매도 기법

① 주가가 50% 상승하면 매도한다.

② 매입 후 2년이 경과하면 매도한다.

③ 무배당이 실현되면 매도한다.

④ 이익이 대폭 감소하여 하락한 주가가 그 시점의 목표치의 150%가 되면 매도한다(이익 감소를 미리 알았다고 가정하고 매입 희망 가격대에서 50% 이상 오른 가격 수준이면 매도한다).

⑤ 그레이엄 이론의 실천을 위한 자료

가) 주가가 순자산 이하로 떨어진 종목 게재 자료.

나) 주가가 1주당 순운전 가격을 하회하는 종목 게재 자료.

사또 와사부로

경험과 예감으로 성공한 행운아

1. 성장 과정과 경력

① 1950년대를 전후하여 주식투자에 전력한 투기자 중 많은 사람들이 실패하여 자살하거나 소리 없이 사라졌다.

② 사토 와사부로는 가난한 농민의 아들로 태어나 돈을 벌기 위해 집념을 불태웠다.

③ 고향에서 석탄과 석유를 판매, 돈버는 일은 무엇이나 찾아다니면서 이익을 챙겼다.

④ 전쟁이 끝나면서 고향에서 돈을 벌어 줬던 형석 가격이 떨어지는 것을 보고 '단념하는 것이 천 냥'이라는 신조하에 고향의 일을 정리하여 동경으로 오다.

⑤ 동경에서 생필품의 암거래상을 하면서 2, 3배씩 이익을 남기고 판매했다.

⑥ 돈이 들어오기가 무섭게 여자에게 손을 댔고, 돈을 잘 쓴 덕에 여자를 쉽게 손에 넣음. 이러한 유희가 다음날 그의 활동력을 자극시켰다.

⑦ 시바우라는 기생과 결혼, 그녀는 고꾸사꾸 펄프의 미즈노 사장 부인과 똑같은 기생 출신이었다. 그녀 덕분에 미즈노 사장을 소개받아 펄프 주 매집 작전으로 큰돈을 벌었다.

2. 투자의 성공과 실패

① 1938년 야마이치 증권의 오오다 사장에게 깊이 빠져 오오다 사장이 권하는 가네보 주식을 엄청나게 매입했다. 매물이 바닥이 났을 법한데도 계속 매도 물량이 쏟아져 나왔으나 폭락 직전 매도로 돌변함으로써 큰 시세 차익을 확보했다.

② 1938년의 야마이치 증권 사장이었던 도쿄 대학 출신의 오오다 사건 : 오오다 사장이 승부 종목으로 가네보 주식의 매집에 들어가 D생명보험에 담보로 넣고 거기에서 돈을 빌려 매입을 계속했는데 D생명보험이 담보된 주식을 다시 시장에 매각 처분함으로써 아무리 매입해도 매물이 쏟아져 나왔다. 결국 매도 공격을 받아 주가 폭락. 결국 오오다 사장은 실패의 책임을 지고 자살했다.

③ 산요 골프, 고꾸고꾸 펄프를 비롯한 여러 펄프 주를 집중적으로 매집하여 큰 성공을 거두었다.

④ 야마이치 증권이 아사히 유리를 집중 매집하였는데 또 다른 공격 세력이 공매를 하여 오오카미 사장이 직접 진두 지휘하여 매도 세력을 누름. 아사히 유리 매매 전에서 야마이치 증권이 1,200만 엔을 벌고 이에 편승했던 사토 역시 1,500만 엔의 이익을 실현.

⑤ 1957년 전후 일본 경제 성장이 끝났다고 판단하여 주식에서 부동산으로 전향.

3. 투자 원칙과 전략

① 주식에서 번 돈의 1할은 반드시 부동산을 사 둔다.

② 가난한 농사꾼의 과거를 청산하고 상경, 공부해서 입신 출세하기보다 주식 투자에 입문. 많은 성공과 실패를 통해 백만장자가 되었다.

③ 주식투자에서 가장 영향력이 컸던 매집 세력에 편승 매매함으로써 시세 차익을 얻었다.

워렌 버펫트

장기 집중 투자의 명수

1. 펀드 운용 실적 및 평가

① 근대적 펀드 매니저의 시조 벤자민 그레이엄의 제자.

② 버펫트 파트너십의 투자 펀드 운용(100명의 회원, 1억 달러 펀드).

③ 펀드 해산 이후 개인 투자가로서 활약함(전문 투자자들 사이에서 최고 실력의 평가를 받음).

④ 버펫트 파트너십 펀드 운용 실적.

가) 1956년~1969년까지 10년간 30배의 투자 수익을 올렸다.

나) 단 한 해도 손해를 본 해가 없었음.

다) 주가 폭락기인 1957년, 1962년, 1966년, 1969년에도 소규모 이익을 확보했다.

2. 투자 방식

① 10종목 집중 투자 방식 : 노아방 주식 분산 투자 방법으로 눈에 보이는 대로 마구 매입한다면 자산 구성이 아니라 잡동사니의

모임이라고 격렬히 비난(증권시장에는 투자할 만한 극히 소수의 일류 기업과 장기적으로 볼 때 투자 매력이 전혀 없는 대부분의 기업으로 구성되어 있다. 따라서 충분히 이익을 보장해 줄 만한 소수 주식만 투자해야 한다).

② 철저한 기업 분석 : 대외적으로 공표된 결산 자료에 대한 치밀한 분석을 통해 매입할 종목의 사업 내용을 가장 철저히 파악한다. 설비, 영업, 노사, 현금, 고정 자산, 재고 등 철저히 검토 후 매입(영업 보고서만 보아도 과잉 재고 보유 이유와 기계 설비 수익성이 낮은 이유 설명이 가능할 정도이며 매출 이익률, 재고 회전율 등의 숫자가 의미하는 것을 치밀하게 분석).

3. 투자 전술의 핵심

① 우량 성장 종목의 철저한 기업 내용의 분석으로 완벽히 기업 내용을 파악함(월가의 기업 분석자료 중에서 피고용자가 주인에게 보고하듯이 제대로 작성된 보고서가 하나도 없다).

② 주가가 바닥 시점이 올 때까지 끈질기게 기다린다. 그리하여 주가가 바닥권에 들어오면 매입하여 실제 가치 이상으로 올라가면 매도했다.

③ 사자처럼 오랫동안 인내심을 갖고 기다리다가 기회가 오면 혼신의 힘을 다해 먹이를 잡아먹고 다음 식사 때까지 느긋하게 기다린다. 유감스럽게도 많은 펀드 매니저들은 매우 빈번히 매매하는 것이 자기 임무라고 생각하여 자신 없는 공이 날아와도 공마다 손을 대 매매 손실을 늘리고 있다.

④ 펀드 관리는 완벽한 재량권을 가지고 연말에 한 번 결산하든가, 아니면 관리를 맡지 말아야 한다(11세 때 시티즈 서비스 주식을

38달러에 누나 몫까지 6주 매입했다. 주가가 27달러까지 내려가자 누나가 매일같이 어떻게 할 거냐고 괴롭히는 바람에 주가가 40달러까지 올라갔을 때 성화에 못 이겨 매도했다. 결국 수수료를 빼고 5달러의 이익이 남았으나 주가는 그 후 200달러까지 상승한 일을 잊지 못한다).

펀드 출자자에게 일일이 주식 매매 동향을 보고한다면 출자자들은 각종 질문과 걱정을 하게 되고, 시간 낭비는 고사하고 펀드 성적에 악영향을 미친다. 외과 의사가 수술하면서 환자와 상의하는 것과 같다.

4. 투자 원칙과 기법

① 투자 종목의 선정은 종목의 인기가 아니라 투자 가치에 의해 결정, 따라서 기업 내용을 모르고 투자하는 것은 바보 짓이다.

② 펀드의 기본 운영 방침은 장기적 관점에서 손실을 최소화(평균 주가지수 10% 초과 수익 목표)시킬 자신이 있을 때만 매입하라.

③ 자신 있는 종목만을 자신 있을 때에만 매입한다(야구에서 타자가 자기가 가장 좋아하는 공이 올 때까지 기다리며 자신이 좋아하지 않는 공은 스트라이크라도 모두 보낸다. 배꼽 위로 5센티 공만 좋아한다면 나머지 공은 보낸다. 사무엘 뉴하우스는 월 스트리트 저널 등 유명한 신문사의 주식만 매매하여 무일푼에서 현재 수십억 달러의 재산가가 되었다).

5. 버펫트의 증권 투자 성공 10원칙

① 욕심을 억제하고 투자 게임 자체를 즐긴다.

② 인내력이 강해야 한다.

③ 다른 사람의 의견에 좌우되지 말고 스스로 판단해야 한다(주

식 매입시 매입하고자 하는 이유를 나열하고 자신이 최종 판단을 내린다).

④ 충분한 지식을 쌓아 마음의 평안과 자신감을 지녀야 한다(자신이 없으면 공포심 때문에 바닥에 팔거나 작은 시세밖에 이윤을 낼 수 없다).

⑤ 모르는 것은 모른다고 하는 솔직함을 지녀야 한다(조사 분석하지 않은 종목은 프로도 알 수 없다).

⑥ 업종 선택에 있어서는 유연성을 발휘해야 한다(종목의 실제 가치보다 더 높게 매입해서는 안 된다).

⑦ 본격적인 주식투자를 하기 전에 10년 내지 15년간 이론과 실전에서 집중적인 훈련을 쌓으라. 특히 그 중 몇 년은 반드시 명투자가 밑에서 훈련을 쌓으라.

⑧ 어떤 면으로든 천재적인 소질이 있어야 한다.

⑨ 지적인 성실성을 지니라.

⑩ 정신적으로 지나치게 산만해서는 안 된다.

6. 우량 종목 선정 기준

① 자본 이익률이 높다.

② 사업 내용이 이해하기 쉽다.

③ 언제라도 현금화할 수 있는 상황에 있다.

④ 매우 강력한 유통조직과 가격 선도자 입장에 있다(독과점 기업).

⑤ 천재가 아니더라도 충분히 경영이 가능하다.

⑥ 이익을 예상하기 쉽다.

⑦ 정부 규제를 받지 않는 업종이다.

⑧ 재고 수준이 낮고 자산 회전율이 높다.

⑨ 항상 주주를 위한 경영을 한다(유무상, 배당).

⑩ 코스트 의식이 높은 경영자.

7. 위험한 투자 종목

① 사생결단형 기업.

② 농업관련 기업(재고 기간이 길고 농가는 가난해 외상이 많다).

③ 연구개발 의존도가 높은 기업.

④ 부채가 많은 기업.

⑤ 성장에 따라 계속 거대한 자금 조달을 필요로 하는 기업.

⑥ 경영자가 회사 내용을 사실대로 말하지 않는 기업.

이시히 하사시

대세 판단의 명승부사

1. 성장 배경

① 1923년 13명의 형제가 있는 빈농에서 출생.

② 초등학교를 1등으로 졸업 후 와타나베 철공소에 입사.

③ 1942년 철공소 웅변대회에서 '일본은 곧 전쟁에 질 것이다.'라고 예언.

④ 철공소 기술학교 입학(병역 기피), 수학에 몰두, 10대 후반부터 뛰어난 통찰력과 실천력 겸비.

⑤ 전쟁 후 과자점, 의류 암거래상을 거쳐 경찰, 증권사 세일즈맨, 신문기자, 주식 정보업, 증권사 사장 역임.

⑥ 인생 철학

㉮ 나의 1년은 보통의 10년에 해당한다.

㉯ 사업 확대는 불황기에 해야 한다(도산 기업을 싸게 매입할 수 있으며, 불황기 때의 사원들의 각오는 각별하기 때문).

2. 1974년 7월 9일, 일본 참의원 보수 여당 선거 참패시 주가 폭락 예견 〔주가 4,787엔(7.8), 3,355엔(0.9) 폭락〕

① 강세 노선의 대명사(정국 불안을 예상하며 강세, 약세관으로 전환).

② 4대 증권사는 고객에게 매입만 권유, 방향 전환 빨리 못한다.

③ 군자 표변의 용기(일제히 전지점에 매도 지시) : 시세 예측가 방침을 임기응변으로 180도 전환.

④ 1973년 말 오일 쇼크로 일본 증권계 약세관, 이시히만이 강세 주장(유명한 사건).

3. 1940년 주가 대폭락 예견

① 1949년 1월 26세의 나이로 동경 자유증권(후에 도산) 외무 사원으로 입사.

② 돈버는 데는 주식시장이 가장 빠른 길이라 판단.

③ 동경 자유증권 직원 중 산케이 신문 증권 기자직을 그만두고 주식 신문 발간 중이던 고다마와 교제.

④ 도쿠간류 필명으로 유명해지다(도쿠간류 : 일본의 전설적인 천하무적 애꾸눈 무사).

⑤ 1952년 주식 신문 편집장으로서 정확한 시세 예측과 많은 강연회 개최(발행 부수 10개월 만에 6천 부에서 12만 부 돌파).

⑥ 1953년 2월 11일의 톱 기사였던 대폭락(3월 5일 '스탈린 대폭락') 예견이 적중함.

㉮ 연간 2, 3배 주가가 오르는 상승 일로의 주식시장에서 2년 반이나 상승한 시세의 하락 시기가 임박했음을 예고.

㉯ 유명한 4대 증권사도 투신매입 등을 이유로 시세 상승을 부추긴다. 이시히는 실수했다 판단.

㉰ 대중이 다니는 길의 이면에 대한 깊은 통찰력과 노력을 아끼지 않았다.

4. 1954년 이시히 주식 연구소 설립

① 회원에게 주식정보 제공.

② 보통회원, 특별회원, 전보회원으로 구분.

③ 회비는 연간 15,000엔(당시에는 엄청난 액수로, 물가 상승을 감안하면 100만 원 이상의 금액).

④ 이시히의 명성으로 3,000여 명의 회원(당시 500명이 목표)이 몰려들었다.

⑤ 이시히 주식 연구소 대성공 이후 불과 6개월 만에 증권사 설립〔연구소 회원을 주주로 하여 다치바나 증권 인수(1957년). 주주가 고객인 증권사 설립 구상, 그러나 대장성 증권 행정 당국의 반대로 회원 주주 구상은 물거품이 되어 버림〕.

⑥ 지점 수가 적은 다치바나 증권의 시장을 개척(도쿄에 2개). 강연회 개최, 통신거래 제도의 도입.

⑦ 다치바나 증권이 매입하기만 하면 주가 상승. 정력적인 강연회로 청중 동원력이 탁월. 청산유수와 같은 화술 개발과 사람을 끄는 매력 개발.

5. 증권계의 소니, 다치바나 증권 경영

① 1965년 초 거대 규모의 히다치 제작소 주가(160엔), 소니의 주가(2,000엔) : 한 분야에서 최고 기술로 타회사를 압도하다.

② 1973년 노무라 증권의 주가가 최저 620엔, 국세청의 다치바나 증권 주식 평가액이 1,250엔.

③ 고객에게 최선의 서비스(인수 부문, 초기에는 채권 부문까지 손을 안 댐, 고객 재산 증식에 최선).

㉮ 메릴린치 경영 방침 : 고객의 이익을 우선으로 한다.

㉯ 메릴린치는 1960년 미국에서 투신 붐이 일어났을 때도 투신에 참여하지 않았다. 어쩐지 문제를 일으킬 것 같다는 경영자의 훌륭한 판단 때문.

④ 다치바나 증권 건물에는 하루 종일 사무실 전체에 주가를 알리는 단파 방송이 계속된다.

⑤ 한 달에 1천만 엔의 수수료 수입을 올린 세일즈맨에게는 독립 사무실과 여비서를 제공(증권사 세일즈맨은 육체 노동자가 아니라 정신 노동자임으로 여러 기획을 세우고 기억을 기초로 고객에게 정보 제공을 한다. 잡무는 비서가 처리하며, 자신은 생산성 높은 업무에만 전념한다).

⑥ 미국 증권사의 일급 세일즈맨도 시세 움직임을 관찰하면서 고객 자산 운영에만 신경을 쓴다.

⑦ 독특한 아이디어 : 천성적인 창조력과 광범위한 독서에서 구상(인생은 노력의 창이다).

6. 이시히의 인생 철학

① 도시락을 쌀 수 없어 소풍도 가지 못했던 가난한 집안에서 태어났기 때문에 불굴의 정신력으로 오늘의 성공을 이끌어 냈다.

② 영웅들의 불가사의한 공통점이기도 한 대학 진학을 못한 핸디캡 때문에 인생을 평생 면학의 장으로 생각했다.

③ 교제를 통해 성장 기회를 창출(주식 신문사의 고다마와의 만남과 실천 경제학자 다카하시와의 교제가 인생을 결정지었다).

④ 끊임없이 화술 연마에 노력.

⑤ 항상 과욕을 부리지 않고 얻을 수 있는 것의 80%만 취하라는 속담을 가슴에 새기며 도전했다.

⑥ 부당하거나 부정한 것을 철저히 거부, 수수료 할인 등 부당한 서비스 요구는 고객과 거래를 중단해도 좋다는 생각을 가진다.

⑦ 꿈은 항상 지나칠 정도로 가진다(어릴 때 주식으로 큰돈을 벌겠다고 하여 부모에게 꾸중을 들었다).

⑧ 시세의 세계는 냉정하다. 의지할 것은 자신뿐임으로 주식매매에서 명성을 떨칠 사람도 표변하지 못하면 실패한다.

7. 투자 원칙과 전략

① 주식은 매도 시기를 놓치면 안 된다. 상승세로 이익을 볼 때도 도망갈 때를 항상 노린다.

② 남보다 한 발 앞서 시세를 예측한다. 일반인이 내일의 상황을 생각하면 이시히는 이틀 앞을 내다본다. 그러므로 항상 남보다 한 발 앞서 나간다.

③ 대세 판단이 중요하다. 금융 정세에 의해 경기를 보는 법과 국제수지와 설비투자 동향으로부터 경기의 움직임을 파악하는 법을 통해 강세, 약세를 판단한다.

④ 아무리 예측이 적중해도 타이밍을 놓치면 시세 예측은 틀린 것과 마찬가지다.

⑤ 강세 예상 주식을 매입한 다음 매도 시기를 찾고, 약세 예상 주식을 팔고 매입 시기를 찾아야 한다.

⑥ 역습전법 : 모두가 약세라면 기회를 보아 가장 먼저 강세로 전환하고 모두가 강세에 들떠 있을 때는 가장 빨리 경계 신호의 발동을 건다.

⑦ 역의 발상 : 모든 사람이 열광하고 있을 때 역으로 생각해 봐야 한다(1957년 일본 경기 호황 : 카세트 테이프 발명, 케논 주식을 매입. 경제 잡지나 경쟁 상품 안내 책자 등을 보고 테이프 기술이 유망하다고 판단, 매도 및 대주, 캐논의 신제품이 일반 공개되고 기사에 화려하게 등장하자마자 폭락세).

⑧ 정치와 연결을 갖고 있지 않으면 사업도 인간도 정상이 될 수 없다.

⑨ 주가 분석 및 시세 예측 분석에 관한 논문을 10년간 집필.

⑩ 주식의 명인은 어지러울 정도로 표변해야 한다.

⑪ 산업의 불황이면 곧 국제수지가 개선된다. 성장 정책 전환, 매입 준비 착수.

[redacted]

제럴드 로브

1만 달러로 3억 달러를 만든 증권왕

1. 인물 소개

① 투자 고문업(많은 사람에게 큰돈을 벌게 해 줌).

② 장기 투자보다 단기 투자 위주(현실적 투기 이론).

③ 매매기법 탐구에 피나는 노력.

④ 분산 투자보다 소수 종목에 집중 투자.

⑤ 미국에서 가장 유명한 자산 운용가(고객에게 권한 종목을 자신도 매입).

2. 투자 원칙

① 투자는 모두 투기이고 실패한 투기가 투자이다. 주식의 올바른 투기는 수요 공급을 원활히 하는 기능이 있다.

② 초기에는 정보에 의한 투자에 열을 올린 나머지 큰 실패(크라이슬러, 석유회사 주식 매입 대손실)를 당했다.

③ 초기 파산이 성공의 원인, 철저한 매매기법 습득.

④ 한 종목을 매입해서 한 달 이내에 빠른 단기 투자를 하며, 손

해가 예상될 때는 빠른 매도를 한다.

⑤ 투자는 학문이 아니며 피나는 훈련이다.

⑥ 1929년 평소 아주 싫어하던 주식이 분위기에 휩싸여 상승하자 주가 상투 결론, 주가 대폭락 직전에 주식 전량매도 후 유럽여행(6주 동안)을 갔다.

⑦ 월가의 기자 질문에는 '용감하게 미쳐야 한다.'라고 대답했다.

⑧ 낯익지 않은 종목은 매입하지 않는다.

⑨ 돈을 많이 번 비결 : 잘못되었을 때는 솔직히 인정하고 재빨리 손을 뺀다.

⑩ 손해를 보고 팔 줄을 알아라.

⑪ 주식을 움직이는 사람과 대화하라.

⑫ 주식매매 자체를 연극 공연의 즐거움으로 느끼라.

3. 투자 기법

① 7시 30분 출근, 일봉 주봉 150종목 검색.

② 저항선, 추세선 분석(반나절).

③ 저항성 돌파 주식 매입.

④ 독자적인 신차트 개발.

⑤ 주가 차트가 완전히 대중화되면 새로운 분석 기법이 필요. 10% 이내로 정보 차단 필요.

4. 투자 원칙

① 종목 선택 : 잘 아는 소수 종목의 집중 탐구(예를 들어 1억 달러 4개 종목 투자).

② 실전 투자일지 기록(매입 이유, 추가 매수 이유, 보유 이유, 매도

이유 등을 기록).

③ 주가 예측과 반대로 움직이면 즉시 매도한다.

④ 적지만 안전하게 돈 벌고자 하는 사람은 반드시 손해본다.

⑤ 연간 2배 수익을 올리겠다는 적극적 투자자가 큰 성공을 한다.

⑥ 성공하려면 투자 목표를 높게 두고, 투기적이어야 한다.

⑦ 투자에 따른 실수, 오판, 인플레이션, 세금, 돌발 사태의 투자 위험을 상쇄할 만큼 이익을 올리는 투자를 계획한다.

⑧ 시장성이 크고 주가 움직임이 활발한 주력주만 매입한다.

⑨ 소형주나 모르는 주식은 회피한다.

⑩ 1년간 투자한 돈을 2 배로 불렸으면 생긴 이익의 일부를 따로 떼어 두어야 한다.

⑪ 항상 주식을 보유할 것이 아니라 수시로 종목을 교체하고 쉬도록 해야 한다.

존 템플턴

종교계의 노벨상 템플턴상의 창시자, 저가 성장주 발굴의 명인

1. 투자 경력과 관점

① 제2차 대전 직후 1939년 존 템플턴은 뉴욕 증권 거래소 상장 기업 중 1주당 1달러 이하의 주식을 하나도 빼놓지 않고 104종목을 한 종목당 100달러씩에 매입, 4년 후 매각(34종목은 도산, 수십개의 종목은 3, 40배의 이익을 남겨 1만 달러 투자금액은 약 4만 달러 상회).

투자 금액 1만 달러도 직장 상사에게 전액 빌려서 매입한다. 전쟁으로 인해 주가가 똥값이라 생각했으며 전쟁이 끝나면 미국 경제가 소생할 것으로 판단했기 때문이다.

② 가난한 집에서 태어나 예일 대학과 옥스포드 대학 장학생, 고학으로 졸업하고 뉴욕 메릴린치 증권에 합병된 페너앤드빈 사에 입사했다가 지진 조사 회사로 옮겼다. 제2차 대전 발발 보도를 듣고 10년 주가 약세는 끝났다고 판단, 시장 소외 종목 중에서 성장성이 큰 종목을 매입했다. 시장에서 제일 인기 없는 종목만을 골라서 매입한 후 4년간 보유. 4년이란 시간은 싼 주식이 일반인에게

인정받는 데 걸리는 시간이다.

③ 돈을 모은 템플턴은 선배가 운영하는 투자상담회사를 5,000달러에 인수(고객 8명)하여 현재 3억 달러 이상의 자산을 운영하는 회사로 성장시켰다.

④ 정신 세계에 심취하여 종교에 깊은 관심을 가진 그는 템플턴상을 설립(8만 파운드의 거액 상금)했다.

⑤ 정보 입수는 라이포드케이 클럽(세계 24국, 950명 회원)에서 성공한 실업가를 통해 여유 있게 입수하거나 30년 전 조직한 젊은 사장들(수천 명)의 모임으로부터 입수한다. 모든 업계의 최고 경영자 500명으로부터 언제나 필요 정보를 입수한다.

⑥ 투자 회피 조건 : 인플레와 사회주의.

⑦ 투자 매력은 실질 자체에 비해 터무니없이 주가 수준이 낮을 때이다. 일본은 1962년 실질 이익의 2, 3배 수준에서 주가 형성, 현재는 일본 PER가 높아져 투자 비율이 감소.

⑧ 경영자 면담 조사 사항 : 장기 경영계획? 연평균 성장율 예상? 목표 성장율이 높을 때의 이유? 힘겨운 경쟁사? 자사 다음으로 투자하고 싶은 경쟁사?

⑨ 기업 탐방 조사는 같은 업종 회사를 여러 차례 방문하면 누가 신뢰할 수 있는 정보원인지, 우수 경영인은 과연 누구인지, 과장이 심한 경영자는 누구인지 등을 정확히 파악(특히 경쟁사, 거래선 조사가 중요)한다.

⑩ 2차 정보를 매우 중요시(밸류라인 사의 조사 자료 : 매출 이익률, 감가상각액, 운전 자금 등 15년 통계).

⑪ 펀드 운용 실적 : 1959~1978년까지 20년간 보유하고 분배금을 재투자했다면 20,000달러로 증가하여 20배 수익을 올린다. 400

개 펀드 중 템플턴 펀드는 주가 상승 국면에서는 항상 상위 20 이내, 하락 국면에서는 5위 이내에 진입. 특히 하락 국면에서도 채권으로 편입된 펀드가 아니면서도 5위권 내 진입은 놀라운 것이다. 시세의 천장과 바닥을 분간하는 능력이 없다(종목 선택의 명인들의 공통점).

2. 투자 원칙과 기법

① 많은 투자자에게 우량 종목이라고 알려져 있는 종목은 매입하지 않는다. 이런 종목은 투자 신탁에서 우량주라고 잘못 부르고 있다고 생각한다. 규모가 작아도 기초가 튼튼하며 특색 있는 고수익의 기업이야말로 기업 내용이 그리 좋지 못하고 노동조합이 강한 대기업보다 훨씬 안전하다고 판단.

② 주가가 낮은 젊은 중소형 기업이 성장성이 크다(예를 들면 일본의 대형 슈퍼체인 이토요카도가 PER 10이고 연평균 성장율 30%로써 아직 요람기에 있기 때문에 미국만큼 보급되려면 향후 2, 30년 성장 가능).

③ 존 템플턴의 종목선정 기준 : 국제 분산 투자, 소형주, 이류 종목 투자.

④ 시가가 실제 가치보다 가장 낮은 주식으로서 일반인에게 잘 알려져 있지 않은 소외 종목을 매입한다.

⑤ 투자에서 가장 중요한 것은 일반인에게 인정되지 않은 주식 가치를 남보다 먼저 판별하는 능력이며 이 능력은 유연성이다. 여러 각도에서 사물을 판단할 수 있는 유연성이야말로 전문 투자가에게 가장 필요한 것이며, 대중 투자자들이 그냥 지나치는 가치를 포착하는 노력이 필요하다. 뉴스나 그럴 듯한 투자 조언이나 감정

에 휩싸이는 대중과는 다른 초연한 자세를 터득한다. 투자할 때마다 실패하고 고통받았던 30년간의 경험으로서 열광적인 대중 심리로부터 초연해지는 방법을 터득.

⑥ 시장 루머나 변동에 초연해야 한다. 증권사와 떨어진 바하마 제도의 낫소에 있는 해변 저택에 거주하면서 '증권계에 재미있는 일이 있으면 전화를 걸지 말고 편지해라.'라고 한다.

⑦ 투자 종목 선정 기준

㉮ 주가 수익률

㉯ 영업 이익률

㉰ 청산 가치

㉱ 성장율(너무 높은 성장율은 일단 의심하라. 오래 못 가기 때문)

㉲ 유연성(모든 것이 순조로울 때 다음 단계를 준비)

㉳ 법칙이나 공식은 믿지 말라(특히 효과적 예측 그래프, 암탉 달걀 개수).

티로우 프라이스

성장주 투자 기법의 명인

1. 투자 경력과 인물

① 월가의 투자자들에게 있어서 기본적 분석 분야에서는 벤자민 그레이엄 다음으로 유명한 인물. 성장주 투자 이론을 모르는 사람이 없을 정도로 월가의 상식으로 통한다.

② 프라이스가 운영하는 펀드는 티로우 프라이스 어소시에트로서 운용 자산 규모가 60억 달러에 달한다.

③ 성장 기업을 발굴해 장기 보유하고 성장이 멈추는 시점에서 매도하는 것이 핵심으로 산업이나 기업의 라이프 사이클의 성장 초기 단계에서 매입, 성숙기에 매도하는 성장주 투자 이론을 제시한다. 미국은 주식 매매 차익 과세로 단기 투자자가 극히 불리.

④ '투자는 나의 인생'이라고 할 정도로 일에 몰두하였고 일시적 성공에는 관심이 없었다. 고객을 위해 좋은 일을 하면 반드시 보답이 온다는 신조를 가진다.

⑤ 80세가 넘어서도 매일같이 5시에 기상, 계획적이고 정해진 시간대로 행동하고 결코 예정에 없는 행동은 하지 않았다. 매도 목표

가격을 정하면 그 가격에서 정확히 매도한다.

⑥ 투자자로서 성공하려면 아무와도 타협하지 않는 독불장군이 되어야 한다.

⑦ 1965년까지 30년간 프라이스는 성장주 투자 기법으로 일관해 왔는데, 미국에서는 이때까지 프라이스 외에는 경기 순환에 따라 이익이 신장해 가는 기업에 투자하는 성장주 투자 기법을 적용하는 회사가 없었다.

1965년 이후 그의 투자 방법은 '티로우 프라이스식 투자방법'이라고 불리고, 그의 선호 종목은 '티로우 프라이스 종목'이라고 불릴 만큼 유명해졌다.

⑧ 《투자자의 신시대》라는 책을 출판한 이후 1970년대부터 프라이스는 투자 방침의 전환을 설명하고 대부분 종목의 PER이 4, 50으로 올라간 미국 증시 내에 투자할 만한 종목이 별로 없다고 발표. 성장이 멈추거나 악재 노출시 주가 폭락을 경고했다.

⑨ 1960년대 말 성장주 강세가 끝났다고 보고 펀드를 동료에게 매각했다. 1974년 주가 폭락, 성장주들의 주가 도약 50% 폭락.

⑩ 신시대의 테크닉 투자 기법을 창안했다. 성장주 투자를 줄이고 인플레이션에 강한 자산, 즉 부동산이나 천연자원, 금, 은 등의 자산에 투자했다. 1970년대 약 10년 동안 금을 생산하는 기업을 특히 선호.

⑪ 1974년 성장주의 주가 폭락으로 투자 방침 변경.

㉮ 라이프 사이클의 초기 단계에 있는 미래 성장주.

㉯ 설립된 지 오래된 성숙 기업이나 실제 가치보다 훨씬 낮은 가격 종목.

㉰ 금, 은 등의 자원 관련주.

㉱ 주가가 1주당 순자산 가치 이하 종목.

⑫ 선견지명과 유연성이 투자자에게 요구되는 최고의 자질이라 강조했다.

2. 매입 전략

① 매입 목표치를 설정하고 분할 매수한다.

② 매입 목표치 설정 방법

㉮ 과거의 이익 신장 조사(급격한 이익 성장이 지속되리라고 예측하면 큰 오산).

㉯ 성장주의 최적 매입 시점은 시장 인기 냉각 시점이다.

㉰ 안정 성장주가 순환 성장주보다 가치가 크다.

㉱ 시중 사채 수익률이 높을 때 성장주의 매입 목표 가격을 낮춘다. 즉 PER이 낮을 때 매입한다.

㉲ 시장이 약세 기조에 있어 시장 수익률이 낮을 때는 PER가 낮을 때 성장주 매입한다.

㉳ 과거 2, 3회 주가 순환에서 정점과 저점을 비교하여 저점시의 PER보다 3분의 1 정도 높은 가격에서 매입한다. 즉, 바닥 시세 이전부터 분할 매수를 시작한다.

3. 매도 전략

① 강세 국면에서는 적정 주가 수준보다 3할 더 상승한 시점에서 주가가 10%씩 오를 때마다 10%씩 매도한다.

② 장세 하강 국면 전환시나 보유 주식 폭락의 징후를 보이거나 악재 발표 가능성이 있을 경우는 일괄 매각한다.

③ 기업 이익 성장이 언제 멈출 것인가를 예측하는 능력이 투자

자의 필수 구비 요건이다.

㉮ 자본 이익률 감소 유의.

㉯ 이익 감소가 경기 후퇴로 인한 일시적인 것인지 구조적으로 성장력을 상실한 것인지 판단해야 한다.

㉰ 업종에 따라서는 독자적인 순환 성장 사이클 종목도 있으므로 별도 사이클 진단 필요.

4. 투자 원칙 및 기법

① 성장이 약속된 주식을 발굴해 장기적으로 보유하고 성장이 멈추면 매도하는 것이 투자의 기본 철학이다.

② 1934년 발족한 펀드에 1,000달러 투자하여 배당금을 재투자했다면 1972년에는 27만 달러가 되어 270배의 투자 수익률을 올린 셈이다.

③ 성장 기업의 조건

㉮ 상품 개발력과 시장 개척력이 우수할 것.

㉯ 격심한 경쟁 상태에 휘말려 있지 않을 것.

㉰ 정부 규제에 대해 비교적 자유로운 업종일 것.

㉱ 총인건비는 낮으나 개인당 임금 수준은 높을 것.

㉲ 매출액 이익률이 높아지는 추세를 보이며 주당 순이익이 급증하고 자본이익률이 10% 이상일 것.

④ 그레이엄의 숫자 중심의 양적 분석에 비해 프라이스는 질적 분석에 치중(예를 들면 반도체는 성장산업, 철도는 사양산업이다).

⑤ 성장주 발굴 지표

㉮ 판매량과 순이익, 자본 이익률이 함께 증가하는 업종 및 기업.

㉯ 유망업종도 항상 주의해야 하며 얼마 안 가서 성장기가 끝나

고 성숙기를 거쳐 쇠퇴기로 진입하며 산업이 쇠퇴기에 접어들면 수익은 매출보다 훨씬 빠른 속도로 감소한다.

㉰ 유망 기업은 경기 침체시에도 매출 판매량과 순이익이 다같이 성장하기 때문에 안정. 성장기업을 선택하며 경기의 정점과 저점 사이를 오가며 순환 성장하는 기업은 탐탁치 않게 생각한다.

⑥ 우량 기업의 특징과 쇠퇴기 특징.

㉮ 우수한 경영자. 최악의 경영자로 교체 가능성.

㉯ 특출한 연구 개발력. 신제품, 연구 개발력이 쇠퇴.

㉰ 특허, 특허 만료 또는 신발명에 의해 가치 상실.

㉱ 건실한 재무 내용. 경쟁 격화로 수익성 악화(인건비, 원료비, 세금 부담 증가).

㉲ 적절한 공장 입지.

⑦ 프라이스의 성장주 투자 기법의 핵심은 판매 물량, 매출액 이익률, 자기 자본 이익률이 상승 중인 성장력 높은 산업 중에서 최우량 기업을 발굴하여 성장이 지속되는 동안 매도하는 것이다. 그는 월가에서 현재 인기를 모으고 있는 '주식 가치 평가 모델', 즉 장래 이익을 예측하는 방법에 대해서는 비관적이다. 왜냐하면 미래의 정확한 이익 예측이 불가능하고 1년도 되기 전에 새로운 상황이 전개될 가능성이 많은 불확실성의 시대이기 때문이다. 규모나 수익력이 끊임없이 확대되고 있는데도 PER가 3, 4인 기업 투자의 매력.

⑧ 순환 성장주는 안정 성장주보다 이익이나 주가의 변동이 심하므로 주가 폭락 후 바닥에서 이탈시 순환 성장주를 매입하고 중간 정도 상승하면 안정 성장주로 교체 매매해야 한다.

피터 린치

10년간 100만 고객에게 25배의 투자수익을 올려준
월가의 전설적인 주식투자 영웅

1. 인물 소개

① 피델리티 인베스트먼트 사 펀드 매니저.

② 마젤란 펀드를 운용하여 10년간 100만 고객에게 25배의 수익률을 올려준 투자의 달인.

③ 90억 달러 펀드 운용 책임자(60%의 투자 승률).

2. 투자 비결

① 주식투자에 시간과 노력을 투자하라.

② 주식 투자 성공 비결은 선견지명이다(주식이 화젯거리에서 이탈 : 매입, 전문가. 문의 : 50% 상승. 화젯거리 등장 : 매도).

③ 발로 뛴 정보가 고급 정보다(폴게이터이 제법 : 일찍 일어나 열심히 일해 유정의 미를 거두라).

④ 특출난 성공주인 10루타 종목을 찾으라(10종목 중에 1, 2개만 나오면 큰 이익을 볼 수 있다).

⑤ 주식투자는 과학이 아니라 예술이다. 경제학자는 상당히 불리

하다.

⑥ 주식에는 전문가가 따로 없다(월스트리트 저널, 포브스, 투자신탁, 메릴린 지 전망도 모두 틀리다. 오히려 월터프렉터의 속보가 더 잘 맞는다).

⑦ 나의 매입 종목은 전통적 펀드 매니저들이 지나치는 종목이다.

⑧ 미국에서도 투자 고문의 10~15%만이 장세를 예측할 수 있다.

⑨ 종목 선정보다 더 중요한 것은 매매 타이밍이다(최고가 매도, 최저가 매입).

⑩ 유망 종목 선정 기준

㉮ 하이테크 생산 기업보다 이용 기업(컴퓨터 제조사보다 정보처리 회사).

㉯ 내부자가 사는 주식을 산다.

㉰ 기피 종목(분석가들의 최고 인기 종목, 대중인기 종목).

㉱ 미래에 PER가 낮아질 종목을 산다. PER가 1,000이면 아더왕 때 투자한 사람만이 지금 원금 회수.

㉲ 본사를 직접 방문하라(지저분한 회사 : 검소. 호화 카펫 : 망할 징조).

㉳ 투자 대상 및 종목 선정 : 해당 연도 β계수(가격 등락율), PER, 자산 가치.

⑪ 모험을 좋아하면 주식투자하라. 은행 이자처럼 안전하면서도 큰 이익을 볼 수 있는 주식투자는 없다.

⑫ 보통 사람이라도 두뇌의 3%를 주식투자를 위해 사용한다면 월 스트리트의 전문가보다 주식투자를 더 잘 할 수 있다. 연구를 하지 않고 투자하는 것은 포커를 하면서 카드를 전혀 보지 않는

것과 같다.

3. 투자 핵심

① 발로 뛰어서 기업의 내부 정보, 성장 전망, 수익성을 포착하여 큰 폭의 성장주를 발굴한다. 이것이 기본적 분석이다.

② 내부자의 매매 동향과 정보를 포착한다. 대주주 및 기업체 임원들의 지분 이동 상황을 포착한다.

③ 투자 유망 종목은 해당 기업을 방문, 조사하여 β계수, PER, 자산 가치 등을 고려해 선정한다.

④ 기술적 분석을 비롯한 장단기 기업 전망을 통해 매매 타이밍을 정한다(최고가 매도, 최저가 매입에 주력한다).

⑤ 10종목에 투자했을 때 몇 배의 수익이 남을 수 있는 주식 1, 2개가 포함되도록 피나는 노력을 기울인다.

6

증권투자 성공을 위한 제안

3D 직종과 주식투자자의 자세

'3D 직종의 주가를 겨냥하라.'

이는 요즘 미국 월 스트리트 등에서 붐을 일으키고 있는 증권가의 새로운 유행어다. 3D는 위험하고(danger), 더럽고(dirty), 힘든(difficult) 것을 말한다.

21세기 최고의 유망 직종은 바로 이 3D 직종이라는 것이다.

'노세, 노세, 젊어서 노세. 늙고 병들면 못 노나니…….'

이 노래처럼 흥청망청 물 쓰듯 돈을 쓰면서 향락에 빠져 있는 사람들은 무슨 뚱딴지 같은 소리냐고 반문할 것이다.

그러나 세계 곳곳에서는 이 3D 직종으로 엄청난 돈을 버는 사람들이 늘어나고 있다. 베네통이 발간하는 월간지 〈칼라스〉는 특집으로 이색직업을 소개했다.

모험심이 강한 사람이라면 캄보디아, 아프가니스탄, 모잠비크 등지에서 지뢰제거업에 종사하십시오. 보수는 월 400만 원 정도입니다. 지난 해에는 총 10만 개의 지뢰가 제거됐으나 200만 개가 새로 매설됐고, 전 세계 64개국에 흩어진 지뢰를 모두 제거하는 데는 약

1100년이 걸릴 것입니다. 다른 도시보다 쥐가 4배나 많은 뭄바이에서 쥐 잡는 일을 하면 인도 월평균 임금의 3배인 6만 4000월을 받게 됩니다.

이와 마찬가지로 주식투자에도 지금까지 생소했던 주식, 모든 사람들이 외면했던 주식의 값이 어떤 계기를 만나면 크게 뛰어오르게 마련이다.

세계적으로 환경파괴 현상이 심각해지자 현재까지 외면당했던 환경관련 업체의 주식 값이 터무니없이 오른 것도 그 예이다.

세계 여러 곳에서 지역 분쟁이 끊이지 않고 일어나면서 폭탄제거업을 전담하는 회사의 주가가 최근 몇 년 동안 50배 이상 오른 곳도 있다.

또한 좀 꺼림칙한 일이지만 미국에서 자신의 몸에 임상실험을 할 수 있게 하면 1년에 2000만 원을 벌 수 있다는 착안을 하여 희망자만을 모집, 관리 운영하는 회사의 주식이 상장됐을 경우도 노려볼 만하다.

또 비행기 추락시 그 잔해를 검사하고 사고원인을 규명하는 항공사고 처리전담 회사의 주식도 선망의 대상이 될 수 있다.

월 스트리트의 영웅 린치도 일단 투자를 하면 10배의 수익을 낼 수 있는 10루타 종목이 앞으로는 3D관련 주가에서 나온다고 언급했다. 그리고는 간병인을 제공해 주는 헬스케어업체인 호라이즌 CMD, 장례식 담당회사인 서비스 코퍼레이셴 인터내셔널 SCI, 곰팡이 제거업체인 카룬 클린저 등을 적극 추천했다.

'3D 직종의 주가를 겨냥하라.'

주식투자 경험과 과신

'자본시장의 꽃'으로 표현되는 우리 나라의 증권시장도 올해로 40주년을 맞이했다.

사람으로 따지자면 어느덧 불혹의 나이에 접어들었다고 할 수 있다.

지난 1956년 3월 3일 증권거래소가 성립될 때만 해도 상장주식은 고작 12개사 13개 종목이 전부였고, 연간 거래대금은 3억 9,000만 원에 불과했다.

그런데 현재의 증권시장은 상장회사 수만도 721개사에 연간 거래대금도 142조 원의 어마어마한 규모가 되었다. 그야말로 비약적인 성장을 했다.

상장회사의 시가총액도 무려 141조 원에 달하고, 29조 원이 넘는 자금을 기업들에게 제공하고 있으니 한 마디로 엄청난 변화와 발전을 했다. 그리고 쉬임 없는 제도의 변화와 확대 발전은 앞으로도 계속될 것이다.

그럼에도 불구하고 많은 투자자들의 경우 성공적으로 투자했던 과거의 경험만을 과신하려는 데 문제가 있다.

우리 속담에 이런 말이 있다. '아는 길도 물어가라', '돌다리도 두드려보고 건너라.' 항상 겸손하고 확인하자는 표현들이다.

아무리 아는 길이라도 맨발로 좋다고 뛰어가다가는 깨어진 유리 조각에 발을 다쳐 파상풍으로 목숨까지 잃을 수도 있다.

M. G. 파블리는 이렇게 말했다

"주가는 1억만 분의 1초 속에서도 변화의 조짐이 있는 것이기 때문에 주가의 향방을 제대로 정확하게 예측하는 일은 매우 어려운 일이다."

따라서 과거에 성공했던 경험만을 지나치게 고집하면 주식의 시계가 흐려져 버릴 뿐만 아니라, 어느샌가 고집이 나쁜 습관처럼 몸에 배어들기 때문에 이를 철저하게 경계해야 한다.

여기서 버릇에 대한 우화가를 살펴보자.

옛날 어느 마을에 머리에 부스럼이 난 아이와 안질을 앓는 아이, 계속 코를 흘리는 아이가 있었다.

머리에 부스럼이 난 아이는 가려워 자꾸 머리를 긁었고, 안질이 있는 아이는 파리가 자꾸 날아와 붙으니까 손을 계속 휘둘렀고, 계속 코가 흘러내리는 아이는 그것을 닦느라고 손등이 마를 시간이 없었다.

하루는 세 아이가 모여 결단을 내렸다.

"우리, 이 나쁜 버릇을 고치자."

한 아이가 말했다.

"그래, 그래."

"그럼 지금부터 평소의 자기 버릇이 나오는 사람은 꿀밤 한 대씩이다."

그래서 세 아이는 머리도 못 긁고, 파리도 못 잡고, 코도 못 닦고 참아야만 했다.

그러나 시간이 조금 흐르자 도저히 견딜 수가 없었다. 드디어 부스럼 난 아이가 말을 꺼냈다.

"내가 산에 가 보니까 머리에 이렇게 큰 뿔이 달린 사람들이 있더라."

그는 이렇게 말하면서 머리를 슬쩍 긁었다.

"나 같으면 이렇게 활을 쏘아서 그 사슴을 잡았을 걸."

코 흘리는 아이가 활쏘는 시늉을 하면서 코를 슬쩍 닦았다.

"아니야, 그런다고 그 놈이 잡히니?"

나머지 아이도 부채질하듯 눈앞에서 손을 흔들었다.

이 이야기처럼 사람들은 저마다 자기 합리화를 위해 갖가지 수단을 동원한다.

'과거에 성공했던 주식투자 경험만을 과신하지 마라.'

꿩 대신 닭 잡으면 절반의 손해

이 격언은 요즘 발빠른 순환매 속에서 넋이 빠진 많은 투자자들이 자주 범하기 쉬운 악성 투자방법에 대해 경종을 울리는 교훈적인 격언이다.

다시 말해서 외국인들이 집중적으로 금융주를 샀으므로 머지않아 주가가 크게 뛰어오르리라는 루머를 마구 퍼뜨려 일반 투자자들에게 유인구를 던지거나 증시안정 기금해체 등에 따른 수혜업종의 증권주라고 소문을 퍼뜨려 다량거래를 이루면서 가격을 치솟게도 한다.

그리고 M&A, 즉 기업인수 합병관련 루머로 보증주가들을 부추기거나 하면 자산주이고 환경주이기 때문에 상승여력이 크다고 내세우기도 하는 등 그럴듯한 루머를 퍼뜨려 수직 상승으로 가격을 올리는 상황도 벌어지고 있다.

물론 한계기업이라고 알려졌던 기업 등 저가주들의 주가가 너무 많이 빠졌다는 이유 하나만으로 매기를 불러모으고 있는 경우도 있다.

이쯤되면 한마디로 일반 투자자들은 말 그대로 우왕좌왕하게 되고 어떤 게 진짜 이익을 얻게 될 주식인지 분별하기조차 어렵게 된다.

그럼 '오늘은 이 주식, 내일은 저 업종, 다음날은 어떤 주식'들과 같이 줄을 잡을 수 없는 상황에서는 당연히 쉬어야 하는데도 지금이 매입의 적기라는 증권사 직원들의 매입 종용엔 발을 뺄 재간이 없어 아무 주식이나 사게 되는 경우가 종종 일어나고 있다.

그러므로 이 경우 서울행 급행버스는 이미 지나갔는데, 평택까지 가는 소달구지에 올라타고 좋다고 콧노래를 부르다가 시간 다 보내게 된다는 것이다.

그 뿐만이 아니라, 그 중에서도 얼마 전 마치 날개돋힌 듯 통신관련 5인방의 값이 하늘 높은 줄 모르고 마구 치솟고 물량 기근까지 나타나 돈을 주고 사려 해도 마음놓고 살 수가 없게 되자, 꿩대신 닭을 찾는다는 격으로 통신과는 전혀 무관하여, 잘 오르지도 못하고 주저앉아 있는 아무 주식이나 사는 것이다.

이런 투자 방법은 절대로 안 된다.

왜냐하면 이런 주식들은 휭휭 소리를 내면서 상승을 선도하다가도 약간의 조종만 있으면 "아이구 나 죽는다"며 힘없이 뚝뚝 떨어지는 경우가 많기 때문이다.

따라서 꿩을 놓쳤으면 다시 다른 것을 잡더라도 아예 처음부터 닭 잡을 생각은 하지 말아야 한다.

'꿩 대신 닭 잡으면 손해는 이미 절반이다.'

[redacted]

나무보다는 하늘을 겨눌 때
화살이 더 높이 올라간다

이 격언은 나무를 보지 말고 숲을 보라든지 사슴을 쫓는 자는 숲을 보지 못한다든지 멧돼지를 쫓는 자는 옆에서 튀어나오는 토끼까지 잡으려 들지 말라는 등의 격언과 상통한다.

요즘은 신록 사이로 산사의 목탁소리가 세속의 시름을 잊게 하는 계절인데도 매일매일 청적색으로 반짝여 대는 증권시세 전광판 앞에만 쭈그리고 앉아 있는 많은 투자자들이 있다면 그들에게 새로운 경종을 울려주는 격언이기도 하다.

등잔 밑이 어둡다고 매일같이 전광판에만 몰두하게 되면 시세 중독증에 자신도 모르게 걸려들기 쉬우니 항상 이를 명심하고 경계를 게을리하지 말아야 한다는 뜻도 포함되어 있다.

다시 말해 가끔은 한적한 계곡을 따라 흐드러진 철쭉도 보고 산골 사이로 흘러내리는 맑은 물소리와 은방울같이 청아한 새들의 노랫소리도 들으면서 청정한 마음으로 대자연의 그윽한 모습에 한번쯤 심취해 보는 여유와 보람 찬 인생을 만들어 가라는 뜻이다.

그럼에도 불구하고 많은 투자자들은 항상 실패하기 위해서 투자하는 것 같은, 계속 되풀이되는 실패의 원인을 분석하기는커녕 연속되는 실투 속에 푹 빠져 헤어나지 못하고 있다.

주식투자는 어찌 보면 아주 쉬운 것 같은데도 알고 보면 세상에서 가장 어렵고 멋진 인생의 진리가 숨겨져 있는, 때로는 황홀하기까지 한 시간의 예술 그 자체이다.

그런데 타이밍의 예술이 말 그대로 예술이 되기 위해선 작은 이익의 누더기를 말끔히 제거해야 한다.

그러나 극히 작은 이익만 보고 신들린 사람처럼 욕망의 언덕을 오르면 곧 모래성으로 가득 찬 허망 속에 돌이킬 수 없는 후회만 얻게 되기도 한다.

Y증권에서 투자를 하는 K모 여인은 1년 365일 주식시장이 열리는 날이면 하루도 빠지지 않고 증권시장에 나간다고 한다.

그리고 자신의 계좌에 단돈 몇 만 원까지도 남겨두지 못하고 얼마간의 차익만 남길 수 있다면 무조건 어떤 주식이든 먼저 산다.

그런데 얼마 전 이 여인은 자신의 계좌를 총정리해 보고는 아연실색했다고 한다. 그 동안 이익보다는 증권사에 받친 수수료와 차손액으로 얼룩진 계좌에는 원금의 3분 1밖에 남아 있지 않았음을 발견했기 때문이다.

내일의 종목을 꿰뚫는 눈을 가져라

어떤 시인은 단풍이 그 현란함을 뽐낸다면 억새풀은 사랑하는 연인과 같은 소박함으로 그윽한 정취를 만끽하게 한다고 노래했다.

그런데 오늘의 주식시장은 어떤가?

눈만 뜨면 독가시가 돋친 듯한 악재성 재료만 터져나오고 있다. 죽음의 사자로 돌변하여 어리석은 많은 신용 투자자들을 하루아침에 거지로 만들어 버리기도 한다.

억새풀의 낭만은 고사하고 어찌 보면 칠흙같이 어둡기만 한 깊은 땅굴만이 끝없이 연결되어 있는 듯한 느낌마저 들게 하는 시황의 연속이다.

그러나 현명한 투자자라면 날이 밝기 전에 가장 캄캄하다는 자연의 원리를 깨달아야 한다.

닐보어의 말처럼 사람이란 자신이 할 수 있는 일을 하는 것으로 만족해서는 안 된다. 자신의 할 수 없을 것 같은 일을 해내야 한다. 새로운 도전의식을 용감하게 발휘해야 한다. 물론 주식투자계획을 짤 때에는 미래가 현재보다 더 길고 지루하다는 것을 생각하라고 한 존 카포치의 목표의식에 대한 충고도 기억해야 된다.

지금 세계는 고도의 지적 대혁명이 일고 있다. 바야흐로 복합 시대가 다가온 것이다. 문득 미국 서부 사막에 세워진 카지노 타운 라스베가스가 떠오른다.

그곳에서는 전 세계 내노라 하는 도박꾼들이 모여 밤낮없이 배팅을 하고 있다. 게임에 있어서 영원한 황제는 없다지만 당장은 승자 1명이 판돈을 몽땅 쓸어간다. 나머지 사람들은 대부분이 실망, 허탈, 좌절 속에 쓰라린 가슴을 부둥켜안고 떠나간다. 그러나 진정한 도박사는 내일을 또다시 기약하며 떠난다.

마찬가지로 증권에서도 오늘은 비록 패자가 됐더라고 내일만은 꼭 기약하자는 것이다.

올해 들어 새로운 제도가 많이 도입됐다.

중요한 것은 시시각각 변하는 변화의 물결 속에 당장은 이겨내지 못하고 지쳐버린 듯한 현재의 증시가 언제까지나 주식투자자들을 외면한 채 쓰러져 있지는 않을 것이라는 점이다. 이런 때일수록 더욱 명심할 것은 앞으로 어떤 시황 속에, 어느 테마 관련 종목이, 무슨 자료로 어떻게 혜성 같은 주도주로 나타나게 될 것인가에 주목해야 한다.

두말할 것도 없이 다른 사람보다 한 발 먼저 그 종목을 꿰뚫어 보는 능력을 길러야 하는 때이다.

'내일의 종목을 꿰뚫는 눈을 가져라.'

달리는 주가는 광속보다 빠르다

월 스트리트에서는 주가의 폭락과 폭등을 나타내는 현상을 일컬어 '광속보다도 더 빠른 주가'라고 한다.

예컨대 블랙 먼데이 같은 대변환의 시황에선 몇 조 원의 돈보따리가 순식간에 휴지조각이 되어 버린다는 것이다.

이로 인해 헤아릴 수 없이 많은 투자자들이 어느 한순간에 일생동안 되돌릴 수 없는 파탄을 맞이하기도 한다.

에드워드 펠리오니는 이 경우 몇십 년 동안 기를 쓰고 모아왔던 몇백억 원을 눈깜짝할 사이에 원점 이하로 돌려놓는 일은 달리는 주가의 마성이 아니고선 그 어떤 것도 불가능하다는 극단론까지 제기하고 있다.

실제로 우리 일반인들의 투자에서는 어제도, 오늘도, 그리고 내일도 이와같은 심각한 상황전개가 끊임없이 계속될 것이라는 데 경각심을 불러일으키게 하고 있다.

예를 들어 고가의 어떤 우량주식이 어느 날부터인가 자금악화 법정관리 등의 대형 악재를 싣고 고공낙하하게 될 때도 있다.

몇 년 전 H건설 주식처럼 제한값까지 내린 하종가 팔자로 45일 동안이나 곤두박질치는 경우 등이 바로 그것이다.

그런가 하면 상장폐지 위험까지 있을 것으로 예상했던, 그래서 주가도 고작 3,300원에 머물렀던 주식이 기업인수 합병 등의 신종 고공번개 날개를 달고 불과 1년도 못 되어 17배나 오른 값으로 끝없는 고공행진을 계속한 X광통신 주식들이 바로 대표적인 예라고 할 수 있다.

주가는 항상 우리들의 앞에서 행과 불행의 두 카드를 들고 번개같이 도망치고 포기하면 또다시 광속보다 빠르게 달려온다고 주장한 제랄도 돈브의 철학을 명심해 볼 필요가 있다.

18사략에 보면 집이 가난하면 어질고 착한 아내를 생각하게 되고, 나라가 어지러우면 어진 재상을 생각한다는 말이 있다. 주식시장의 주가 움직임이 빨라지면 멋진 한판 승부를 꿈꾸게 된다는 칼럼 네오라는 주식 승부사의 집념어린 전법도 한 번쯤 더듬어봐야 할 것이다.

의심하는 사람은 남이 속이기도 전에 스스로 자신을 속인다는 채근담의 말처럼 주식투자를 하면서 주가를 너무 의심하는 나머지 스스로 자신을 속이면서 주가에 예속되지 뒤돌아볼 필요가 있다.

'달리는 주가는 광속보다 빠르다.'

IMF 시대의 증권은 조국을 모른다

주식시장은 타이밍의 예술이라고 한다.

그러나 월 스트리트 등에서는 머니 게임의 도장이라 불리우고 있다. 머니 게임의 도장이라 불리우는 주식시장에서의 돈은 한 마디로 조국을 모른다는 데 더욱 기묘한 형태 변화의 지수가 숨어 있다.

이는 피터 드리커가 자본주의 이후의 사회에서 역점을 두고 주장했던 것이기도 한다.

드리커는 이렇게 말했다.

"중앙은행마저도 돈의 흐름을 더 이상 통제하지 못한다. 중앙은행은 고작 이자율의 인상과 인하를 통하여 돈의 흐름에 영향을 주려고 노력할 수 있을 뿐이다."

그러나 돈의 흐름에서 이자율 못지 않게 정치적 요인이 점차 중요해지고 있다.

어느 한 개발국가에서 중앙은행의 통제 밖에 있는 돈의 규모, 즉 뉴욕의 외환시장이나 런던의 국제금융과 같은 국제금융시장에서 매일 거래되고 있는 돈의 규모는 이미 개별국가나 국제거래에 필요한 수준을 훨씬 초과하여 넘치고 있다.

그와 같이 넘치는 돈은 자기들을 통제하려는 그리고 한계를 그으려는 그 어떠한 시도나 관리를 더더욱 피해 나가고 있는 것이 사실이다.

주식시장이나 모든 국가 경제가 이른바 글로벌 시대로 거듭나게 되어 있는 현대에서는 더더욱 돈이 조국을 모르게 된다는 것이다.

그런데 셸러는 그의 시, 시의 변호에서 이렇게 주장했다.

"증권은 조국을 모르기 때문에 부자는 더욱더 부유해지고 가난한 자는 더욱더 가난해졌다. 국가라는 배는 무질서와 압제의 스킬라와 카리브디스 암초 사이로 밀려간다."

그러나 나폴레옹은 한 나라의 진정한 재산은 땀흘려 일하는 부지런한 국민의 수에 있다고 했다.

그런가 하면 도산 안창호 선생의 말도 있다.

"그대는 나라를 사랑하는가? 그렇다면 먼저 건전한 인격인이 되어라. 백성의 질고를 어여삐 보거든 먼저 의사가 되라. 의사까지는 못 되더라도 그대의 병부터 고쳐서 건전한 사람이 되라."

키케로는 이렇게 말했다.

"불멸의 희망이 없이는 아무도 조국을 위해 스스로 목숨을 바치지 않았을 것이다."

적어도 오늘날 우리 모두는 의무의 요구와 조국의 부름은 우리 모두에게 양심이 되어야 한다고 한 레타올의 주장이나, 고심한 인간에게는 온 세상이 그의 조국이다라고 말한 데모크리투스의 말과, 영국이 앞으로 어떻게 되든 그의 모든 결정에도 불구하고 그는 여전히 나의 조국이다라고 주장한 그 유명한 처칠의 말도 되새겨볼 필요가 있다.

'IMF 시대의 증권은 조국을 모른다.'

사소한 일에만 마음을 쓰면 큰 성공을 거두기 어렵다

흔히 주식은 예술이라고 한다. 그것도 타이밍의 예술이라고 한다. 타이밍의 중요성은 주식투자에서만 강조되는 것은 아니지만, 주식투자에서의 타이밍이야말로 가장 소중한 것이라고 고레가와 긴조는 힘주어 말하고 있다.

그 값진 열매를 안겨줄 기회가 왔는데도 불구하고 투자자가 중심 없이 왔다갔다하고 단 몇 푼의 작은 이익에만 눈을 돌리면 결국 절호의 기회는 기회대로 놓치게 되고 생각대로 이익 실현을 못하는 꼴이 된다.

물론 사고 파는 것을 식은 죽 먹듯 했으나 수수료만 잔뜩 올려준 공헌자가 된 것은 틀림없다손치더라도 뒤돌아보면 매미나 배짱이 꼴이 되고 만 격일 것이다.

밥풀 튀김과자 한 소쿠리를 신나게 찍어본들 쇠꼬리 한 개만 하겠느냐는 식이 아니고 무엇인가?

즉, 귀중한 절호의 기회는 아낌없이 최선의 노력을 경주하여 줄기차게 활용하라는 것이다.

시간의 중요성에 대한 아름다운 얘기 하나 소개해 보자.

옛날에 자식 3형제를 끔찍하게 사랑하는 부유한 아버지가 있었다.

그 아버지는 언제나 자식들에게 물심양면으로 헌신적이어서 한 해의 마지막 날이 되면 아들들을 불러놓고 그들의 살아온 얘기와 고충을 들어가면서 지극한 부정을 표시해 왔다.

"내 사랑하는 아들들아, 요즘은 어떻게 지내느냐?"

"며칠 전 제가 사는 집에 도둑이 들어 금고 안에 있던 돈을 몽땅 가져가 버렸습니다."

맏아들이 우울한 표정으로 말했다.

"얘야, 그까짓 일에 너무 상심할 것 없다. 내가 도둑맞은 돈을 모두 해 주겠다."

아버지는 흐뭇한 미소를 지으며 말하고 이번에는 둘째 아들을 쳐다봤다.

"저는 얼마 전 본의 아닌 오해 때문에 절친한 친구와 대판 싸우고 헤어졌습니다. 그후부터는 웬지 늘 외롭기만 합니다."

아버지는 이렇게 말했다.

"아들아, 세상을 살아가다 보면 그럴 수도 있단다. 애비가 그 친구를 만나서 오해를 풀어주도록 하겠다."

그리고는 셋째 아들에게 물었다. 셋째 아들은 막내인데다, 특히 매사에 사려 깊은 성품이어서 아버지는 다른 두 아들에 비해 그를 더 사랑해 왔다.

"별다른 일은 없습니다만, 한 해 동안 무엇인가를 이루어 놓은 것이 없어 후회가 막급합니다. 먹고, 놀고, 즐기는 데만 시간을 다 허비하고 말았습니다."

이 말을 들은 아버지의 얼굴은 금세 침통하게 일그러졌다. 그는 깊은 한숨을 내쉬면서 막내아들의 손을 꼭 붙잡고 말했다.

"사랑하는 내 아들아. 너는 이 세상에서 무엇보다도 귀중한 것을 잃었구나. 네가 잃은 그 귀한 시간만큼은 이 애비도 어떻게 보상해 줄 수가 없단다. 억만금을 준들 사람이 스스로 값 없이 흘려보낸 시간을 어떻게 다시 찾을 수가 있겠느냐."

라고 하면서 눈시울을 적셨다는 얘기다.

'때가 왔는데도 사소한 일에만 마음을 쓰면, 큰 성공을 거두기 어렵다.'

무릇 주식투자로 성공을 하려는 사람들은

주식투자에만 깊이 빠져 혼연일체가 되어야 한다. 칸트는 일상생활이 시계같이 정확해서 그가 산책하는 것을 보고 이웃 사람들이 시계를 맞추었다고 한다. 주식투자자는 어느 날 깨닫고 보니 할 일은 많은데 이미 날은 저물어 버렸다는 도원에 처해선 안 된다. 그런 의미에서 체계적인 명인 투자자들의 교훈에 관해 얘기해 보겠다.

우선 인기주에 막연하게 투자하지 말아야 한다. 왜냐하면 일반인에게 인기 있는 주식으로 각광을 받게 될 때는 이미 그 주식의 가격은 성패가치 이상 절대 평가되고 있기 때문이다. 또한 일시적인 유행업종에는 투자하지 말아야 한다. 그리고 설립된 지 얼마 안 되는 벤처 비즈니스에는 투자하지 말아야 한다. 이미 알려져 있는 상장주에는 투자하지 말아야 한다. 그런 주식은 전성기를 지난 왕년의 참피언에 불과하기 때문이다.

쉽게 부도가 나지 않을 것이라는 생각만으로 대형우량 대중주에는 투자하지 말아야 한다. 현실을 날카롭게 직시해야 한다. 자기만의 감정이나 막연한 미래에 대한 기대감을 갖지 말아야 한다. 기업의 실패가치를 무시하고 과거의 차트 모양만으로 미래주가를 예측하려 해서는 안 된다.

부단한 창의력을 발휘하고 사물에 대한 유연한 발상과 독특한 시각을 가져야 한다. 주식을 매입하는 것은 그 회사의 일부를 사는 것이라고 생각해야 한다. 사전에 충분한 조사분석을 통해 매입 종목에 대해 잘 알고 있어야 한다. 어떤 주식의 종목과 매매 시점 포착에만 모든 시간을 바치고 끊임없이 노력해야 한다. 독자적으로 투자원칙을 설정하고 스스로 매매결정을 해야 한다.

시장이 인기가 없고 싸늘하게 냉각되었을 때 주식을 매입해야 한다. 투자가 잘못되었다고 판단될 땐 빠른 체념으로 과감한 절손매를 해야 한다. 한두 번의 실패엔 꿈에도 좌절해서는 안 된다. 투자에 관한 한 대중과 정반대의 고독한 길을 가면서도 언제나 평온한 마음을 가져야 된다. 인내력과 흔들리지 않는 강한 정신력이 있어야 한다. 확실한 근거 없이 투자해선 안 된다. 시세가 지나치게 강세시장이라면 한동안 물러나서 쉬어야 한다. 임기응변에 뛰어나야 한다. 무엇보다도 자기에게 적합한 투자전략을 세우고 이를 묵묵히 실행해 나가야 한다.

비 갠 뒤의 무지개는 아름답지만 오래 머물러 주지 않는다

주식시장은 참으로 변화무쌍한 곳이라고 할 수 있다.

그것은 수없는 투자자들을 대상으로 흥하고 망하고 슬퍼하고 즐거워하는 등 상황이 시시때때로 급하게 벌어지는 장소이기 때문이다.

그럼에도 불구하고 많은 투자자들은 어제도 오늘도 '황금알 낳는 거위 주식'을 찾아서 깊숙이 빠져들고 있다.

그런데 문제는 '천정 3일, 바닥 1백일'이라든지 '상승 석 달 하락 삼년'이란 격언과 같이 주식이 오르는 시기보다는 내리는 기간이 지루할 정도로 너무나 길다는 데 있다. 그렇기 때문에 주식투자자는 처음부터 정신적·육체적 강인성과 인내심을 선결 요건으로 들고 있는 것인지도 모른다.

그리고 철저하게 '고독'하라는 금언이 받아들여지고 있는 것도 사실이다.

인생의 성공자는 그 누구도 해내지 못했던 일들을 묵묵히 성취한 사람들인 것처럼 "가장 영리한 자가 되고 싶으면 지독하게 고

독하게 고독함을 참아 이겨내라"는 서양의 격언을 기억하라는 것이다.

'고독'을 소재로 하여 만들어진 증권 격언은 얼마든지 있다.

예를 들어 "동행 없는 소로로 가야 한다", "주식시장에서 황금거위를 잡는 사람은 잔인하도록 고독을 사랑하는 사람이다"라든지 뉴욕 월가에서는 "주식은 사람들이 팔 때 사고 사람들이 사러 들 때 팔아라(Buy when other sell, when other buy)"는 격언 등 수없이 많다.

그런가 하면 고레가와 긴조는 주식시장을 모든 사람들이 경탄해 마지않는 무지개에 비견하면서, 참으로 고독하게 남보다 훨씬 먼저 그 단명성에 중점을 두고 대응책을 속전속결을 수립해 나아가라는 것이다. 왜냐하면 주식이라는 것은 어느 날 빨, 주, 노, 초, 파, 남, 보, 7가지의 무지개 속에서 바라보게 되면 화려하고 높게 보이기 때문에 값이 매우 싸게 느껴지는 마성을 지니고 있기 때문이라는 것이다.

이때는 수많은 투자자들이 벌떼처럼 몰려들기 시작하고 각 매스컴 등에서는 연중 최고치의 기록경신 보도로 열을 올리게 되는 때라는 것이다.

결국 무지개색으로 포장된 주식시장에서는 만인이면 만인이 모두 강세라고 합창을 하게 된다는 것이다.

바로 이 때야말로 요주의 경종이 울려퍼지는 시기로서 그것은 그 동안 매집해 왔던 큰손과 기관들이 속으로 콧노래를 부르면서 손을 빼는 시기라는 것이다.

그래서 일본 격언에도 "만인이면 만인 모두가 주식시장을 무지개색 강세라고 하면 빨리 바보가 되어 팔아야 한다. 왜냐하면 무지개는 오래 머물러 주지 않기 때문이다"라고 일깨워 주고 있다.

'비 갠 뒤의 무지개는 아름답지만 오래 머물러 주지 않는다.'

주식투자자의 착각

인간은 누구나 제멋에 겨워 살아가는지도 모른다. 하긴 하찮은 굼벵이도 제멋에 겨워 뒹굴고 꿈틀대는지도 모른다.

누군가 "사람은 생각하는 동물이다"라고 말했다. 사람은 분명 생각하는 동물임에 틀림없다.

아마도 그렇기 때문에 만물의 영장이라는 소리를 듣는 것인지도 모른다.

주식투자자들에게 가장 중요한 것도 생각이다.

올바른 생각, 정확한 생각, 믿음을 가질 수 있는 생각, 긍정적이고 적극적인 생각, 합리적이면서도 과학적인 생각, 그리고 때로는 기회를 찾아야겠다는 생각과 그 기회를 잡아야겠다는 생각 등 여러 갈래의 생각이 줄을 잇고 있을 수 있다.

무엇보다도 오늘의 기회를 놓치지 않고 마음껏 활용해 보겠다는 생각과 후회 없는 인생을 살아야겠다는 생각, 그리고 보람과 긍지를 꽃피울 수 있는 값 있는 인생에 대한 생각 등이 있을 수 있다.

그런데 문제는 주식투자를 하는 사람들 중에는 주식투자 증후군에 멍들어 엉뚱한 착각 속에서 공상과 망상의 세계만을 넘나드는 사람이 있다는 것이다.

그는 주식시장이 신체상 또는 가정적·사회적, 환경상 전혀 맞지 않는 상태에 처음부터 주식시장에 발을 들여놓지 말았어야 하는데도 불구하고 이를 외면한 채 "나는 몇만 원씩, 아니면 몇 배씩 오르는 종목 하나만 잡게 되면 지금까지 날려버린 수천만 원, 아니면 수억 원을 되찾을 수 있다"는 착각 속에서 매일 침몰해 가고 있다.

소크라테스가 "쓰러져 가는 집은 자신 비참한 줄을 모른다"고 했듯이, 아마도 착각 속에서 매일을 공상과 망상 속의 주인공으로 사는 투자자들이야말로 결국 처참하게 종지부를 찍을 수밖에 없다는 우려감이 앞선다고 실토하지 않을 수 없다.

그런데 보다 큰 문제는 이들 대부분은 어느 정도의 기간을 두고 큰 돈을 잃었기 때문에 나름대로 주식을 좀 안다는 생각만은 틀림없이 지니고 있다는 것이다.

그런 사람들의 특징은 자기야말로 정신적·육체적으로 매우 건강하며 우수한 머리를 갖고 있기 때문에 훌륭한 주식투자의 명승부사가 될 수 있다고 착각하고 있다는 점이다.

결국 눈을 부릅뜨고 자신이 최고라면서 자칭 주식박사라고 주장한 이들에게는 "착각을 버리시오", "한탕주의식 욕심의 환상에서 벗어나십시오"라고 할 수도 없다는 데 문제가 있다.

'생각은 자유지만 착각에 빠지지 마라.'

소문 없이 달리는 주가

마빈 민스키는 '인간은 생각하는 기계다'라고 주장했다. 이 말이야말로 우리에게 깊은 성찰을 하도록 일깨워 주는 격언이다.

왜냐하면 주가는 흔히 루머, 즉 소문에 뛰어오르고 뉴스에 떨어진다는 것을 명심해야 하기 때문이다. 그러나 그보다는 전혀 소문이 없는 가운데서 일어나는 주가의 변동이야말로 천국과 지옥행의 갈림길을 동시에 잡고 있다고 그랜빌은 주장한다.

따라서 소문을 등에 업고 움직여서는 안 된다.

실전에서 보더라도 일반적으로 널리 예측된 상승세는, 아무것도 알려지지 않은 채 진행 중인 어떤 주가의 상승세만큼 절대로 강세가 오래 지속되지는 않는다. 이와 반대의 경우도 역시 마찬가지이다. 어떤 주식도 널리 알려진 하락세, 또는 알려지지 않고 하락하는 하락세만큼 강세는 아니다.

우리 나라 증시의 경우 지난 1994년 11월 종합주가지수 1,147.7 5 포인트대에서 어떤 구체적 악재 뉴스가 없는 가운데 860대까지 폭락했던 것은 그 좋은 예이다.

그 당시 우리 나라의 모든 TV, 신문, 라디오 등의 매스컴에서는 그 해 12월 말 종합주가지수가 1,200포인트에서 1,300포인트까지 갈 것이라는 핑크빛 보도를 일제히 톱뉴스로 실었다.

물론 내 칼럼에서만은 예외적으로 대중 심리의 함정을 극복하라고 제안해 훗날 많은 사람들로부터 적극적인 지지를 얻었던 사실도 기억할 줄 믿는다.

그러므로 언제나 신문 등 각종 언론 매체의 요란한 호재 뉴스가 터져 나오면 일단 모든 주식을 팔라는 충고로 받아들여야 함을 명심해야 한다.

결국 어떤 주식의 시세가 급등하고 있지만 많은 대중 투자자들이 그 이유를 모르고 있을 때, 또는 왜 그 주식의 값이 뛰어오르고 있는지 의심하고 있을 때가 그 주식에 대한 절호의 매입신호가 된다. 그러나 신문이나 TV, 라디오 등 모든 매스컴에서 연일 악재를 보도하고 대다수의 투자자들이 겁에 질려 보유주식을 모두 팔 때가 바로 그 주식의 매입적기임에 틀림없다.

왜냐하면 주식은 완전바닥 상태에서는 일반인들이 아무리 발버둥쳐도 그들이 원하는 만큼의 물량이 잡히지 않기 때문이다. 결국 어떤 주식이나 증권시장 전체가 내려가고 있으나 그 이유가 불분명할 때는 머뭇거리지 말고 즉시 그 주식을 팔고, 쉬면서 치밀한 작전으로 살펴야 한다.

물론 뉴스가 좋아지고 시장에 대한 불신이 신뢰로 바뀌게 되면 그 상승세는 언제나 단명한다는 점도 기억해야 한다.

'소문 없이 달리는 주가는 백마의 기수다.'

시작의 오류와 주식의 포로

'시작의 잘못으로 주식의 포로가 되지 마라.'

이는 서양의 격언이다

많은 투자자들은 시작이 반이라든지 첫 단추를 잘 꾀어야 된다는 등의 심오한 인생 철학을 너무나 쉽게 무시해 버린다고 스미스는 말한다.

시작이 좋아야 끝도 좋다는 얘기이다.

주식투자에서의 시작이 좋으려면 어떻게 해야 할까?

주식투자에서는 무엇보다도 주식투자에 가장 적합한 기초 격언 등 투자 지식의 숙지는 물론, 적어도 기술적 분석능력과 정보분석능력 등을 어느 정도 갖추고, 아울러 항상 자유로운 '분석적 마인드'가 가능해야 한다.

지금까지 적당히 살아왔던 저속한 인생 방식에서 과감하게 탈피하여 참으로 위대한 증권 왕도를 걷는 제일인자로 변모시킬 필요가 있다.

적어도 자신은 언제나 증권 왕좌에 앉을 수 있다는 자신감 있는 투자자세로서의 인식의 전환이 절대 필요하다는 뜻이다.

꼭 나만이 돈을 벌어야 한다든지, 아니면 '나만은 이번에도 반드시 돈을 벌겠다라'는 지나친 욕심을 버려야 한다.

그저 때를 기다리면서 여유 있게 주식투자를 하겠다거나 어떤 주식의 거래량과 내재가치와 미래가치 등을 세심히 관찰함으로써 착실하게 투자해 나간다면 적어도 치명적인 손절매는 하지 않을 수 있다는 생각이야말로 주식시장에서 주식의 프로가 되는 지름길이다.

일단 주식시장에 발을 들여놓으면 평소보다 몇 십 배 집중력을 길러 그 속에서 주식과 자기와의 훈훈하고 다정다감한 친근감을 느낄 수 있도록 해야 한다.

즉, 뜻이 있는 곳에 길이 있다고 했다. 아무렇게나 남이 좋다는 주식에 투자하는 '되는 대로 투자하는 식'보다는 아주 기본적인 분석일망정 열심히 추구하는 투자자 쪽에 항상 승산이 있다는 점을 기억해야 한다.

만일 이 점을 무시한다면 스티븐의 주장처럼 가장 비참한 주식시장의 포로 인생을 살다가 가장 참혹한 종말을 맞게 될 지도 모른다.

포로 인생이 되면 그가 사는 주식의 값은 영락없이 떨어지게 되고 그가 팔면 다시 올라 절규하게 된다.

주식시장을 떠나기만 하면 주식 포로에서 해방이 될 텐데라는 생각은 간절하면서도 막상 떠나려고 하면 알량한 본전 생각이라는 굵은 쇠사슬이 발목을 꽉 잡고 있기 때문에 기진맥진할 때까지 노예로서 끝마감을 하고 마는 것이다.

이는 마치 싫어도 어쩔 수 없이 들어야 하는 청중과도 유사해서,

매일 어쩔 수 없이 주식시장에서 가장 잔혹한 포로 생활을 영위해야 하는 운명의 길을 걷게 된다.

'시작의 잘못으로 주식의 포로가 되지 마라.'

안일한 환상의 껍질은 과감하게 벗겨라

주식투자를 하다 보면 자신도 모르게 모든 주식들이 오직 자기 한 사람만을 위해 존재하는 것 같은 착각 속에 젖어버리는 경우가 많다고 한다.

해방 직후는 정미소를 경영하는 사람들을 시골의 부자라고 일컬었다. 이들은 희고 긴 시계줄을 늘인 채 각 지방행사에는 반드시 초청되는 지방유지였다고 한다.

그러나 그 중에서도 몇몇 거들먹거리는 동네 방앗간 정미소는 거의 대부분 거덜나기가 일쑤였다고 한다. 왜냐하면 방앗간집 식구들 모두가 함정에 빠졌기 때문이다.

그들은 자기 집이 갑부라는 착각에 사로잡하게 되었다는 이야기이다. 다시 말해서 가을 추수가 지나면 자기네 곳간엔 어느새 더이상 쌓아놓을 수 없을 정도로 볏가마도 쌓이게 되는데, 바로 그 때 그 모두가 내 것 같은, 우리 집 곡식 같은 혼돈 속에 빠지게 된다는 것이다.

실상 알고 보면 한두 달 내에 쌀로 찧어 즉시 주인들에게 모두

돌려줘야 하는 것인데도 말이다.

결국 자신들의 주제를 파악하지 못한 채 허세와 낭비벽이 모든 식구들을 물들게 하고 주인양반은 뱃심좋게 화투장으로 한겨울을 보낸다. 그러다가 마지막에는 안량한 재산마저 봄볕에 녹아 버리는 눈마냥 없어지고 어느 날 갑자기 주인마저 바뀌는 경우가 허다했다고 한다.

주식시장에 나가는 많은 투자자들도 엉뚱한 생각으로 안일하게 환상에 사로잡혀 쉽게 사고 가볍게 팔며, 겁 없이 신용을 쓰면 막판에는 궁지에 몰리게 될 것이다.

수많은 투자자들이 확실한 자기 나름대로의 대안도 없고 정확한 목표의식도 없이 무조건 나도 한 종목만 잘 사면 몇 배 혹은 몇십 배의 이익을 남길 수 있게 되고 그렇게 되면 그 동안의 모든 손해도 다 만회할 수 있다는 막연한 생각을 갖는다는 것이다.

물론 주식투자의 참맛은 황금알을 낳는 주식을 찾아내서 투자하는 데 있다. 그러나 노력 없이는 성공도 없듯이 안일한 환상의 껍질만을 뒤집어쓰고 시간 가는 줄 모르고 돈 줄어드는 줄도 모르는 채 날마다 마구잡이 매매를 일삼는다면 분명 후회할 일만 쌓이게 된다.

'안일한 환상의 껍질을 과감하게 벗겨라.'

성공할 기업을 찾아라

성공할 기업을 찾기 위해서는 우선 시야를 보다 넓히고, 깊게 파고드는 성실함을 길러야 한다.

언젠가 내한한 캐나다의 카레이서 등 외국 자동차 전문가 10여명이 한국 사람들의 운전 습관을 직접 조사한 후 충고를 아끼지 않았다는 보도를 읽은 적이 있다.

그들은 제일 먼저 운전자들의 시야가 너무 좁다는 점을 지적했다고 한다. 그것도 그럴 것이 항상 교통정체 속에서 운전하다 보니 앞 차의 꽁무니만 쳐다보게 되어 시야가 좁을 수밖에 없다는 것이다.

일반도로에서는 앞에 있는 차 두 대, 좌·우의 각 1대, 뒤에 오는 차 1대 등 적어도 모두 5대의 차량을 의식하면서 운전해야 한다고 한다. 또한 고속도로에서는 자신의 차가 10초 후에 도달할 지점을 주시하는 등 시야를 더 넓게 가져야 한다고 지적했다고 한다.

주식투자자들도 이와 마찬가지이다.

아무 종목이나 움직이는 것만 뛰어 다니며 잡다 보면 길게 볼 수도 없음은 물론, 시야는 완전히 가려지게 된다.

좋은 예로 많은 증권사 직원들이 장타 종목을 개방하는 이유 가운데 하나가 약정이다 뭐다 해서 너무 단기투자에만 눈이 어두운 탓이라고들 한다.

이제 본론으로 돌아가서 크게 성공할 기업은 무엇을 기준으로 찾아낼 수 있는지 살펴보자.

문득 적절한 사례가 생각나 소개해 볼까 한다.

이는 주로 한국상공회의소에서 펴낸 '한국기업의 성공과 실패'라는 연구보고서에 따른 것으로, 지난 10년간 우리 나라 기업 가운데 성공한 기업 199개사와 실패한 기업 95개사의 사례분석을 위주로 한 것임을 밝혀 둔다.

이들 중 10가지의 성공 요인만을 살펴본다면 인재제일주의에 기초한 우수인력의 양성, 연구개발 투자를 통한 최첨단 핵심 기술의 토착화, 정부의 지원확보를 위한 정부시책에의 적극적 부응, 노사화합과 신뢰관계 개선·형성, 전문경영자 활용을 통한 책임경영제 구축, 시류를 읽는 최고 경영자의 사업예측 능력·지속적인 신제품 개발능력, 인화단결을 강조하는 공동체적 기업문화, 사업다각화 전략추구, 내수시장의 한계점을 극복하기 위한 해외시장 개척을 들고 있다.

참고로 10대 실패 요인은 과시욕에 따른 무리한 사업확장, 방만한 자금관리, 최고 경영자의 사업경험 부족, 족벌경영의 심화, 경영환경 변화에 대한 대응 부족, 개술개발노력 부족, 경영자의 비윤리성, 정부와의 관계약화, 베타적이고 불분명한 유통망 관리 등을 꼽을 수 있다.

이것을 통해 크게 성장한 기업과 도산한 기업의 차이점을 느낄 수 있었을 것이므로, 유망기업 발굴의 척도로 삼는 것도 좋을 것이다.

'앞으로 크게 성공할 기업을 찾아라.'

어수선한 객장과 주식투자자

"증권회사의 가치기준은 인간의 혈관과 같다. 만일 정확한 질서가 없다면 그것은 오직 불필요한 시간과 돈의 낭비, 혹은 손실의 홍수 속에 휩쓸려 사라질 수전노일 뿐이다."
라고 맥스 드리프리는 말했다.

이 말은 D. H. 하나의 말과도 일맥상통한다.

"피돌기처럼 백혈구와 적혈구의 적정 배분에 따라 질서를 유지하면서 활기 있게 운영된다면 모든 고객에게 지상 낙원이 될 수 있다."

보다 쉽게 풀이한다면 증권사의 직원이나 객장에 드나드는 고객들의 수준이 되도록 높은 곳을 찾아야 된다는 것이다.

편안하고 여유 있는 고상한 분위기까지는 아니더라도, 적어도 누구나 집중력이 흐트러지지 않을 정도의 부드러운 투자 분위기만은 유지되어야 한다는 것이다.

여기저기서 큰 소리로 마구 떠들어댄다거나 2, 3일마다 한 차례씩 고객과 직원들 간에 분쟁이 일어나는 어수선한 분위기의 객장은 피하라는 것이다.

사사건건 남의 일에 참견하는 몰상식하고 못된 습관을 갖고 있는 시끄러운 고객이 있는 객장도 피해야 한다.

주식투자는 시장처럼 어수선한 분위기에서는 올바른 판단과 그에 따른 결론을 행동으로 정확하게 옮기기가 어렵기 때문이다.

그래서 D. H. 하니는 이렇게 역설했다.

"증권회사의 질서가 깨져 있다면 선량한 고객은 가장 무서운 손실의 폭력에 시달리게 될 것이 분명하다."

만일 무질서하고, 몰상식한 상주 고객들이 판치고, 무책임한 증권사 직원들로 인한 분쟁이 자주 발생하는, 한마디로 엉망진창의 투자 분위기를 방치하는 증권사 객장이 있다면, 그것은 '철없는 어른들'의 무책임한 성욕의 재물로 전락된 10대 소녀들을 상품으로 삼고 있는 악덕 포주들과도 다를 게 없다고 극단적인 표현을 하는 전문평론가도 있다.

결론적으로 언제나 즐겁고 편안한 마음으로 명석한 두뇌 활용과 더불어 집중할 수 있는 분위기를 찾아야 한다는 것이다.

'어수선한 객장은 피하라.'

월 스트리트의 증권 리포트 가치

증권 리포트는 날이 가면 갈수록 그 가치가 세계적으로 확산되고 있다.

얼마 전까지만 해도 일본 증권사에서 기업연구조사 분야는 한직 중의 한직이었다. 그것은 일선 영업직에서 제대로 실적을 올리지 못한 무능력한 사람들을 쓸어넣는 퇴직 대기 발령소 같은 곳이었다.

물론 명목상으로는 순환보직이라고 한다.

그런데 요즈음은 사정이 변하고 있다.

투자자들로 하여금 주식을 사도록 끌어들이는 일차적인 가장 강력한 도구가 해당 기업에 대한 리포트라는 인식이 확산되고 있기 때문이다.

육하원칙에 따라 성실하게 잘 쓰여진 리포트 한 장이야말로 유능한 영업 직원의 백 마디 권유보다도 훨씬 신뢰감이 있다는 것이다.

우리가 자주 접하게 되는 메린린치 증권의 반도체 보고서처럼 저명한 분석가들이 만들어 낸 리포트의 영향력은 상상을 초월한다. 그야말로 메가톤급 위력을 발휘한다.

특별히 꼬집고 넘어가야 할 것이 있다면, 일본 증시에는 어떤 기업에 대한 리포트가 나올 때마다 6000여 명의 신규 증권투자자가 유입된다는 비공식적인 통계가 있다.

이와 같이 연구조사 분야가 전문직으로 자리를 잡아가면서 분석자료의 옥석을 가려내는 작업도 활발하다.

일본의 경우 일본경제신문사는 매년 한 번씩 증권업계 분석가들의 순위를 매기고 있다.

심사위원들은 분석가들의 자료를 토대로 투자에 임하고 있는 펀드 매니저들이다. 업종별로 나눠서 평가 점수를 매긴 후 상위 30위에 해당하는 유능한 분석가들의 명단을 공개한다.

두말할 것도 없이 이때 선정된 분석가들의 자료에는 권위가 실리게 마련이다.

물론 미국에서도 순위를 매긴다.

미국의 인스티튜셔널, 인베스터라는 잡지사에서는 매년 12월 정성분석가(analyst) 순위를 매겨 게재한다.

일반적으로 분석가들을 차별화시키고, 분석자료가 부실한 분석가들을 자극하겠다는 의도가 역력하다.

물론 미국이나 일본처럼 기업공시제도와 기업정보의 공개가 정착된 나라에서는 분석자료를 차별화시키는 것은 사실상 쉽지 않다.

그런데 미국과 일본에는 차이가 있다.

그것은 분석가에 대한 대우이다. 미국에서는 상위 랭커로 선정되면 다음 해 연봉 결정에 있어서 상당히 유리한 입장에 놓이게 된다.

예컨대 극소수의 베테랑은 몇 백만 달러의 연봉을 보장받는다. 그러나 불행하게도 일본의 분석가들은 아직까지 보수에 있어서 큰 혜택을 받지 못하고 있다. 종신고용제의 영향력이 막강하기 때문이다.

이동 평균선과 투자전략

이동 평균선은 일일변동과 같이 조작이 가능한 비정상적인 변동을 제기하여 전체적인 흐름을 객관적으로 관찰할 수 있도록 한 투자지표이다.

따라서 그 종류를 주가이동 평균선과 거래량이동 평균선으로 나누어 볼 수 있다.

주가이동 평균선에 의한 주가예측은 이동 평균선 자체의 추이와 이동 평균선과 실제 주가와의 이 격도를 중심으로 이루어지게 된다.

그렇기 때문에 추세선에 의한 분석과 병행, 보완함으로써 더욱 의미 있는 분석이 될 수 있다. 추세선은 시세가 상당 기간 일정한 방향으로 진행되지 않으면 설정하기가 어렵다.

그러나 일단 추세선을 형성한 주가의 새로운 방향으로 상당 기간 진행되지 않으면 새로운 추세를 설정함으로써 기존 추세선의 파괴를 확인하기가 곤란하여 투자시점 포착이 늦어질 수밖에 없는 단점을 갖고 있다.

이에 비해 이동 평균선은 추세선과 거의 같은 기능을 갖고 있으면서도 추세의 전환을 빨리 알게 해 줌으로써 시세의 변화에 발빠르게 대응하는 것을 가능하게 해 준다.

분석대상 기간에 따라 장기와 중기 및 단기로 나누어진다.

장기투자를 위한 장기이동 평균선에는 150일~200일 이동평균선을, 중기투자를 위한 중기이동 평균선에는 50일~75일 또는 100일 이동 평균선을 사용한다.

물론 단기투자를 목적으로 한 단기이동 평균선에는 6일이나 12일, 25일 이동 평균선을 주로 사용한다.

따라서 이동 평균선에 의한 투자는, 보통 이동 평균선과 기간별로 상이한 이동 평균선상에 나타나는 경험적인 규칙의 활용을 중요한 근간으로 이루어지게 된다.

이러한 경험적인 규칙으로 살펴본다면, 강세장에서는 통상적으로 주가가 이동 평균선 위에서 파동운동을 하면서 상승하므로 이동 평균선 위에서 다시 반동할 때에는 매입시기이다.

반대로 요즘과 같은 약세장에서는 통상적으로 주가가 이동 평균선 아래에서 파동운동을 하면서 하락한다.

그렇기 때문에 이동 평균선 아래에서 하락하던 주가가 이동 평균선을 향해 오르다가 이동 평균선 아래에서 다시 반락할 때에는 매도시기가 된다.

주가가 이동 평균선을 상행 돌파하였지만 이동 평균선이 계속 하락하고 주가도 반락하고 있다면 하락세가 계속되는 것으로 보아야 한다.

개미군단의 욕심과 큰손의 미소

이는 일반 주식투자자들이 가장 비참하게 생각할 수 있는 최상의 증시상황에서 자주 쓰이는 격언으로 알려져 있다.

다시 말하면 최악의 증시상황이 되어 주가가 단기이든 장기이든 간에 크게 빠지게 되면 가장 크게 손해볼 확률이 많은 사람들은 신용 투자자들이다.

40%의 증거금만 있으면 신용계좌로 손쉽게 1억 원어치의 주식을 살 수 있다는 유혹 때문에 겁 없이 신용으로 왕창 주식을 샀다가 해당 주식의 값이 크게 떨어졌는데도 불구하고 팔아야 할 시기를 놓치고 변고를 당하는 경우를 일컫는 말이다.

이런 경우는 여러 가지가 있을 수 있으나 우선 신용 만기가 됐으나 현금으로 빌린 금액을 입금시키지 못했을 때와, 주가가 급락하고 장 내·내외 최악의 증시상황으로 기일 전에 신용 공여비를 130%가 넘지 못하고 그 이하로 떨어졌을 경우, 60%에 해당하는 증권사에서 빌린 돈을 입금시키지 못했을 때로 크게 나눌 수 있다.

둘다 증권사에서 인정사정 볼 것 없이 반대매매로 처리한다는 철칙을 고수하고 있는 것은 두말할 나위도 없다.

그렇다면 처음부터 신용을 쓰지 않거나 신용을 썼더라도 싹수가 노란 주식이라고 생각하면 곧바로 팔아치우면 되지 않겠느냐고 반문하는 사람도 있을 것이다.

그렇게만 된다면 처음부터 문제는 없다.

그러나 그렇지 못한 것이 현실이다. 언젠가 칼럼을 통해서 많은 일반 투자자들에게 신용은 독극물과 같을 수도 있으니 항상 무섭게 여기고 경계해야 된다고 말한 바 있다. 활황 장세에서 깡통 계좌가 만들어진다고 충고했다.

그런데 땅을 치고 통곡할 노릇은, 종합주가지수가 활발하게 올랐다가 크게 떨어지면 언제나 통그러지는 것이 바로 엄청나게 많은 일반 투자자들의 욕심보따리와 신용물이라는 것이다.

그것도 2조 몇천억 대 혹은 3조 원대 등으로 마치 엄청난 공룡을 세워놓은 것처럼 나타난다는 것이다.

큰손 등 증권전문 프로들은 이들의 신용이 시장으로 어느 정도 털릴 때까지 기다렸다가, 신용만기 등의 물량이 마구 쏟아지면서 악재에 휩쓸다 못해 몇 푼이라도 건지고 보자는 공포심에서 신용투자자들의 투매가 홍수를 이루게 되면 그때부터 회심의 미소를 지으며 가마니로 돈 챙길 채비를 본격적으로 한다는 데서 나타난 말로 알려져 있다.

'일반투자자들의 거대한 욕심보따리가 찢어지게 되면 큰손들은 웃는다.'

종소리처럼 맑고 투명한 투자

'종소리처럼 맑고 투명하게 투자하라.'

이것은 J. 레이가 주장한 말이다.

미래가 현재의 연속선상에서 이루어지는 것이 분명하다면 명쾌한 슬기와 지혜를 바탕으로 더 높은 곳을 향해 자신 있는 행동을 확실하게 하라는 것이다.

이것은 주식투자자에게는 절대적인 필요 요건이다.

이는 마치 프로야구 선수들이 홈런을 치기 위해서는 투수들이 볼카운트를 유리하게 하려고 심리적으로 초구에 스트라이크를 많이 던지는 경향을 감지하고 초구를 노려야 하는 것과도 다를 바 없다.

즉, 처음부터 명경지수의 경지 속에 티없이 맑고 고운 에밀레 종소리 같은 뇌파신경의 극치로움으로 첫 투자부터 승률 100%가 분명하다고 예상될 때에만 추호도 주저함이 없이 투자에 임하라는 것이다.

그것이야말로 자신과 주변의 가족들에게 언제나 아름다운 축제 분위기를 안겨줄 수 있는 단 하나의 연결고리가 될 수 있기 때문이다.

이에 대해 어떤 증권전문가는 그 결과는 그야말로 저 유명한 프랑스의 아비뇽 축제라든지 모차르트 음악이 주제로 되어 있는 오스트리아의 잘츠부르크 축제, 또는 스위스 바젤의 볼 축제, 브라질 상파울로의 삼바 축제, 독일 뮌헨의 10월 맥주축제 등 감히 비견될 수 없는 축제 분위기가 만들어진다고 확언하고 있다.

다시 말하면 녹슬고 찌그러진 깡통 같은 머리속 판단으로 시계추처럼 왔다갔다하는 좌불안석의 투자에는 주식은 언제나 원수로만 맞게 될 게 분명하다는 것이다.

따라서 주식시장에 첫발을 들여놓을 때나 최후의 돈가방을 크게 챙기고 주식시장을 떠날 때 적어도 분위기 있게 사랑하는 사람들과 축배라도 멋지게 들 수 있도록 평소에 부단히 갈고 닦아서 그야말로 신의 기술에 가깝다고 할 수 있는 기법을 터득해야 한다.

허니문 투어나 세상과의 이별여행은 최고급 차종으로 하자는 말까지 나오는 세상이다.

모 패션의류업체에서는 자기 상점에서 웨딩드레스와 예복을 구입한 고객에게는 3억 4000만 원짜리 롤스로이스 오픈카로 예식장에서 공항까지 서비스한다고 한다.

그리고 미국 등 서양에서는 캐딜락 장의차 서비스업이 성업을 이루고 있다고 한다. 물론 이는 선택된 소수인에게만 적용되는 이야기이지만.

만일 주식투자자들이 위의 격언을 명심하고 확신에 찬 머니게임을 하게 된다면 이 정도야 하나도 부러워할 게 없다.

그렇게만 할 수 있다면 우리의 미래는 너무나 찬란할 게 분명하기 때문이다.

'종소리처럼 맑고 분명하게 투자하라.'

주가교란과 일반투자자

미국에서는 호신용 휴대경보기, 치한퇴치용 스프레이, 전자충격기와 같은 신변 안전용품의 수요가 90년대에 들어 크게 늘고 있다.

이들 호신용품이 늘어나고 있는 것은 미국의 대도시가 더 이상 안전지대가 아니기 때문이다.

미국 경찰당국의 통계에 따르면 12초마다 강도 등 강력사건이 일어나고, 1시간마다 360명이 피해를 입고 있다고 한다.

이같은 통계는 정도의 차이는 있지만 미국뿐만 아니라 우리 나라 등 세계의 모든 도시들이 공통적으로 안고 있는 사회문제의 단면을 극명하게 보여 주고 있다.

우리 주식시장도 새로운 변화의 물결 속에서 느닷없이 엄청난 소용돌이가 일기 시작했다.

절대적인 호신용 대용 기법이 중요하다.

다시 말해서 외국의 핫머니(hot money) 등의 투자기법은 잔잔한 한국 증권 호반에 거대한 바위산을 던져 놓은 것과 같은 영향력을 발휘하기 때문이다.

단적인 예를 들어 언젠가 후장 마감 10분 전까지만 해도 종합주가지수가 전날보다 6포인트 떨어진데 반해 장마감 후의 종합주가지수는 아무도 예상할 수 없었던 15.3포인트나 대폭락했다.

왜냐하면 미국계 모건 스텐리가 대형우량주 120만 주를 하한가로 팔자는 주문을 후장 마감시간에 기습적으로 내놓았기 때문이다.

둘째 주 목요일로 선물거래 경제일이었던 이 날 주가 움직임은, 우리 증시에서도 선물거래 등 파생상품거래가 주가 교란요인으로 작용할 수 있는 가능성이 크다는 것을 말해 줌으로써 특별히 주목해야 할 필요성이 있다.

모건 스텐리측의 대량 매도 행위는 선물거래 등 여러 가지 자체 조건 충족에서 비롯됐을 것이다.

우리가 새롭게 명심해야 할 것은 우리 나라 주식시장도 외국의 증권시장처럼 선물거래나 파생상품거래와 연계될 수밖에 없다는 사실이다.

선물시장의 주가 움직임에 따라 컴퓨터가 자동적으로 현물시장에서 매도 또는 매수 주문을 내는 유형의 프로그램 트레이딩이 일반화될 날도 결코 멀지 않았다고 봐야 한다.

그 과정에서 어쩌면 국내 일반 투자자나 증권회사 등이 예기치 못한 피해를 볼 가능성도 높다는 것에 경계를 게을리해선 안 된다. 물론 모건 스탠리 건은 자본시장과 금융의 선전기법을 익혀나가기까지 우리가 체험해야 할 여러 가지 일들을 예고하는 것에 불과하다. 그만큼 배우고 깨달아야 할 새로운 주식투자 기법이 많다는 것을 일깨워주는 단적인 예이다.

'주가교란이 가능한 새 기법을 경계하라.'

주식투자의 이론과 실전

모든 것이 그러하듯이 이론과 실전도 반드시 일치하는 것만은 아니다.

주식투자도 예외는 아니다.

일본 증권가의 대부 고레가와 긴조는 이렇게 말했다.

"무엇보다도 그 차이의 강도가 크며, 그 어떤 것보다도 난이도의 괴리성이 깊은 것이다."

그렇기 때문에 실전을 모르는 이론가나 이론을 모르고 덮어놓고 실전에 뛰어드는 사람은 똑같이 불행한 주식투자자임에 틀림없다. 이론만 내세우기보다는 실전의 변화무쌍한 성질을 잘 파악해야 한다. 아무리 선도세력과 시세형성의 원리를 잘 알고, 주도주와 급등주 발굴법 및 실전투자기법과 전략·전술 그리고 기술적 분석기법을 터득하고, 매매기술 및 신용투자 기법과 증권가 최고 명인들의 투자기법을 터득한 이론 전문가라 하더라도 주식투자 실전에서 백전백승한다는 보장은 없다. 왜냐하면 수익률 게임인 주식투자 실전에서는 이론에만 너무 얽매인 나머지 험악한 상황 등엔 적응해 나갈 수 없는 경우가 많기 때문이다. 따라서 순간순간의 리스크를 극복해 나가는 대처 능력은 오히려 어느 정도 기본이론을 익힌 백전노장들이 훨씬 많다.

어려운 고비마다 쓰러지지 않고 살아남았던 산 경험에서 얻어진 자기만의 생존철학을 갖고 있을 수 있기 때문이다.

그래서 과거부터 현재에 이르기까지 저명한 증권분석 이론가일수록 주식투자에는 항상 좋은 승률을 못 올리고 뒷전으로 물러나 앉아 있게 되는 것인지도 모른다.

또한 아주 가깝게는 증권사 객장 등에서 입으로만 박사 행세를 하는 사람들도 철저하게 경계해야 한다.

여기서 이론가에 대한 우화를 살펴보자.

어떤 철학자가 배를 타고 강을 건너게 됐다.

눈을 감고 사색에 잠겨 있던 철학자가 사공에게 물었다.

"여보, 사공! 철학이 뭔지 아시오?"

복중에 땀을 흘리며 노를 젓던 사공은 머리를 갸웃거리며 말했다.

"철학이라고요? 혹시 날벼락을 잘못 말한 게 아닙니까?"

"쯧쯧, 당신은 인생의 1/3은 헛살았군."

배는 물살을 헤치며 상류를 거슬러올라가고 있었다.

"그러면 문학이 뭔지 아시오."

"문학이요? 그것은 어디에 쓰는 물건입니까?"

철학가는 한심하다는 듯 다시 혀를 찼다.

"당신은 인생의 2/3를 헛살았소 그려."

비웃음을 당한 뱃사공은 화가 잔뜩 났지만 어쩔 도리가 없는지라 계속 노만 젓고 있었다. 이번엔 사공이 물었다.

"철학자님 그렇다면 철학자님께서는 헤엄칠 줄 아십니까?"

철학자는 파랗게 질린 얼굴로 고개를 가로저었다.

그 모습을 본 뱃사공은 껄껄 웃으며 말했다.

"허어! 그러면 당신은 인생의 전부를 헛살았습니다."

우리에게 중요한 것은 말이 아니라 행동이다.

'주식투자는 이론이 아니고 실전이다.'

주식투자자의 마음 자세

"주식투자야말로 더불어 사는 지혜의 보고임을 기억하고 욕심을 버리고 자비로운 마음과 사랑을 베푸는 마음가짐으로 임해야 되는 마음의 예술이요 사랑의 기술이다."

존 템물턴은 주식투자자의 마음 자세를 이렇게 표현했다.

어떤 사람들은 이를 두고 자식들에 대한 어머니의 마음과 같은 경지가 아니겠느냐고 반문하기도 한다. 왜냐하면 어머니의 마음이야말로 자비와 사랑으로 가득하기 때문일 것이다.

바다보다 깊고, 하늘보다 높고, 태양보다 뜨거운 어머니의 마음에 얽힌 이야기가 있다.

늙고 병든 사람을 산 채로 구덩이에 묻는 풍습이 있었던 시절에 한 어머니와 아들이 살고 있었다.

아들은 늙은 어머니를 고려장시키기로 마음먹고, 어머니를 등에 업고 깊은 산속으로 들어갔다.

그런데 늙은 어머니는 아들의 등에 업혀 가면서 계속 나뭇가지를 꺾어 길 위에 던지는 것이었다.

아들이 하도 이상해서 물었다.

“어머니, 왜 나뭇가지를 꺾어 길 위에 던지십니까?”

어머니는 수심 깊은 얼굴로 대답했다.

“산은 깊고, 날은 저물어 가는데 행여 네가 돌아가다가 길을 잃을까 봐 그런단다.”

주식투자는 바로 이 어머니의 마음과 같은 자비와 사랑의 마음이 생길 때에만 좋은 주식을 만나게 되고 그로 인해 만족한 기쁨을 만끽할 수가 있다.

부는 검소함에서 생기고, 덕은 겸양에서 생기며, 근심은 욕심에서 생기고, 화는 탐하는 마음에서 생기며, 허물은 경솔함에서 오고, 죄는 참지 못함에서 생긴다.

눈을 조심하여, 남의 그릇됨을 보지 말고 입을 조심하여 남의 결점을 말하지 말 것이며, 몸을 조심하여 나쁜 친구를 따르지 마라. 유익하지 않은 말은 실없이 하지 말고, 내게 상관없는 일은 부질없이 시비치 마라.

어른을 공경하고 아랫사람을 사랑으로 대하고 지혜로움과 어리석음을 밝게 분별하되 무지한 자를 너그러이 대하라. 남에게 대우를 받으려 하지 말고 먼저 남을 대우해 줘라. 대우 없음에 바라지 말고 일이 지나갔거든 생각지 마라.

남에게 손해를 끼치면 마침내 그것이 자기에게 돌아오고, 돈을 너무 따르면 돈의 노예가 되며 세력을 의지하면 도리어 재화가 따르고, 아껴쓰지 않으면 결국 집안이 망하느니라.

주식투자 성공의 4대 요소

일본의 고레가와 긴조는 주식투자 강의에서 이렇게 말했다.

"주식투자를 성공적으로 이끌기 위해서는 4가지 요소를 구비해야 된다."

그리고 덧붙여 4가지 요소란 '자금과 소질, 자세와 교양'이라고 일컬었다.

주식투자를 하려면 제일 먼저 자금이 필요하다. 그 자금에는 저축자금, 여유자금, 차입금, 유산상속자금, 복권 등의 횡재자금, 시한자금 등 여러 종류가 있을 수 있다. 그렇지만 주식투자로 성공을 거두려면 저축자금이나 사업의 여유자금이 아니면 안 된다.

왜냐하면 어떤 주식을 매입하여 예측이 다소 어긋난다고 하더라도 느긋하게 참고 기다려야 소기의 수익을 올릴 수 있기 때문이다. 만일 차입금을 투자한다면 이자 부담이나 기한 등 심리적 부담이 쌓여 소사한 등락에도 지나치게 당황하게 될 것이다. 그러므로 장기적인 판단을 내릴 수 없게 되기 때문에 더욱 경솔한 처리를 하게 되어 얻은 수익까지도 놓치게 되는 경우가 많다.

두 번째, 소질이 있어야 한다.

즉, 깊은 사고와 진중한 행동으로 장기적인 전망과 인내력을 갖고 불굴의 강인한 투지력이 있어야 한다는 것이다. 더욱 침착하고 냉정하여, 사고력이 풍부하고 의지력이 강하며 계획력을 갖추어야 한다.

세 번째, 주식투자를 성공적으로 하기 위해서는 자세가 중요하다.

심심한데 나도 한번 주식이나 사 볼까 하는 마음에서 시작하는 투자는 치명적일 수밖에 없다.

주식투자를 하는 모든 사람에게 물어봐도 하나같이 이득을 얻기 위해서 투자하는 것이라고 말한다. 그럼에도 불구하고 주식투자를 무슨 내기 장기나 두는 식으로 생각하고 덤벼들었다가는 낭패만을 거듭하게 될 것이다.

여러 가지 방법과 특이한 기법 등을 활용하여 다각적으로 조사·연구·분석·검토를 거듭하여 신중하게 임해도 이기기가 어려운 주식투자를 어설픈 자세로 임한다면 결코 성공하지 못한다.

그렇기 때문에 만일 주식투자를 사업 실패자의 피난처로 여긴다든가, 한가한 사람의 심심풀이 대상으로 알고 시작한다면 주식시장의 손해를 혼자서 몽땅 뒤집어 쓸 수도 있다.

마지막으로 교양을 쌓아야 한다.

주식투자자는 교양의 정도에 따라 여러 등급으로 나뉜다. 이를테면 풋내기 투자자, 초급투자자, 중급투자자, 상급투자자, 전문투자자들이 바로 그것이다.

아무리 훌륭한 소질이 있는 투자자라도 주식투자에 필요한 투자격언 등으로 확신에 찬 자질을 연마하는 일을 게을리해서는 안 된다. 그리고 투자대상 종목의 내용을 전제로 종목선택기술·시세관

측기술 등 여러 가지 조사와 연구를 거듭해서 단시일 내에 의연한 상급투자자로 발돋움하지 않으면 안 된다.

'주식투자로 성공하려면 반드시 4가지 요소를 확실하게 구비하라.'

주식투자와 목표

주식에 투자하는 사람들의 허점은 모두 막연하게 올해는 좀 벌어야 할 텐데 하는 식의 목표를 내세우는 수가 많다. 그것은 목표가 아니다. 그것이야말로 단돈 몇 백 원도 벌지 못한 채 한해를 그대로 훌쩍 보내게 되는 결과를 낳는다.

따라서 진정한 목표는 올해엔 적어도 40%의 수익을 올리자는 식으로 구체적이어야 한다. 좀더 구체적으로 말하자면 1/4분기엔 얼마, 2/4분기, 3/4분기엔 얼마, 그리고 연말정산 때까진 얼마라는 식으로 확실해야 된다.

구체적 목표는 주식투자에 '관리동기'를 부여하게 된다. 목표수익률을 계산하는 구체적 목표가 백분율이면 주식매매 때마다 그 수익률을 생각하며 여유 있게 매매관리를 하게 된다. 그것은 장자의 말처럼 사람은 누구나 자기의 지혜로 알 수 있는 것만을 존중한다는 어리석음에서 벗어나게 하는 동기가 된다.

마크 트웨인이 말한 건강을 지키는 유일한 방법에 따라 주식투자를 하게 만들기도 한다.

"먹고 싶지 않은 것은 먹고, 마시고 싶지 않은 것을 마시며, 하기 싫은 것을 하는 것이 건강을 지킬 수 있는 유일한 방법이다"라는 원리에 따라 주식투자의 멋지고 건강한 기법을 구사하게 된다는 의미이다.

아무리 어둡고 걱정되는 시황이라 해도 우리 속담에 '준치가 맛있는 것은 가시 때문이요', 서양 속담에 '장미가 아름다운 것은 가시 때문'이라는 속 깊은 의미를 이해하며 투자에 임해야 된다.

그것은 응분의 번거로움과 뼈아픈 고통이 수반된 각고의 과정을 겪은 다음에 얻어지는 결과에 인생의 낙이 깃들인다는 가르침을 명심하게 한다.

다시 말해서 월초에 목표를 설정하면, 시류로부터 한발 앞서 주식투자의 달인의 경지에 쉽게 도달할 수 있다.

그렇게 되기 위해서는 피터 린치의 말을 명심해야 한다.

"주식시장에서 가장 큰 호재는 주가가 많이 떨어졌다는 것이다."

따라서 요즘과 같이 온갖 악재들이 사면초가처럼 만연되어 있을 때, 즉 모든 사람들이 주식을 팔자고 내놓을 때면 뱃심좋게 매수할 수 있는 지혜와 담력을 갖게 된다. 이것은 알찬 목표를 실천하는 사람만의 특권일 수도 있다.

'주식투자엔 확실한 목표를 세워야 한다.'

주식투자자와 욕망

'주식투자자의 성공은 욕망만으로 성취되는 것이 아니다.'

이는 보다 남다른 피나는 노력과 과학적인 두뇌로 먼저 파고드는 주식투자자들만이 성공할 수 있다는 말이다.

물론 과학적이라는 말의 의미는 시대에 따라 변화되고 있다.

다시 말해서 데이비드 트러드먼의 주장처럼 종래의 과학이 분석·예측·통계에 초점을 맞췄다고 한다면, 현대과학은 혼돈과 복잡성에 더 큰 비중을 둔다.

따라서 주식투자자가 성공하기 위해 항상 지켜야 할 것은 주식투자로 성공해 보겠다는 욕망만을 내세운 채 "언젠가는 나도 성공하겠지"라는 막연한 기대감만으로 서성이지 말고 보다 적극적이고 긍정적인 자세로 현대과학적인 기반을 다진 후 구체적인 투자전략을 세워 차근차근 정진해 나가야 한다는 것이다.

주식투자로 성공하고 싶다면 욕망과 자신감 넘치는 끝없는 노력이 뒤따라야 한다.

무엇보다도 주식투자 분야에서 전문성을 확보함은 물론, 여기저기에 한눈 팔지 말고 오직 주식의 연구와 검토, 분석, 투자 등에만 매진하는 성실성이 요구된다.

그리고 주식투자를 위해 최선을 다하며 자신감과 용기를 잃지 말고 어떠한 실패의 난관 속에서도 쉽게 포기하거나 좌절해서는 안 된다.

'주식투자의 성공은 욕망만으로 성취되는 것이 아니다.'

주식투자의 안전벨트

얼마 전 보험개발원 산하 자동차기술연구소는 미국 고속도로 안전연구소의 〈자동차 안전기술〉이란 책자에서 손상차량의 보험금 청구실적을 기준으로 분석한 결과 5세 이하의 어린이가 안전장치를 착용하면 충돌사고로 인한 사망자 수를 40%나 줄일 수 있다고 밝혔다.

그리고 일반적으로 에어백이 장치된 경우에는 자동차 사고로 중경상을 입을 확률이 25% 이상 줄어들고 안전벨트 착용시에는 10~21%의 사망자 감소 효과가 있다고 밝혔다.

그런데 주식투자에서도 다음 몇 가지의 조건만 철저하게 지켜나간다면 80% 이상 성공투자의 안전벨트가 될 것이라고 오카미 하지메는 역설하고 있다.

① 욕심을 억제하고 투자과정 자체에 매력을 느낄 것.

② 강인한 인내력과 흔들리지 않는 강한 정신력을 보유하고 있을 것.

③ 타인의 의견에 너무 쉽게 좌우되지 말고 언제나 스스로 판단

하여 투자에 임할 것.

④ 충분한 지식을 쌓아 마음의 평안과 자신감을 가질 것.

⑤ 업종 및 종목선택에 사고의 유연함을 가질 것.

⑥ 자기의 잘못을 솔직하게 인정할 것.

⑦ 자신이 주식투자에 천재적인 소질이 있는가 없는가를 따져볼 것.

⑧ 지적인 성실성을 얼마나 유지하고 있는지도 늘 반성해 보라.

⑨ 인기주에는 손을 대지 말 것.

⑩ 일시적인 유행업종에는 투자하지 말 것.

⑪ 이미 알려져 있는 성장주에는 투자하지 말 것.

⑫ 시장이 인기가 없고 싸늘하게 냉각되었을 때 주식을 사들이는 여유를 가질 것.

⑬ 내재가치가 큰 우량주의 투매를 받는 영리함을 유지해야 된다는 것도 잊어서는 안 된다.

그리고 확실한 근거 없이 투자하지 말 것과 이익이 높은 회사가 좋다고 여겨지지만 기업정보 분석책자 등에 나타난 기업이익은 함정이 많으므로 재무제표 등의 수치를 보다 정밀하게 분석·검토하여 실상을 정확하게 파악해야 한다는 것이다.

그리고 현재 자산가치나 수익가치가 매우 낮은 종목이나 장래성장을 고려하여 저가인 확실한 종목만을 매입할 것과 시세가 지나치게 강세장이라면 잠시 물러나서 쉬어야 함을 명심해야 한다.

왜냐하면 시간이 어느 정도 지나면 반드시 약세시장이 돌아오기 때문이다.

무엇보다도 명인들의 매입종목과 매매기술을 현미경으로 꿰뚫어 보듯이 관찰할 것과 자기에게 적합한 투자전략을 세우고 한 가지

방법만을 실행할 것, 그리고 임기응변에 뛰어나도록 노력할 것을 강조했다. 이것들이야말로 주식투자의 안전장치이기 때문이라는 것이다.

'주식투자의 안전벨트를 항상 명심하라.'

주식투자의 정도

'주식투자의 정도를 걷는 사람에겐 그 어떤 위험한 생태변화도 예방된다.'

이는 웨겐이 주장하고 있는 것으로서, 올바른 주식투자의 길을 걷는 진정한 투자자들에겐 그 어떤 위험한 증후군도 예방될 수 있다는 말이다.

주식투자증후군 중에는 가볍게는 불면증에서부터 우울증은 물론 남자의 경우엔 정자 수의 격감과 성 불감증까지 가져오는 증후군 등100여 가지가 넘는 증후군이 있다.

그 중에서도 정신병적으로 염세비관자 동증과 생체적으로는 남성의 정자 격감증을 들 수 있다고 에드워드 브롬스톤은 주장하고 있다.

이는 모두가 주식의 정도를 걷지 않고 '멋대로의 투자', '아무렇게나 하는 주식투자', '나도 왕창 돈 한번 벌어보자식 투자', '얼마간 투자했으니까, 나도 한 번 해 본다식' 등의 위험하고도 무모한 투자로 연거푸 손해를 보는 가운데서 필연적으로 생성되는 증상이라고 한다.

최근 전 세계적으로 남성 관련학계는 물론 타임지, 뉴욕타임스 등 유수한 서방언론들마저 잇따라 특집기사를 게재하여 최대 이슈로 떠오르고 있다고 한다.

남성 정자수 격감에 관한 충격적인 연구결과는 최근 덴마크 코펜하겐 주립대학병원 내분비학 박사인 닐스 스카케벡 교수에 의해 제기됐다.

그는 21개국 15,000명을 대상으로 조사한 결과 1938년 정액 1cc당 평균 1억 1,000여 마리였던 정자 수가 90년대엔 6,600여 마리로 50여 년 사이에 절반 가량으로 줄어들었다는 사실을 발표했다.

이와 같은 급작스런 정자 수의 격감 원인은 환경오염물질의 체내 축적과 현대사회의 주요 병폐로 지적되고 있는 스트레스라고 풀이했다. 그것은 정자를 생성해 내는 고환이 스트레스에 가장 민감한 장기이기 때문이라고 지적했다.

그런데 문제는 주식투자자의 80%~90%가 스트레스에 시달리고 있음을 감안할 때 최근 주식투자 실패자 중 무모하게 달려들었다가 크게 실패한 40% 이상이 성적 기능을 제대로 발휘하지 못하고 있다는 H증권 경제연구소의 놀라운 통계가 보여 주듯이 주식투자는 정석투자로 착실하게 해나가야 한다.

종교계의 노벨상인 템플턴상의 창설자이며 저가 상장주 발굴의 명인 존 템플턴의 말도 한 번쯤 되새겨 보아야 할 것이다.

“참 인생의 진리를 알려면 정석으로 주식투자를 하라. 왜냐하면 그 속에는 신의 참모습 속의 인생이 들어 있기 때문이다.”

주식투자의 정도를 걷는 사람에게는 그 어떤 위험한 생태의 변화도 예방된다.

주식투자자의 여섯 가지 주의점

투자를 할 때는 최소한 알아두지 않으면 안 될 필요 불가결한 지식이 있다.

절대불패의 원칙 첫번째, 우리 나라 및 일본 증권거래에서 내세우고 있는 여섯 가지 사항을 살펴보겠다. 제일 먼저, 증권사 세일즈맨 권유에는 절대로 넘어가지 말라는 것이다.

특히 초보투자자일 경우에는 절대 귀를 기울여서는 안 된다.

증권사 세일즈맨은 손님에게 돈을 벌어 주기 위해서 일하는 직업이 아니고 자기 수입을 올리기 위해 일하는 것임을 기억하라.

두 번째, 주식투자 잡지나 경제신문 등에서 특히 두드러지게 눈에 띄는 종목에는 손을 대지 말라는 것이다.

대서특필하면 현혹되기 쉽지만 꾹 참아야 한다.

예쁜 장미에는 가시가 많고 화려할수록 그림자가 짙은 법이다. 따라서 두드러진 종목에는 무엇인가 사연이 있다고 간주하고 외면해야 한다.

세 번째, 그 주식의 현재 가격이 높은지 낮은지를 항상 확인하는 습관을 가지라.

봄, 가을로 나오는 상장사 기업분석 책자나 증권사 단말기를 이용해 고가 저가를 알아보면 된다.

물론 연도별, 분기별, 혹은 월별로 분석해야 한다.

프로들은 한참 오르는 주식도 싼값에 살 수 있다고 자신 있게 말한다. 초심자들은 어찌 됐든지 싼값에 사들일 수 있어야 한다.

네 번째, 분산투자를 하라.

증권사 세일즈맨들은 누구나 일반 고객으로 하여금 무조건 자금이 닿는 데까지 사게 하려고 애를 쓰는 경향이 있다. 왕창 사야 큰돈을 벌 수 있다고 선동을 한다. 그렇지만 주가는 그렇게 무모한 투자에는 반드시 반항한다. 그렇기 때문에 초심자가 처음부터 어떤 한 종목에 집중투자를 하는 경우 대개 실패하는 것이 보통이다.

한 종목이 100주씩이라도 부끄러워하지 말고 우선 적당하게 나누어 투자해 보면서 수련을 쌓아야 한다.

다섯 번째, 자기 나름대로의 투자는 삼가는 것이다.

주식에 관한 책을 몇 권 읽었다고 주식에 통달한 것 같은 기분이 되어서는 안 된다. 주식투자는 그렇게 쉽게 할 수 있는 것이 아니다.

잘못된 투자방식이나 케케묵은 죽은 논리가 들어 있을 수도 있는 투자 지침서에 따라 자기식 투자를 키우는 어리석음도 범해서는 안 된다.

여섯 번째, 완전히 이해되지 않더라도 자기 양식으로 납득하면서 매매하라는 것이다. 매매할 때마다 한 가지씩이라도 지식을 쌓아두면 적어도 6개월 내에 최소한의 필요한 매매지식을 터득하게 될 것이다.

증권투자자와 침묵

증권시장은 남녀노소 가릴 것 없이, 국적에 관계없이, 학력을 가리지 않고, 돈이 많고 적음에 관계없이 그저 돈만 조금 있으면 누구나 참여할 수 있는 인간사회에서 가장 편한 돈시장인지도 모른다. 그러면서도 이 세상에서 가장 말도 많고 탈도 많은 곳이 바로 증권시장이라는 데는 누구 하나 이의를 제기할 사람이 없을 줄로 믿는다.

그 중에서도 투자자에게 가장 절실히 필요한 말조심, 입조심에 관해 얘기해 보기로 하자.

일반 투자자들의 경우에는 어떤가?

"○○○씨 무슨 주식을 얼마에 샀어?" "얼마 남기고 팔았어?", "무슨 좋은 정보가 있으니 사래"라고 충고하는 친절한 사람도 있다. 그런가 하면 누군 무슨 주식을 사서 얼마나 밑지고 있다는 둥 누군 곗돈 탄 걸로 투자한다는 둥 아파트 입주자금으로 투자했다가 엄청나게 물려 이러지도 저러지도 못하고 있다는 둥 온통 고객 상호간의 약정에 관한 얘기로 입을 다물지 못하고 투자자들이 많다는 데 문제가 있다는 것이다.

침묵은 금이라고 했다.

주식투자자가 가장 절실하게 명심하고 지켜나가야 할 것은 첫째도 입, 둘째도 입이다. 절대로 나의 치부는 물론, 자랑도 나타내서는 안 된다. 더구나, 남의 일에 간섭하거나 약점을 들어 비방하는 일은 가장 어리석은 사람들만이 저지르는 잘못이다.

미국의 소프트웨어 개발업체인 인튜이트의 전 재무담당 부사장 윌리엄 레인은 최근 가족에게 회사의 주식합병 기밀을 흘렸다가 외부로 소문이 퍼져나가는 바람에 내부자 거래 혐의로 47만 2,000달러의 벌금을 물게 됐고 직장마저 물러나게 됐다고 한다.

증권투자자는 집에서도 입을 조심해야 된다는 예이기도 하다.

결국 증권투자자는 집에서나 밖에서나 항상 입을 꽉 다물고 무표정해야 하며, 단지 남을 만날 때만은 상냥한 눈빛을 잃지 말라는 충고도 있다.

주식시장은 오가는 말을 통하여 뇌동매매하게 됨은 물론, 남의 험담으로 허송세월을 보내다가 상대의 귀에 나의 험구가 들어가는 날이면 입씨름까지 하게 되고 끝내는 평소 좋기만 했던 의마저 멀어지게 된다.

따라서 항상 입조심, 말조심하여 항상 즐거운 주식투자자의 길을 걸을 수 있도록 다같이 노력해야 한다. 무언실행이야말로 주식투자의 정도이기 때문이다.

'증권투자는 항상 입이 무거워야 한다.'

늪에 빠지기 전에

21세기를 앞두고 전도 양양한 전망을 하던 수많은 투자자들의 얼굴 표정이 결코 밝지만은 않은 것 같다.

이제부터 오르는가 싶어 안도의 한숨을 쉬면 다음날 또 내리고, 이제는 더 이상 안 내리겠지 하고 막연하나마 기대를 해 보면 또 다시 크게 더 빨리 내리는 주식시장의 주가 심술로 수많은 투자자들의 어깨가 늘어질대로 축 늘어져 있다.

요즘 주식시장에는 악재가 만연한 가운데 때 아닌 주가 한파가 헤아릴 수 없는 각종 부작용의 어두운 그림자를 길게 드리우고 있는 듯하여 안타까움을 금할 수 없다.

합당한 예가 될지는 모르지만 현재 증시의 빈약성이야말로 아프리카 사하라 남쪽 최빈국의 삶처럼 자료면에서나 거래량 등에서 좀처럼 쉽게 개선될 기미가 보이지 않는, 말 그대로 시계불능 상태가 되어 있다.

선량한 주식투자자들의 오랜 소망이 무엇이겠는가? 명실공히 튼튼한 기업의 젖줄인 증권시장의 활성화인 것이다.

건전하고 상승추세를 강하게 지키고 쭉쭉 굳세게 뻗어 나아가는 증권시장에서 '자랑스러운 주식 투자자답게' 행동해 나갈 수 있는 소망스런 그런 장세는 상당 기간의 시련과 고통을 겪고 나서야 맞이할 수 있을 것 같다는 증권분석가들의 전망에 더욱 답답한 심정이 될 것이다.

그러나 여기서 우린 항상 먼저 깨달아야 함과 동시에 누구보다도 한 발 앞서 지혜로운 행동을 했어야 함을 되짚어 보아야 한다.

다시 말해서 누가 어떻게 해 주겠지라든지 정부 당국에서 부양책 등을 세워주겠지라는 막연한 기대만을 언덕 삼아 시장 굵은 쇠사슬에 얽매어 있다면 이는 웃지 못할 기막힌 상황이 아닐 수 없다.전후 독일의 아데나워 정부에서 오랫동안 경제장관으로 일하면서 라인강의 기적을 일궈낸 루드비치 에르하르트의 말처럼 정부 당국에만 기대하는 것은 남의 호주머니에 손을 집어넣는 것과 마찬가지라는 어처구니없는 잡념밖에 안 된다는 것을 명심해야 한다.

'침체의 늪에 빠지기 전에 도망쳐라.'

새로운 가치기준

앤드럴 피어슨은 이렇게 말했다.

"가치기준의 차이는 오늘날 직장 냉소주의와 회의를 불러일으키는 가장 큰 요소이다."

증권시장의 가치기준도 마찬가지여서 현실적인 가치기준이 엄청나게 흔들리고 있다.

각종 작전이 난무하고 여러 가지 미증유의 증권 비리가 심심찮게 일어나고 아무것도 아닌 하찮은 루머에도 쉽사리 폭락하는 이상기류가 일고 있는 것을 보면, 가치기준의 척도가 몸에 와닿지 않는 것도 당연하다고 식자들은 말한다.

바로 이런 것들이 문제이다.

더욱이 요즘 증권가에서는 심심풀이식 조작성 악성 루머가 괴질처럼 번지고 있다. 좀 오르는 주식들이 있다 싶으면 눈꼴사나워 쳐다보기조차 싫다는 식으로, 증권 당국에서 매매심리에 들어갔다느니 몇 십 개 이상의 급등종목을 내사하고 있다는 등의 공포탄으로 시장을 싸늘하게 만든다.

심술쟁이들의 짓꿎은 루머로 이제껏 잘 올라가던 주식들이 일제히 제한폭까지 곤두박질치는 우리 주식시장의 현실을 개탄해 마지않은 식자들도 있다.

그럼에도 불구하고 끊임없이 난무하는 가시 돋힌 각종 루머가 계속 위력을 발휘하는 것은, 사라지지 않는 증오의 상처는 치료할 수 없다는 유베날리스의 주장과 같은 이유 때문인지도 모른다는 생각에 서글퍼지기까지 한다는 투자자들도 많다.

그러나 어찌 됐거나 언제 어떠한 상황에 직면하게 되더라도 증권투자자들은 항상 새로운 가치기준을 찾아야 한다는 점을 명심해야 한다.

주가변화와 대응

오랜 친구 사이인 부유한 두 사업가가 어느 관광지에서 우연히 맞주쳤다.

"자네 여기엔 웬일인가?"

"실은 큰 변을 당했다네."

"뭐라고?"

"공장에 대형 화제가 일어나 사업이 폭삭했지 뭔가."

"저런! 난 그것도 모르고……."

"그런데 보험금으로 30만 달러가 나왔지 뭔가. 그래서 그 일부를 까먹으면서 오랜 만에 휴가를 즐기고 있는 거라네."

"거 참 공교로운 일이군. 나도 지난 번 홍수로 내 모든 사업이 거덜났다네."

"그래서 빚 때문에 피신온 건가."

"아니지, 내가 누군가. 제갈공명이 아닌가? 나도 보험금으로 100만 달러 가깝게 받았거든."

잠시 동안 생각에 잠겼던 친구는 바싹 다가오더니 다시 귓속말을 했다.

"이봐, 홍수는 어떻게 일어나게 하는 거야?"

이것은 해외의 유머이다.

주식투자자는 누구나 내일의 주가변화에 대해 깊은 관심을 가지고 있다. 특히 요즘처럼 폭락 장세가 이어진 채 끝이 보이지 않을 경우엔 두말할 필요도 없을 것이다. 시장 내외적인 환경이 어수선하기만 한 시기이다 보니 더욱 그런 것이다.

이 나라 증권시장의 미래는 어떻게 전개될 것인가?

주식투자자들에게 내일의 증권시장은 위험하고 공포만을 안겨주게 될 것인가? 아니면 절호의 기회로 다가설 것인가?

앞으로 흥하게 될 산업과 그에 따라 새롭게 나타날 주식은 어떤 것들일까? 사향길로 접어들 산업은 어떤 것이며, 두 번 다시 고개를 들지 못할 주식들은 과연 어떤 것들일까?

내일의 신종 주도주는 어떤 산업에 속해 있는 어떤 종목이 어떤 모습으로 등장하게 될 것인가?

이에 선견지명적인 투자자세는 어떻게 진행시켜야 될 것이며, 어느 정도의 기간이 요구될 것인가?

앞으로 이 나라 주식시장은 과연 현재의 환경개선에서 벗어나게 될 것인가, 아니면 어느 과대망상 증권인의 말처럼 일대 금융공황 상황까지 이어지게 될 것인가

그렇지 않다면 현명한 주식투자자들이 갈고, 닦고, 개발한 새로운 증권산업 문명을 통해 질 높은 증권인의 삶을 추구하게 될 것인가? 이에 대해 우린 미리미리 대처해야 한다. 그 속에서 새로운 주가의 산뜻한 변화의 조짐을 알아내야 한다.

허황된 꿈에서 깨어나야

흔히들 주식투자를 하려는 사람은 모두 주식투자로 손해볼 생각은 전혀 하지 않는다고 한다. 더구나 주식투자로 망할 수도 있다는 생각은 꿈에도 하지 않는다고 한다.

바로 이것이 손해를 보는 지름길이다. 왜냐하면 보나마나 빠른 시일 내에 손해를 볼 게 분명하기 때문이다.

다시 말해서 증권시장을 좌지우지한다는 큰손, 실세 또는 일급 투자자들도 투자에 앞서 만일의 손해에 대한 대처 방법을 치밀하게 계산해서 투자에 들어가고 있음을 전혀 모르기 때문이다.

물론 증시에서도 힘의 논리가 바로 지배 논리라는 것은 두말할 것도 없는데, 이 또한 대중투자자들과는 전혀 다른 심리적이면서도 손실 감수라는 전제 속에 집요한 논리가 전개된다.

따라서 종목을 잘 고르거나 잘 오르는 주식을 잡는 데 능수능란한 증권사 지점만 찾아가 투자하면 투자할 때마다 크게 이득을 볼 것이라는 허황된 꿈만을 안고, 원님 덕분에 나발 불 생각만 하면 안 된다.

더구나 실전 경험도 제대로 하지 못하고 그나마 증권투자의 ABC나 다름없는 기본 교재 한번 읽어보지 않았거나 증권투자의 명심보감과 같은 증권 격언 풀이도 제대로 익히지 못한 채로 주식 시장에 발을 들여놓았다면 이 또한 근심거리가 될 게 분명하다.

따라서 어디까지나 현실성 있게 진지한 노력 속에서 대가를 찾겠다는 강직한 자세로 주식투자에 임해야 된다.

가벼운 마음으로 부담 없이 들을 수 있는 우화를 소개하겠다.

어떤 옹기장수가 옹기 한 짐을 가득 짊어지고 장터로 팔러 가다가 길가에 지게를 벗어 놓고 잠시 쉬었다.

담배 한 대를 피워 물고 땀을 씻으면서 긴 한숨을 내쉬더니 신세 타령을 시작했다.

"어떤 사람은 팔자가 좋아 좋은 집에 호강을 하고 내 팔자는 어떻길래 초가삼간 하나 없어 악의악식도 마음대로 못하여 오뉴월 땡볕에 이와 같은 등짐장사로 구차하게 살아간단 말인가?"

한숨을 쉬며 먼 산을 바라보고 담배만 피워대다가 이래서는 안 되겠다. 이제부터는 나도 규모 있게 돈 한번 모아야겠다 생각하며 독장사로 부자될 예산을 세웠다고 한다. 저 독 한 개를 1원에 사왔으니, 팔면 2원은 받을 테고, 2원을 받게 되면 상점에 가서 독 2개를 사다 팔면 4원이 되고, 4원이 8원이 되고, 8원이 16원이 되고, 자꾸만 곱절씩 늘려 계산했다.

"그렇게 되면 나도 부자가 될 테니, 고대광실 지어놓고 문 앞에는 논밭을 장만하고 집 안에는 남녀노비 10여 명을 거느리면서 쾌적하게 살게 될 거야."

옹기장수는 금방 벼락부자가 된 것 같아서 덩실덩실 춤을 추다가 그만 옹기를 버티어 놓은 지게 작대기를 발로 툭 차고 말았다.

두말할 것도 없이 지게 위에 있던 옹기들은 산산조각이 나버렸다. 그와 함께 옹기장수의 부자가 될 꿈도 깨어지고 말았다.

'현실성이 없는 허황된 꿈은 좌절과 실패만을 가져올 뿐이다.'

승부사와 적자 기업

유능한 석수장이는 단 한 조각의 돌도 버리지 않는다는 속담이 있다.

주식시장에서도 가장 뛰어난 승부사는 우량기업은 물론, 적자가 크게 난 기업의 주식도 외면하지 않는다. 그것은 모순의 원리를 이용한 것이다. 적자가 난 주식이라서 남들이 외면하고 있는 동안 혼자 뛰어들어 뭔가를 찾아내는 승부사의 근성이 있기 때문이다. 이미 적자로서 수많은 투자자들에게 피멍을 들게 했기 때문에 주가는 많이 떨어져 있을 게 틀림없다.

승부사는 바로 그런 점을 노린다. 정상적인 경영 상태인 기업의 주가가 외부요인에 의해서 많이 떨어졌다면, 그것이야말로 주식을 사야 할 호재 중의 호재가 되는 것임을 감안한 것이다.

빛과 그림자의 원리를 터득하고서 밤과 낮의 이치에 맞는 새로운 기법 창조로 임하는 것이다.

다시 말해서 흑자기업이라고 해서 꼭 주가가 오르는 것이 아니다. 더욱이 우량주라고 해서 주가가 반드시 오른다는 보장도 전혀 없다. 적자기업의 주가라고 해서 언제까지나 곤두박질치는 것은 아니라는 뜻이다. 주가는 항상 오르면 내리고, 내리면 오른다는 오르내림의 곡예를 계속한다.

때문에 주식의 우량성이나 실적이나 내재가치라는 고정관념에 따른 상승과는 전혀 상반된 주가 이변이 생기는 것도 바로 주식시장이다.

주가는 실적보다도 어떤 재료를 계기로 해서 예상하지 못한 상승으로 치닫는 수가 많은데 바로 적자기업이 이런 재료를 갖는 혜택을 받게 되면 멋지게 뛰어오르는 수가 많다. 그것은 M&A라든지, 신기기 개발, 신약 개발, 자산재평가, 기업 합리화에 따른 부동산 및 관련계열 기업 매각 등의 신선한 재료가 나타나 이를 노리고 있는 큰손들이 즉시 행동을 개시한다.

그에 따른 산 증거는 얼마든지 있다.

상당수 적자기업의 주가가 엄청나게 많이 오를 기회가 있었다.

상승 폭이 가장 컸던 종목으로 상반기 1억 3,000만 원의 적자를 기록한 H기계는 적자 발표로 허덕이다가 150%나 주가가 상승을 했다. 이 외에도 H사업이 78%, C화학이 54%, T판지회사가 52%의 상승을 기록했다.

이들 종목은 실적 악화에도 불구하고 각종 신규사업진흥이다, M&A 대상기업이라는 재료를 등에 업고 있었다.

이로 인해 약세장에는 실적보다 재료라는 격언까지 생겨난 것이다.

'훌륭한 승부사는 적자기업도 버리지 않는다.'

강박증세와 주식투자자

다케사부로는 이렇게 말했다.

"주식투자에서 강박증세는 무서운 적이 된다."

이 증세가 있는 투자자는 어떤 주식을 사고 나면 잘 샀는지 잘못 산 것인지를 수없이 되풀이하여 생각하고, 또 생각하게 된다는 것이다.

주식을 사기 전 연구검토 과정에서 해야 될 생각을, 일단 주식을 사고 난 뒤에야 한 후에는 뒤늦게 안절부절하게 된다는 것이다.

이래선 안 되지 하면서도 행동이 마음대로 안 되기 때문에 주식을 사기 전보다 사고 난 후 계속해서 밤잠까지 설치게 된다.

이 같은 증상이 있는 투자자는 산 주식을 오래 갖고 있지 못하고 즉시 팔게 되거나 또다시 금세 사게 되는 마음 고생을 크게 겪는다.

전문의들의 말에 따르면 주식투자자들에게 찾아오는 이런 강박증은 인정이 없고, 질서 · 규칙 · 정확성 · 완벽성 · 세밀성 등에 집착하는 강박적인 성격의 사람들에게 많이 발생한다고 한다.

이와 같은 강박적 사고와 이에 따른 반복적 반응이 행동으로 나타나는 일종의 질환이라고 단정하고 있다.

다케사부로는 이와 같은 강박증이 심하게 발작하는 주식투자자는 크게 손해를 본 후 형편없이 줄어든 투자 자금을 유지하기 위해 안간힘을 쓰는 사람들에게서 더욱 심하게 나타난다.

그러나 이와 비슷한 상황에서도 도박, 음주, 성행위, 과식 등을 강박적으로 하는 사람이 있는데, 이러한 행위가 본인에게 쾌감을 준다는 점에서 엄밀하게 강박증은 아니라고 풀이하는 전문의도 있다.

여기서 일반적인 강박증에 대한 전문의의 말을 들어볼 필요가 있다고 생각된다. 강박증 환자에게 흔히 나타나는 증상은 병적인 의심과 확인, 외출에서 집에 돌아온 후 손바닥이 닳도록 계속해서 손을 씻는다든지, 인도를 걸을 때에도 보도 블록의 연결틈을 피해 간다든지, 자신의 신체 한 부분이 이상하지 않느냐고 끝없이 물어보는 것 등이라고 한다.

이 같은 강박증으로 인해 학교나 회사에 지각하는 횟수가 많고, 불쾌하거나 끔찍하고 상스러운 생각이 계속 떠올라 정상적인 일상생활이 곤란한 경우도 적지 않다고 한다.

따라서 주식을 투자하는 사람 중 강박증에 걸렸다고 느끼게 되면 즉시 주식시장에서 손을 씻고 그 증세가 완전히 없어질 때까지 아예 시장을 잊으면서 즐겁고 명랑한 새로운 생활을 찾아야 한다.

'강박증세가 있으면 주식시장은 일단 멀리하라.'

늙은 주식과 젊은 주식의 차이

병자는 일찍이 이렇게 말했다.

"도덕적 지혜와 학술적 지식을 가진 사람은 언제나 환난 속에 있게 마련이다."

주식시장에서는 주식을 어느 정도 안다는 사람도 늙은 주식과 젊고 싱싱한 주식을 구별하지 못해 항상 뒤처진 투자로 남들이 이미 지나간 뒷길만 따라다니다가 허송세월하는 투자자들이 많다.

이는 한 마디로 시의적절한 종목개발과 투자방법을 모르기 때문에 빚어지는 일이 아닌가 여겨진다.

마치 단오에 책력을 선물하고, 동지에 부채를 선물하는 사람과 다를 게 없다.

그래서 얀카리존은 정보의 중요성을 이렇게 꼬집어 말했다.

"정보가 없는 개인은 책임질 수밖에 없다."

그렇다면 무엇이 늙은 주식이고, 어떤 것이 젊은 주식인가?

이미 오래 전부터 어떤 실적이라든지 테마 등의 재료를 이용하여 이익을 챙길대로 다 챙긴 후 그 주식의 원동력이요 핵심 역할을 담당했던 큰손들이 빠져나갔기 때문에 뒤늦게 막차를 탄 투자자들만 갖은 고초를 겪고 있는 주식이 바로 늙은 주식이다.

그러나 새로운 테마를 갖고 인기집중 속에 쑥쑥 힘차게 움직여 나가는 주식이 젊은 주식임은 두말할 나위없다.

늙은 주식이 화려했던 옛 주가의 환상 속에 투자자들을 얽어매 놓는 반면 젊은 주식은 늙은 주식에서는 찾아볼 수 없는 싱그러움으로 새롭게 활기에 가득 찬 상승행진을 한다.

이는 흘러간 기성세대에 비해 신세대들의 발랄한 연애와 결혼관의 차이에도 잘 암시되어 있다.

얘기가 다른 곳으로 흘러갔지만 주식투자자들이야말로 언제나 변화무쌍한 주식시장에서 새로 나타난 젊은 주식의 속성들을 소상하게, 남보다 한 발 앞서 알아차리고 공격 투자를 해야 한다.

'늙은 주식과 젊은 주식의 차이점을 알라.'

당황하지 말고 뭔가 깊이 깨달아 보라

종합주가지수가 100포인트 이상 급등하는 증권시장에서도 매일매일 발만 동동 구르고 안달하는 투자자들이 꽤 많다.

이는 당연한 일이다.

주식시장이 벌겋게 달아오르면서 오늘은 어떤 업종이 외국인들의 집중매집으로 올랐다는 등, 연일 매스컴에서 고무적인 보도를 접한 후에야 어슬렁어슬렁 주식시장에 발을 내딛는 투자자들이 많기 때문이라고 풀이된다.

이들 대부분은 어떤 주식을 언제, 얼마나 사야 되는지를 잘 알지 못한다. 그들은 매일같이 몇 천만, 몇 백만 주가 거래되는 거래량과 가격이 새빨갛게 달구고 있는 시세판만을 보고는 흥분을 억제하지 못한다.

그도 그럴 것이 이때쯤이면 누구는 낙폭과 대건설 주식을 신용으로 왕창 사고 2배 이상으로 수익을 올렸다는 등 그럴 듯한 루머가 난무하기 때문이다.

그렇게 되면 욕심이 발동되고 오기까지 생기는 것이 이치이기 때문에 아무 주식이나 사봐야겠다는 탐욕적인 투자가 시작되는 수가 많다.

그러나 마구잡이식으로 주식시장에서 이익을 챙기겠다는 그들의 욕심에 순탄한 결과가 나타날 리 만무하다.

더욱이 뒤늦게 모든 주식이 주력주로 부상하여 어제까지 몇만주대에서 거래됐던 거래량이 확 줄어들고, 그나마 후장엔 몇 십만주씩 사겠다는 물량이 수북이 쌓여 있게 되는 물량기근 현상이 나타나면 그들의 심기는 더욱 불편해지고 만다.

'며칠 전까지만 해도 얼마든지 살 수 있었는데, 1년 내내 그 종목들만 사서 배팅하라던 X고문의 말을 진작 따를 걸.'

하는 후회와 조바심이 겹쳐 가슴만 답답해지고 공연히 이리저리 왔다갔다하는 어설픈 투자자들도 꽤나 많다.

그런데 제럴드 로보는 이런 때일수록 침착하고 진중한 자세로 다음 기회를 생각하면서 당황하지 말라고 충고한다.

주식의 평소 움직임과 속성을 깊이 분석해 보면서 제2, 제3의 후속타는 어떤 주가 될 것인가 여유 있게 연구·검토·분석할 좋은 기회로 삼으라는 것이다. 그리고 게으른 사람은 해가 떨어지면 바쁘다는 격언도 깊이 음미해 볼 필요가 있다. 그와 함께 한두 가지의 투자기법을 확실하게 터득하는 슬기로운 지혜도 발휘해야 한다.

'당황하지 말고 뭔가 깊이 깨달아 보라.'

대량 공급 경보는 빨리 피하는 것이 좋다

주식시장은 수요과 공급의 조화로 생성되고 성장하는 것임은 주지의 사실이다. 그래서 주식은 그 어떤 재료보다도 수급이 우선한다는 표현도 있다.

실례를 들어 우리 증시를 살펴보자.

지난 '96년 4월 하순 증권안정기금 해체를 감행하겠다는 재경원의 발표를 공급 홍수에 대한 제1차 경보로 생각했어야 한다고 많은 전문 투자가들은 말하고 있다. 이어서 3/4분기 한국통신주식의 상장과 동화은행 등 시중 3개 은행의 직상장을 포함한 발표가 제2차 경보였음을 깨달았어야 한다고 뒤늦게 입을 모으고 있다.

본 칼럼에서는 이미 막차는 타지 마라고 충고했지만, 많은 투자자들은 종합주가가 고점에서 많이 빠져 내릴 때까지 속수무책이었다고 한다. 이것이야말로 경보를 무시했던 것이 아닌가 생각된다.

이는 북한 미그기 귀순 때 69초 동안 실제상황이었음에도 불구하고 훈련으로 인식하는 등 아예 경보체계에 구멍이 나버린 어처구니없는 서울시의 경계경보 사태와 다름없다고 할 수 있다.

다시 말해서 시민의 안전을 보장해야 할 서울의 방공망이 서울시 민방위경보통제소 직원들의 안일과 태만, 경보체계의 부실로 철저히 무너져 내렸다는 것이다. 이에 대해 많은 시민들은 '경계에서 실수란 있을 수 없다'며 분통을 터뜨렸다.

이와 마찬가지로 주식투자자들도 항상 내·외적으로나 직·간접적인 경보에 게을리해서는 안 된다.

당국에서 하반기 대량 물량공급 계획을 이미 밝혔는데도 불구하고 천정 징후에는 즉각 대응전략을 펼치라는 명인들의 격언마저도 펼쳐보지 못했다면, 이는 주식투자자로서 안일과 나태의 징표가 될 것이 분명하다.

천장 징후 현상은 어떻게 나타나는가?

증권사 객장에 갑자기 사람이 많아지고, 신용거래가 늘어나며, 경제지 등 각종 언론에서 증권기사를 크게 다룬다. 그리고 주가상승을 주도했던 선도주들의 주가가 꺾이며, 거래량이 크게 늘어났다가 점차로 혹은 급격히 줄어든다.

무엇보다도 하반기로 갈수록 신용 폭락 2조 6,000억 상당 56조가 넘는 물량이 대기한다면 선행하는 주가를 앞질러 쉬면서 작전을 구상하는 것도 현명한 자세가 아닌가 생각된다.

'폭락 공급의 홍수 경보는 빨리 피하는 것이 좋다.'

바보가 되어 주식을 살 때

장 프랑소아 라벨은 이렇게 말했다.

"민주주의는 결국 역사상 하나의 사건, 우리들의 눈앞에서 막을 내리는 짤막한 사건에 불과할지도 모른다."

그런가 하면 네오 하니는 이렇게 술회했다.

"주식시장이야말로 라벨의 주장에 걸맞는 상황국면이 계속 크고 작게 반복되는 곳이다."

"어떤 위기감이나 소외감은 주식투자자들의 눈앞에서 살짝 막을 내렸다가 슬그머니 속임수처럼 막을 올리는 극히 짧은 사건에 불과한 것인지도 모른다."

이 세상의 모든 사람들이 좌절하여 주식시장에서 보따리를 싸서 떠나려고 할 때, 그것이 몇 달 몇 년이 걸리더라도 '바보처럼, 참으로 바보처럼' 참고 견디는 슬기와 지혜를 발휘해야 한다는 것이다.

그것은 사람들이 몰려가는 뒤쪽에 참다운 지름길이 있다는 뜻이다. 아름다운 꽃길로만 연결되는 극락의 황홀경을 얻기도 한다는 것이다.

이렇게 따지고 본다면 주식 속에서 행복한 열매를 따먹고 살겠다는 주식 인생은 단순하게 어떤 일면만을 보면서 사는 게 중요한 것만은 아니다. 언제나 또 다른 일면을 남보다 먼저 어떻게 잘 요리하면서 살아가느냐가 중요하다고 할 수 있다.

재미있는 이야기가 하나 있다.

어떤 스승이 제자에게 목욕탕에 가서 사람이 많은지 보고 오라고 일렀다.

제자는 목욕탕 앞에서 그곳에 들어가는 사람들을 세고 있었다.

그런데 목욕탕 문 앞 길에는 커다란 돌 하나가 아무렇게나 놓여져 있었다.

그 돌뿌리에 걸려 많은 사람들이 넘어졌다.

"에잇, 빌어먹을……."

돌뿌리에 걸려넘어지는 사람들은 저마다 돌에 대고 욕을 하면서도 그 돌을 치우는 사람은 한 명도 없었다.

그런데 한참을 지켜보니 기골이 장대하고 인자한 얼굴을 한 사람이 그 돌을 번쩍 들어 길 옆으로 치워놓고 목욕탕 안으로 들어갔다. 그것을 지켜본 제자는 단숨에 스승에게 달려왔다.

"스승님, 목욕탕에는 사람이 딱 한 명밖에 없습니다."

그 스승은 제자의 말을 듣고 곧바로 목욕탕으로 갔다.

그런데 제자의 말과는 달리 발 디딜 틈조차 없이 사람들로 붐볐다.

"아니, 한 사람밖에 없다고 말하지 않았느냐?"

스님이 이상히 여겨 물었다. 그러자 제자는 이렇게 대답했다.

"제가 보기에 사람다운 사람은 딱 한 사람밖에 없었습니다."

'만인이 주식시장을 떠나거든 바보가 되어 주식을 사라.'

상장회사의 도깨비 상자

'상장회사의 도깨비 상자를 경계하라.'

이 말은 상장회사의 조작된 숫자 노름에 눈이 멀어서는 절대로 안 된다는 뜻이다.

다시 말해 각 증권사에서 해마다 봄·가을에 두 번씩 일률적으로 발행하는 이른바 상장기업분석 책자를 전적으로 믿고 투자했다가는 엄청난 손실을 보게 된다는 것이다.

왜냐하면 상장회사의 기업분석 책자에 있는 각종 숫자 속에는 믿어서는 안 될 만큼 터무니없이 부풀려진 숫자가 나열되어 있을 수도 있기 때문이다.

그래서 때로는 그럴 듯하게 좋은 회사처럼 공개된 지 1년도 못 되어 부도가 나서 하루아침에 관리종목으로 전락하는 경우도 있다. 하반기에는 수익증대가 크게 예상된다는 상장기업분석 책자를 믿고 투자했다가 적자로 전환되는 바람에 주가가 폭락해 엄청난 손해를 보게 되는 경우도 많다.

늑대가 소녀를 유혹하듯이 부풀린 숫자에 속아넘어가 낭패를 당해서는 안 된다.

주식투자를 하는 사람들 중에는 증권사에만 가면 손쉽게 얻을 수 있는 상자기업분석 책자만을 믿는 사람들이 많다.

그러나 알고 보면 그 책 속에 기록되어 있는 숫자보다 모르는 부분이 훨씬 더 많을 수도 있다.

따라서 발로 뛰어 얻어낸 정확하고도 새로운 정보를 통하여 미처 몰랐던 사실을 하나하나 확인 분석해 나가야 성공할 수가 있다. 그렇지 않으면 상장사기업분석 책자에 들어 있는 숫자에만 얽매인 채 그것이 전부인 줄 아는 우물 안 개구리와 다를 바가 없다.

그렇다면 우물 안 개구리에 얽힌 우화를 소개해 보자.

개구리 한 마리가 여기저기 펄쩍펄쩍 뛰어다니다가 깊은 우물 속으로 퐁당 빠졌다.

그런데 얼마 후 낯선 개구리 한 마리가 또 우물에 빠졌다. 먼저 우물에 빠져 있던 개구리는 너무나 반가워 어쩔 줄을 몰라했다.

"넌 어디서 오는 길이니?"

"그야 우물 밖에서지."

"그럼 우물 밖 소식 좀 들려주렴."

"그야 어렵지 않지. 우물 밖에는 어마어마하게 넓은 땅이 있는데, 거기는 온갖 나무와 외제차, 어마어마한 빌딩, 배꼽티 입은 미시족도 있다. 그리고 그 넓은 땅을 더 넓은 하늘이 덮고 있단다."

"잠깐, 다른 건 몰라도 하늘은 여기도 있어, 저길 좀 봐!"

"우물 밖에 있는 것은 저것보다 수억만 배나 넓은 하늘이야."

"아! 그럼 하늘이 두 개란 말이구나."

상장회사의 도깨비 상자를 경계하라.

[redacted]

상황변화에 순응하는 투자

헤라클레이토스는 현자를 이렇게 정의했다.

"만사를 모든 방법으로 지배할 줄 아는 그러한 사상에 능통해 있는 사람"

모든 상황변화에 순응함은 물론 능수능란하게 적절한 투자기법을 강구해 나가야 한다는 훌륭한 교훈이 아닐 수 없다.

골프에서도 마찬가지이다.

어프로치를 잘하는 골퍼들은 거리와 공의 라인에 따라 클럽 선택이 달라진다고 한다.

두말할 것도 없이 칩샷의 핵심은 공이 떠서 날아가는 거리와, 그린에 떨어진 뒤 굴러가는 거리의 비율을 알아두는 것이라 할 수 있다.

그래서 골프는 정확한 스윙도 중요하지만 수학적인 계산도 뒷받침되어야 한다.

따라서 오르막과 내리막, 그리고 그린이 젖어 있을 때 ±20%를 감안해야 한다는 생각을 항상 머리속에 기억해 두고 연습과 실전에 임한다면 더욱 좋은 결과를 얻게 된다고 한다.

결국, 천차만별의 상황에서 오직 한 가지만을 고집하는 것은 그때그때 조작에 의해 처리를 하게 되므로 예상치 않은 실수를 낳게 된다.

그렇기 때문에 지형과 상황에 맞는 클럽 선택으로 자연스럽게 샷을 할 때 실패의 확률이 그만큼 적어진다.

주식투자에서도 마찬가지이다.

오르는 시장에서는 오르는 시장에 맞는 투자기법을 적절히 구사해야 되고, 요즘같이 내리막 침체 장세에서는 그에 맞는 투자기법을 사용해야 된다.

일단 팔고 더 많이 떨어졌을 때 그 주식을 사서 넣는 대주기법을 활용하거나 아니면 현금을 마련해 놓고 바닥으로 떨어질 때까지 여유 있게 기다리면서 훌륭한 효자 주 발굴에 최선의 노력을 기울인다.

한동안 주식시장을 떠나서 모든 것을 잊고 쉴 수 있는 평온한 곳으로 여행을 떠나는 것이 요즘 상황에 맞는 대표적 기법이라 할 수 있다.

주식시장이 계속 떨어지고 있는데도 잠시 동안 오르내리는 시세를 보고 주식시세 중독증에서 벗어나지 못한 채 이리저리 왔다갔다하다 보면, 바둑으로 말하면 자충수 내지 오공도화로 몰릴 것이 분명하다.

다시 말해서 주가의 속성대로 내리면서 다 내린 것 같이 살짝 올려놓는 속임수 주가에 속아서는 안 된다는 말이다.

주가는 오를 만큼 오르면 떨어지게 마련인데, 떨어지는 과정에서도 떨어질 만큼 충분히 떨어진 후에야 어떤 계기를 만나 다시 오르게 된다는 사실을 기억해야 한다.

'상황 변화에 순응해 투자하라.'

시장 흐름의 객관적인 눈

'시장의 흐름을 객관적으로 정확하게 볼 수 있는 눈을 갖도록 하라.'

이는 대세판단의 명승부사인 일본의 이시이 히사시가 자주 쓰는 격언이다.

이시이 히사시는 일본의 전설적인 천하무적 애꾸눈 무사인 '도쿠간류'라는 이름으로 더욱 크게 알려졌던 증권계의 거성이다.

이시이 하사시야말로 '오동잎 하나 떨어져 천하에 가을을 알린다'는 철학적인 주인공으로서 이미 1940년대 일본의 주가 대폭락을 예견하여 적중시키는 등 언제나 넓고, 깊고, 멀리, 정확하게 대세를 판단하고 그에 맞는 실전투자전략을 실행함으로서 큰 성공을 거둔 명승부사로 알려져 있다.

여기서 우리는 사회학자 두루게하임의 주장을 빼놓을 수 없다.

그는 "인간은 이 세상에 태어나서 탯줄을 세 번 잘라내지 않으면 정상적인 사회인으로 생활할 수 없다"고 말했다.

제일 먼저 어머니 뱃속에서 어머니로부터 열 달 동안 영양공급을 받았던 탯줄을 잘라내어 자기 자신을 인식해야 되고, 두 번째로는 다른 사람에게 의존하려는 심리적 탯줄을 잘라내어 혼자 일어설 수 있는 자립의지를 가져야 한다는 것이다.

그리고 자기중심적 선입견이라는 고정관념의 탯줄을 잘라내어 자기 자신을 객관화시킬 수 있는 능력을 갖춰야 한다고 했다.

그래서 인간은 사회의 아들이며 사회는 인간의 어머니임을 자각하고, 혼자서 자기 자신의 그림자를 밟고 두리번거리며 허둥대기만 하는 자폐증 환자에서 벗어나야 한다.

주식시장은 불특정다수인이 참여하는 치열한 싸움터이기 때문에 자신의 짧은 식견만으로 판단하고 결정하면 결국 큰 오류를 범하게 되고, 때로는 엄청난 위험 부담을 안지 않을 수 없다.

따라서 주식투자에서는 시장의 흐름을 객관적으로 정확하게 꿰뚫어볼 수 있는 눈을 가져야 함은 물론, 앞에서 말한 두루게하인의 말처럼 세 가지의 탯줄을 잘라내어 자기 자신을 올바르게 인식하고 혼자서 설 수 있는 자립의지를 가져야 한다. 또한 고루한 고정관념을 일찌감치 버려 자기 자신을 객관화할 수 있는 능력을 갖지 않으면 안 된다는 것이다.

그래야만 비정한 증권세계에서 의지할 것은 오직 자신뿐임을 자각케 됨은 물론, 남보다 한 발 앞서 시세를 예측할 수 있고 대세판단을 정확하게 할 수 있게 된다.

시장의 흐름을 객관적으로 정확하게 볼 수 있는 눈을 갖도록 하라.

신용거래와 확률

주식투자자들에게는 불문율에 가까운 단계적인 계급 칭호가 있다.

초심자, 초급투자자, 중급투자자, 고급투자자, 1급투자자, 전문투자자 등 적어도 여섯 단계가 있다.

여기서 최소한 중급투자자 정도의 수준이 되기까지 신용거래는 될 수 있는 한 하지 않는 것이 좋다.

이는 필자가 계속 출강하고 있는 동아, 중앙, 삼성문화센터 등에서 몇 년간 '조원환의 증권교실'을 운영해 오면서 수강생들에게 제일 먼저 주의시키는 대목이기도 하다.

그 이유는 간단하다.

예를 들어 1000만 원의 자금밖에 없는 사람은 1000만 원 범위 내에서 활용해야 한다. 그럼에도 불구하고 신용거래를 2500만 원으로 늘린다면 두말할 것도 없이 무리가 가게 된다. 2500만 원의 현금을 가지고 거래하는 경우와 신용거래로 매매하는 경우는 투자, 매매태도, 위험효과 모두 근본적으로 다르다.

만일 두 가지 경우를 똑같이 활용할 수 있다면 그 사람은 신용거래를 해도 무방할 것이다.

그러나 그것은 불가능하다는 점을 깨달아야 한다.

무리를 할 경우 공연히 득은 적고 오히려 손실만 커지게 된다.

신용거래에서는 30%가 떨어지면 원금이 전부 날아가고 없기 때문에 좀 오르게 되면 서둘러 팔고 싶어진다. 한편 신용으로 샀던 주식의 값이 떨어지면 지체없이 손절매를 하면 그만이지만 신용거래에서는 그리 쉽지가 않다.

따라서 현금 1000만 원으로 10%를 손해봤다면 겨우 800만 원이므로 언제든지 다시 회복할 수 있다.

그렇지만 2500만 원의 신용 거래에서 10%라면 250만 원의 손실이기 때문에 원금은 750만 원으로 줄어들고 만다.

이 경우 결국 어떻게 해서라도 다시 원금을 찾고 싶은 욕망이 일어 냉정한 판단기준을 잃게 되고 모든 주가의 흐름을 잘못 보게 된다.

자기의 능력 범위 내에서 투자를 했다면 손해를 입는다 해도 어떻게 처리할 수 있겠지만, 자신의 실력보다 2.5배나 상향 선에서 거래를 하면 실패를 두려워한 나머지 당연히 무리가 가게 마련이다.

그 결과, 이익은 적고 손해는 크게 된다.

투자에서 무리는 무엇보다도 금물이다. 결론적으로 개개의 기술도 있어야 하겠지만 이론과 실전이 일치된 후에야 비로소 신용거래를 할 수 있다는 사실을 기억해야 한다.

'오늘은 신용거래에 확률은 없다.'

7

격언

제 1 장
증권투자자의 명심사항

탐욕과 공포에서 해방되어 대중과 반대로 고독한 투자를 결행하라(시세의 선도 세력과 같이 행동하라).

정보와 루머를 입수하였으면 흥분하지 말고 반드시 차트 분석을 검증한 후에 주식을 매입하라(통계에 의하면 루머의 80%는 허위 조작).

단독 차트의 단순한 판단은 대단히 위험하며, 반드시 많은 차트로 동시 검증하여 속임수를 피해야 한다(암벽 등반시 구명 자일을 많이 연결해 두어야 한다).

절대 바닥에 사고 천정에 팔면 안 된다. 마음을 비우고 2부 능선에 매입, 8부 능선에서 팔겠다는 마음자세를 가지고 매매를 실행한다(바닥매도, 천장 매수한 불쌍한 시세의 희생자인 초보자들의 처참한 아픔과 재산 손실을 반드시 가슴에 새겨 두어야 한다. 패배한 적을 위로하는 마음을 가져야 한다).

차트를 완벽히 이해하여 매매 타이밍의 승부사가 될 것이며 주요 차트상 일제히 매수 신호일 때는 귀를 막고 겁내지 말고 매수에 뛰어들어야 한다. 매도 신호일 때는 남에게 상담하지 말고 주식을 몽땅 없어 버리고 휴식을 취한다(특히 1년에 한번쯤 있는 큰 시세를 내고 대천정을 친 후에는 1주일 정도 휴가를 떠난다).

연간 개장일 300일 중에서 약세시장 판단시는 주식보유 기간 50일(17%), 강세시장의 경우 100일 보유 원칙(33%)을 항상 가슴에 새긴다(따라서 주식을 사고, 팔고 나서는 반드시 쉰다. 연간 1~2회 대시세는 증기투자를, 3~4회는 반드시 단기투자를 해야 한다).

매입 후 예측이 어긋나거나 차트상에서 속임수임이 판별된 경우 인정 사정 없이 본전을 생각하지 말고 칼같이 절손매한다(주식투자 성공의 길은 빠른 절손매와 신중한 매입 종목 탐색에 있으며 세계 최고의 명인도 승률이 60%이다).

투자유망 종목 발굴을 위하여 1회 투자시마다 총 투자 금액의 1%의 정보비와 1일 1시간 이상의 차트분석, 주 1회 이상의 시간을 의무적으로 강제 배정하라.

주식투자 운용 기술을 부단히 연마하여 자신의 판단과 책임으로 투자할 수 있는 시세의 명인이 되라.

절대 빚을 얻어 투자하지 말고 신용은 1년에 딱 1번 대시세의 바닥에서만 사용하라.

투자 심리를 대중 투자 심리에서 투자 심리로 바꾸어라(길고 깊은 폭락장 지속시 확신과 낙관의 마음자세, 대량 거래와 주가 급등 지속시 공포와 두려움을 가져라).

1년 후 경제 변화를 정치, 자금, 경기, 부동산, 주식 등에 관해 다각적으로 예측하라(자본소득 증식의 실전 전문가를 찾아 고견을 듣고 10년 대세를 짚고 있으라).

위험 회피를 위한 분산 투자(포트폴리오)를 적절히 하고 매입시 3

회 분할 매입, 매도시 2회 분할 매도하라(4~5개 종목이 적절함). 중소형주 투자는 극히 조심하라.

매년 말 결산하여 이익금의 50%는 채권, 고금리 금융상품, 부동산으로 포트폴리오를 분산시킨다(주식은 위험에 대한 대가이다).

정보비 투자를 아까워하지 말고 유망종목에 대한 1급 정보를 입수하여 큰 이익을 남겼을 경우에는 수익 금액의 10%를 부가세라고 생각하고 정보를 준 사람에도 사례를 해야 계속적으로 정보를 입수할 수 있다(유관기관, 상장기업 관련자).

독자적인 투자 원칙을 설정하여 두고 원칙에 맞으면 감정을 완전히 배제하고 칼로 무자르듯 매입 매도를 결정한다. 주식은 정보가 돈이다. 정보 수입비를 적당히 투자해야 한다.

주식에 임하는 마음자세는 투자 금액에 해당하는 사업을 운영하는 경영자의 진지한 자세이어야 하며 정당한 노력의 대가를 얻기 위해 부단한 노력이 요구된다. 노력하지 않는 자의 재산상의 손실과 위험은 당연한 일이다. 5% 이내 성공을 위해서는 최소 1일 1시간은 필히 증권을 분석하고 1주일에 1회 이상 정보 수집을 위해 소스원을 만나고, 주말에 여유시간을 이용하여 수시로 주요 투자 대상종목의 과거 급등락 장세하에서 적중율이 높았던 차트들을 검증 그 습성을 파악해 메모해 둔다. 매일매일 실전투자 일지를 작성하고 손익 결과를 분석하며 그 원인을 진단 반성한다.

현금과 주식보유 비율을 자연의 법칙인 78 : 22(4 : 1 또는 월 1주로 보유)로 유지한다. 쉬는 것도 휴식이 아니라 투자임으로 적극적으로 쉬어야 한다. 주식 보유 기간을 짧게 하는 것이 최대의 성공 비결이다.

부단히 투자 기법을 연마하고 과거 차트를 검색해 시세의 명인이 된다. 주요 업종과 종목의 과거 역사와 습성이 눈에 훤히 보여야 한다.

세계 최고 투자 명인의 승률도 60%, 절손매가 명인과 초심자의 구분 기준이다.

연 1회의 대사이클을 제외하고는 당일 매매 원칙을 적용해 현금 단타만을 한다(최대 주식 보유 기간 : 10일 내).

시세의 무서움을 알고 반드시 여유 자금으로 투자하고 절대로 빚을 얻어 투자하지 않는다(99번의 성공도 단 한번의 실패로 모든 것이 끝난다).

TC 체크리스트에 따라 인간의 감정을 버리고 기계적으로 매매한다(탐욕과 공포의 일반 심리를 극복해야 달인의 경지에 도달한다).

현금은 보물을 살 수 있는 소중한 화폐이나 주식은 휴지에 불과한 지극히 불안한 폭발물이다. 따라서 매입한 순간부터 단 하루도 보유주식의 매도 시점을 분석하는 일을 게을리해서는 안 된다(어제의 우량주도 오늘 부도가 날 수 있다).

주식은 안전핀을 제거한 폭발물을 손에 들고 보이지 않는 무수한 적과 싸우는 냉혹한 전쟁이다(나 이외는 모두 적이다).

연 목표 수익율은 수평 사이클하에서 연 1회의 10.0 사이클을 이용하여 140%짜리 선도주 2개를 골라 신용으로 200% 벌고 나머지 기간 동안 현금 단타로 50% 번다.

일반이 보유주식을 많이 가지고 있으면 주식을 보유하지 말라. 왜냐하면 일반이 많이 보유하고 있는 주식은 절대로 급등주가 될 수 없다. 철저히 고독하게 대중과 반대로 투자하라. 급등주는 항상 의외의 주식이 된다(선도세력의 작전과 수익을 남기기까지의 과정을 받아줄 물량을 체크해 보면 자동적으로 알 수 있다).

매수 기회를 놓친 것은 수많은 기회 중 단 한번의 기회를 놓친 것이므로 절대 애석해 할 필요가 없으나 매도 기회를 놓친 것은 제2의 생명인 재산을 날리는 것이다. 따라서 집요한 추격매도를 해야 하며 반드시 매도 오파 체결 확인을 진돗개처럼 끝내야 한다.

매도가 매입보다 100배 중요하므로 사는 즉시 파는데 총력을 기울인다. 팔지 못하는 것은 집을 짓다가 마는 꼴이다. 따라서 매도할 때는 항상 매수 호가에 던진다. 그리고 10분 단위당 주가를 체크하면서 기어이 따라가면서 추격 매도한다.

환금성이 없는 중소형주 투자를 극히 조심하며 보유 종목 중 상처난 주식 첫 하종가의 매도시점을 절대로 놓치지 않는다(중소형주는 주당 500주 이상 매입하면 안 된다). 부도설, 자금 악화설 등으로 하종가를 친 종목은 진위에 상관없이 첫날 반드시 하종가에 전량 매도하며 매도를 하지 못했을 경우 익일 동시호가에 하종가 매도한다.

3개월~1년 후 대세관을 갖고 항상 대중보다 한발 앞서 나가며 주도주 변화와 따봉주 발굴에 온 힘을 기울인다. 주식은 막강한 정보력과 자금을 가지고 대중 심리를 읽고 있는 선도세력 및 일급 투자자 집단에 의해 움직이는 유행병과 같으므로 따봉종목 발굴은 인기유행의 조짐을 초기에 발굴하는데 있다.

예측 불가능한 위험에 대비하기 위해 투자수익의 1/3은 연말결산하여 반드시 안전한 투자를 해 둔다. 주식의 모체인 기업의 생명은 최대 30년 밖에 안 되며 끊임없이 새로 탄생하고 성장하고 무너지고 사라져 간다. 따라서 주식도 끝없이 변화하는 생명체에 투자하는 것이며 개인투자는 단기투자가 원칙이다.

탐욕을 버리고 천정에 팔지 않으며 투자 실패시 잘못을 인정하고 빨리 절손매한다. 막연한 낙관적인 희망은 일체 버린다. 주식은 막연한 낙관이 절대 존재할 수 없는 냉혹한 전쟁이며 실패하면 재기의 기회가 없다.

매일 아침 동시호가부터 11시까지 보유종목 매도 결정과 유망종목의 매수결정을 내린다. 즉, 보유 종목의 주가와 거래량 변화를 체크하여 매도 신호시 매도 오파를 내고 특징주 분석과 매입종목 탐색 후 매수 신호시 매수오파 완료 후 점심식사를 한다(오전 11시의 원칙).

매일 밤 11시까지 반드시 투자일지와 보유종목 점검 및 투자 반성 후 내일의 투자전략을 세우고 취침한다(밤 11시의 원칙).

제 2 장
증권투자의 격언

* 가상 매매로 실전 경험을 쌓으라.

* 가장 오래 오른 주가 가장 빨리 떨어진다.

* 갈아타기를 즐기면 성공하기 어렵다.

* 감각 사고를 바꿔 새로운 기법 창조에 힘쓰라.

* 강박장애에 의한 충동매매를 하지 말라.

* 강박 증세가 있으면 주식시장은 일단 멀리하라.

* 고집 피우지 마라. 단념하는 것도 중요하다.

* 공포감은 투매를 부채질한다.

* 과거의 성공했던 주식투자의 경험만을 과신하지 말라.

* 극한 시련을 이겨내야 함을 항상 기억하라.

* 기략, 지혜, 집중을 총동원하라.

* 기본적, 기술적 분석을 하라(재무제표와 차트분석을 철저히 하라).

* 기적에 걸지 마라.

* 기회란 찾아오기는 처녀와 같되 달아나기는 달리는 토끼와

같다.

* 끼 있는 주식이 가장 잘 올라간다.
* 꿩 대신 닭 잡으면 손해는 이미 절반이다.
* 남들이 버리는 주식을 주어 모아라.
* 남보다 뒤진 자는 항상 앞선 자의 시중만 들게 된다.
* 내일도 시장은 선다.
* 내일의 종목을 꿰뚫는 눈을 가져라.
* 내일이면 주가는 다시 변한다.
* 냄비 그릇에는 냄비 그릇에 맞는 요리를 하라.
* 뉴스에 의존하지 말라. 뉴스는 대체로 가치가 없는 것이다.
* 늙고 병든 주식엔 투자하지 말라.
* 늙은 주식과 젊은 주식의 차이점을 알라.
* 단 한가지라도 자기만의 특기를 습득 활용하라.
* 달걀은 바구니 하나에 다 담지 마라.
* 달리는 주가의 속도는 광속보다 빠르다.
* 달성된 욕망은 불에 타고 남은 재와 같다.
* 당황하지 말고 깊이 깨달아라.
* 대량공급의 홍수 경보는 빨리 피하는 게 좋다.
* 대상 주식의 버릇을 읽어라.
* 대중이 기다리는 반등은 쉽게 오지 않는다.
* 대중주는 대중 유인의 미끼일 뿐이다.
* 동트기 전이 가장 어둡다.
* 들(野)도 산(山)도 모두 약기(弱氣)이면 바보가 되어 사라.
* 때가 왔는데도 사소한 일에만 마음을 쓰면 큰 성공을 거두기 어렵다.

* 뜬소문은 확실히 아는 사람이 아니면 거듭 퍼져 나간다.
* 뜻대로 잘 맞을 때 승승장구식으로 하지 마라.
* 마음대로 보이는 것이 주식시장이다.
* 마음의 병이 들지 않도록 하라.
* 마음의 여유를 가지고 매도 기술을 잘 익히라.
* 막차는 타지 마라.
* 만인이 강기(强氣)이면 바보가 되어 팔아라.
* 맛있는 것은 한입에 먹지 마라.
* 매매의 시기는 종목보다도 중요하다.
* 매입가격은 잊어라(주식은 미래 지향적이라야 한다).
* 머리와 꼬리는 남에게 주어라.
* 명인은 시세의 무서움을 안다.
* 모든 일은 마지막 끝맺음이 중요하다.
* 목전의 이익보다는 곧 닥칠 후한도 생각하라.
* 물질의 소유 자체에 삶의 목적을 두지 마라.
* 무리한 기록도전을 하지 마라.
* 밀짚모자는 겨울에 사라.
* 바닥에서의 긴 협대종목은 반드시 날개를 단다.
* 반드시 시장에 있을 필요는 없다.
* 백일몽에 사로잡혀 주식투자를 하지 말라.
* 벗이 없는 쪽으로 나가라.
* 변하는 모든 것은 아름답다.
* 변화무쌍한 주가는 종종 전문가들의 안경도 부서트린다.
* 보이지 않는 큰손들의 미소를 훔쳐내라.
* 부를 얻고 싶으면 고독에 익숙해져라.

* 부하뇌동은 상처의 원인.

* 분발하라, 분발하는 자만이 승리할 수 있다.

* 비갠 뒤의 무지개는 아름답지만 오래 머물러 주지 않는다.

* 빠른 다리가 수만 개인주식을 다리가 두 개인 사람이 붙잡으려면 불철주야 뛰어야 한다.

* 빨리 빨리 매매병을 없애라.

* 뻔히 알면서도 실천 못 하는 주식투자.

* 사고 싶은 약세, 팔고 싶은 강세.

* 사고 싶을 때는 사흘을 기다려라.

* 사고 팔기가 망설여지면 쉬는 것이 낫다.

* 사람들 가는 뒤쪽으로 길이 있고 꽃 피는 산이 있다.

* 사랑의 따스한 체온 속에서 주식투자를 하라.

* 사전 준비 없는 투자는 파경만 초래할 뿐이다.

* 산 값을 잊어라.

* 산을 못 보는 사냥꾼이 되지 마라.

* 산이 높으면 골이 깊다.

* 상승세가 강한 주식의 첫번째 하락은 매입 신호이다.

* 상장회사의 도깨비 상자를 경계하라.

* 상황 변화에 순응하라.

* 새도 일찍 일어나야 벌레를 잡아 먹는다.

* 생각나는 대로의 매매는 상처의 원인.

* 생명 돈은 남겨두고 생명 돈에는 손대지 마라.

* 서두르지 마라, 쉼(休)이야말로 이(利)의 바탕이 됨을 알아라.

* 설에는 잠시 올라타도 확정엔 미련 없이 뛰어내려라.

* 세 번 이상 극락한 주가가 강한 반등을 하지 못하면 두들기

고 쉬면서 기다려라.

* 세상에 널리 알려진 악재는 이미 악재가 아니다.

* 소문 없이 달리는 주가는 백마의 기수다.

* 소문에 밝은 사람은 소문에 망한다.

* 소문에 사고 뉴스에 팔아라.

* 소문이란 알고 나면 끝장이다.

* 손실에 따른 자신의 분노와 좌절감은 가정으로 끌고 가지 마라.

* 손절은 재빠르게, 이식은 천천히.

* 손해 본 후에는 쉬는 것이 상책.

* 쇠 한 근과 솜 한 근의 무게를 착각하지 말라.

* 수급은 모든 재료에 우선한다.

* 수급은 재료에 우선하고 경기는 수급에 우선한다.

* 쉬기란 그저 쉼이 아니다. 다음 투자의 준비기간이다.

* 승부사는 시세와 더불어 살고 시세와 더불어 죽는다.

* 시기는 자신의 마음으로 결정하라.

* 시세의 무서움, 냉혹함을 알아라.

* 시작의 잘못으로 주식의 포로가 되지 말라.

* 시장 심리의 반대 전략을 써라.

* 시장의 테마를 파악하라(원화절상, AIDS치료약, M&A기업인수합병, 환율수해업종).

* 시장의 흐름을 객관적으로 정확하게 볼 수 있는 눈을 갖도록 하라.

* 시황약세는 전조 없이 찾아온다.

* 신용 거래에 확률은 없다.

* 신용거래잔고를 수시 체크하라(주가 상승 초기는 좋으나 말기는 급락 위험).
* 신중하라. 하지만 너무 신중해서는 안 된다. 과오를 너무 겁내면 아무것도 못 한다.
* 실패도 성공도 모두가 자업자득이다.
* 실패의 경험은 현금을 주고 바꿀 것이다.
* 실패한 투자자들한테서 배워라.
* 실현하지 않는 이익은 숲 속의 새와 같다.
* 아무리 큰 실패를 했더라도 망연자실하지 말라.
* 아주 작은 불안이 엄청난 공포심으로 둔갑하는 것도 주식시장이다.
* 아침이 오지 않는 밤은 없다.
* 악마의 색도 잘만 관찰하면 천사의 색이 될 수 있다.
* 안일한 환상의 껍질을 과감하게 벗겨라.
* 안전 제일로는 이식가가 될 수 없다.
* 알고 나면 이미 늦는다. 주가는 선행한다.
* 알면서도 못 고치는 나쁜 습관을 경계하라.
* 압박감은 주식투자 최대의 적이다.
* 앞만 보고 부지런히 달리면 불행도 못 쫓아온다.
* 애태우지 마라, 주식에는 내일도 있다.
* 어떤 것에나 흐름이 있다.
* 어떤 대책으로 주가가 오르거든 이로 인해 반대로 날개 접은 주식을 사냥하라.
* 어수선한 객장은 피하라.
* 언제까지 곁에 있다고 생각지 마라(부모와 돈).

* 언제나 새롭게 보고 구사하라.

* 염라대왕도 대세는 이길 수 없다.

* 예상은 항상 빗나가는 화살과 같다.

* 예측이 어려우면 현금보유를 늘리고 주식을 줄여라.

* 예측치 못한 리스크를 명심하라(증시 전체가 영향을 받는 체계적 위험과 개별주가 별로 적용받는 비체계적 위험이 있는데 비체계적 위험에 대비 분산투자).

* 오늘의 패자만이 내일의 승자가 될 수 있다.

* 오래 엎드려 있는 자는 반드시 높이 날아오른다.

* 오르기는 따로따로, 내리기는 일제히.

* 오르기보다 빠른 내리기.

* 오르는 것은 내리지 않을 수 없다.

* 완벽한 하모니는 언제나 알찬 실익을 거둘 수 있다.

* 우리가 무심코 지나는 곳에 비법이 있다.

* 운이 멀어졌으면 손을 떼라.

* 움직이면서 무엇인가 모색하라.

* 움직이면 한 냥, 생각하면 닷 냥.

* 움직이지 않는 주에 손을 뻗지 마라.

* 유언은 바람과 같다.

* 의심스러울 때에는 아무것도 하지 말라.

* 이제까지 투자해 온 날보다 지금부터 투자해 나갈 일이 중요하다.

* 인기가 주식을 산다.

* 인기란 달아오르기 쉽고 식기도 쉽다.

* 인기의 반대편으로 가라. 인기에 뇌동하지 마라.

* 일년 후 경제 변화를 스스로 예측하라(주가는 경기에 선행).

* 일반 투자자들의 거대한 욕심부대가 늘어나면 큰손들은 웃는다.

* 자기 능력개발은 주식투자의 첫걸음이다.

* 자기 능력 이상의 투자는 위험하다(신용, 차용금, 미수금으로 투자는 위험).

* 자기 주식을 욕하지 마라.

* 자신에게 이기지 못하면 시세에 이길 수 없다.

* 자신을 다스릴 수 없는 사람은 주식과 인연을 맺어서는 안 된다.

* 자신의 가치 창조를 위해 부단히 노력하라.

* 자신의 재능을 스스로 살리도록 적극 노력하라.

* 자신의 판단과 책임으로 투자하라(판단의 도구 필요).

* 자연의 섭리를 알라.

* 잡념을 버리고 주식에만 집중하라.

* 장래 크게 성공할 기업을 찾아라.

* 장세 자체는 무시하고 종목 선정에만 온 힘을 쏟아라.

* 적성에 맞는 주식을 찾아라.

* 적시에 융통성 발휘는 주식투자의 윤활유가 된다.

* 절대로 과거에 연연하지 말라.

* 절대로 무엇이나 무턱대고 믿지 말고 확인 투자하라.

* 정보 수집비를 정당히 투자하라(현대는 정보시대, 정보가 돈이다).

* 제도가 변하면 새로운 유행주가 나타난다.

* 조금만 더 조금만 더하는 마음은 결국 손실의 연결고리가 된

다.

* 종소리처럼 맑고 분명하게 투자하라.

* 종합주가 지수는 때때로 신기류가 될 수 있음을 기억하라.

* 좌절 스트레스가 쌓인 상태에서는 주식투자를 하지 마라.

* 주가가 낮을 때는 매입하고 높을 때는 매도하라.

* 주가가 많이 떨어지기만 했다고 해서 바닥시세는 아니다.

* 주가가 크게 빠지고 시장이 싸늘하게 냉각되었을 때는 주식 매입 준비를 시작하라.

* 주가가 폭락할 때에는 바닥을 쉽게 단정하지 말라.

* 주가는 귀향한다.

* 주가는 그 자체가 아름다운 생명체이다.

* 주가는 대중이 잘 모를 때 크게 뛰어오른다.

* 주가는 돈을 앗아가지만 주식을 식별하는 지혜를 남긴다.

* 주가는 시장에 물어봐라.

* 주가는 언제나 기쁨과 슬픔이란 두 개의 카드를 동시에 손에 들고 나타난다.

* 주가는 최후 시세가 가장 크다.

* 주가는 투자자를 기다려 주지 않는다.

* 주가는 회기 본능이 있다.

* 주가라고 하는 것은 높을 때에는 최상으로, 쌀 때에는 최저로 보이는 것이다.

* 주가에도 맥락이 있다.

* 주가 폭락 후 개걸음하는 하이네 전법을 구사하라.

* 주를 팔아 버리기까지는 이익을 보았다고 생각지 마라.

* 주변이 어지럽거든 한동안 쉬어라.

* 주식매매에 있어서 생각을 단순화하라.
* 주식문화란 흘러가는 것이다.
* 주식 박사인 척하는 사람은 실전엔 별 볼일 없다.
* 주식 속의 아름다운 꿈은 오직 당신의 마음으로 결정된다.
* 주식 시세의 선행은 6개월 앞을 보라.
* 주식시장 불안은 국민생활 불안도와 정비례한다.
* 주식 시장에 대한 예측도 단계가 있다.
* 주식에는 좋은 주, 나쁜 주의 구별은 없다. 단지 오르는 주, 떨어지는 주가 있을 뿐이다.
* 주식에도 맥이 있다.
* 주식시장에 정년은 없다.
* 주식시장은 냉엄한 프로의 세계다.
* 주식은 사는 것보다 파는 것이 더 어렵다.
* 주식은 시세로 말을 한다.
* 주식시장은 인생의 수련장임을 명심하라.
* 주식은 작은 헛점이라도 소홀히 넘기지 말라.
* 주식은 항상 최악의 경우를 상정하고 매매하라.
* 주식을 사기보다는 때를 사라(너무 빨라도 안 되고 최적 시점 선택).
* 주식의 과시는 실패의 지름길이다.
* 주식의 진정한 향기는 무지갯빛 주가로 변한다.
* 주식 인생은 작은 푼돈으로 만족하며 사는 것이다.
* 주식을 사지 말고 기업을 사라.
* 주식 투자가는 다기망양해서는 안 된다.
* 주식투자 게임에는 패자 부활전이 없다.

* 주식투자는 감정에 내맡기지 말라.

* 주식투자는 끝없는 자기와의 싸움이다.

* 주식투자는 대중과 반대로(5% 이내), 기다리는 반등반락은 없다.

* 주식투자는 사랑과 꿈이 있어야 한다.

* 주식투자는 아름다운 무지개 꿈속에 영그는 위대한 열매를 낳는다.

* 주식투자는 이론이 아니고 실전이다.

* 주식투자는 자비와 사랑의 마음으로 하라.

* 주식투자는 축제여행처럼 하라.

* 주식투자는 8부의 미학이다.

* 주식투자는 프로들의 최고 최대의 두뇌싸움이다.

* 주식투자도 궁합이 잘 맞아야 한다.

* 주식투자로 성공하려면 3선의 원칙을 고수하도록 하라.

* 주식투자로 수전노가 되지 마라.

* 주식투자를 성공하려면 손해보는 방법부터 터득하라.

* 주식투자를 한다는 것은 시련의 극복 바로 그 자체이다.

* 주식투자 실패율은 여성보다 남성이 훨씬 높음을 기억하라.

* 주식투자에는 확실한 목표를 세워야 한다.

* 주식투자에 빠져 가족을 소홀히 하지 마라.

* 주식투자에 있어서 무기력같이 무서운 적은 없다.

* 주식투자에 핑계는 없다.

* 주식투자엔 10전 8승의 전략이 필요하다.

* 주식투자의 명인이란 결국 손해보다는 이익이, 실패보다는 성공이 다소 많은 사람일 뿐이다.

* 주식투자의 성공은 욕망만으로 성취되는 것은 아니다.
* 주식투자의 안전벨트를 항상 명심하라.
* 주식투자자는 남과 비교하지 마라.
* 주식투자자는 만성피로 증후군에서 벗어나야 한다.
* 주식투자할 때에는 여우 같은 지혜를 발휘하라.
* 주식 하강기에 반짝 장세에 현혹되지 말라.
* 줄르의 법칙을 적극 활용하라.
* 죽은 돈나무엔 아무리 물을 부어도 살아나지 못한다.
* 증권시장에서는 돈 많은 티를 내지 말라.
* 증권시장에서는 1%의 사람이 소문을 만들고 99%의 사람이 그 뒤를 쫓는다.
* 증권시장은 물과 같은 성질이 있다.
* 증권시장의 나쁜 구설은 물귀신으로 변한다.
* 증권시장의 물량이 크게 늘어나면 매도 전략을 세워라.
* 증권시장이 우울해지면 모든 사회가 우울해진다.
* 증권 시황은 투자자들이 피해 갈 수 없는 행복과 불행의 갈림길이다.
* 증시침체 하락기엔 주가 바닥권 확인신호를 찾아라.
* 지나침이 또한 시세이다.
* 지성은 때때로 투기를 방해한다.
* 직장인들에게 주가는 직장 의자를 좀먹는 좀벌레가 될 수 있다.
* 쫓기는 투자를 하지 마라.
* 창업자의 정신으로 주식투자에 임하라.
* 처음과 끝을 생각하며 항상 배움에 힘쓰라.

* 천재는 1%의 영감과 99%의 노력으로 자기의 작품을 이룩한다.

* 천정 사흘, 바닥 100일.

* 천정에서 팔지 않고 바닥에서 사지 않는다.

* 첫눌림은 사고, 첫 되돌림은 팔아라.

* 최대극한 상황을 극복한 자만이 성공의 열쇠를 얻게 된다.

* 최상의 선택은 바로 자신이 하는 것이다.

* 최소한 두 가지 이상 자신 있는 기법을 구사하라.

* 취중 몽롱한 상태로 주식투자를 하지 마라.

* 침체의 늪에 빠지기 전에 도망쳐라.

* 큰 바닥 가까이의 악재료는 사기(買)의 신호.

* 타이밍이야말로 전부이다.

* 탐욕은 시세관을 흐리게 한다.

* 테마주에 따라서는 단명한 것도 있고 명이 긴 것도 있다.

* 투자 기법에 완벽해지려는 것은 끝없는 과정이지 목적이 아니다.

* 투자 명인들의 교훈을 항상 명심하라.

* 투자자의 행복은 마음먹기에 달렸다.

* 튜브만 믿고 깊은 바다에 뛰어들지 말라.

* 팔기(賣)는 신속하게, 사기(買)는 유연하게.

* 팔기 어려운데서 떨어지며 사기 어려운데서 오른다.

* 팔베개를 하고 누워서 기다리듯 하라.

* 팔아야 하고 사야 하고 쉬어야 한다.

* 패션감각을 익히라(유행에 따라 인기주는 변한다).

* 평균작으로는 돈벌이를 할 수 없다.

* 포트폴리오를 적절히 구성하라(위험 회피를 위한 분산투자).
* 품에서 돈이 떨어지게 하지 마라. 언제 낚아야 할지 모른다.
* 프로야구의 승전기법은 주식투자 성공기법과 같다.
* 하루에 세 번 반성하라.
* 한 가지 주식을 신 모시듯 떠받들지 마라.
* 한 번에 사기 보다는 두 번, 세 번에 나누어 사라.
* 한산할 때 팔지 마라.
* 항상 마음을 열고 주식을 보라.
* 항상 모든 지혜와 역량을 아낌없이 발휘하라.
* 항상 새로운 가치 기준을 찾아라.
* 항상 유모와 웃음을 잃지 말라.
* 항상 자신이 꼭 해야 할 일만을 생각하고 실천하라.
* 항상 주가 변화에 대처하라.
* 항상 프로 정신을 가다듬어라.
* 항상 화목하여 웃는 얼굴로 주식투자를 하라.
* 행복은 대중의 품으로 떨어지는 일이 거의 없다.
* 허둥대는 거지에게는 동냥도 적다.
* 현실성이 없는 허황된 꿈은 좌절과 실패만을 가져올 뿐이다.
* 현안과 타협 말고 미래를 꿰뚫어보라.
* 화병을 갖고서는 주식투자를 멀리 하라.
* 확실한 정보 수집은 주식투자 성공의 첩경이 된다.
* 환하게 밝게 보고 활기차게 행동하라.
* 황폐한 땅 속에도 값진 보석은 숨어서 숨쉬고 있다.
* 99의 성공도 한번의 실패로 끝난다.

8

증권용어 해설

제 1 장
증권용어 해설

자주 사용되는 증권용어를 가나다 순으로 간단히 요약정리하였다. 물론 앞의 본문 내용에서 설명한 것과 대부분 중복되지만 일목요연하게 나타나기 위해 모두 포함하였다.

ㄱ

*** 가격폭제한**(restriction of price range)

증권시장에서는 급격한 주가의 변동으로 인한 시장 질서의 혼란을 방지하기 위하여 하루에 오르내릴 수 있는 가격의 상하한선을 정하고 있다. 이것을 가격폭 제한이라고 한다. 전일 종가를 기준가격으로 해서 시가의 수준에 따라 다른 가격폭을 정하고 있다. 이때 가격 제한폭의 상한선까지 오른 경우를 상한가라 하고 하한선까지 내린 경우를 하한가라 한다.

* 감리제도

증권감독 기관이 증권시장에서 비정상적인 주가의 움직임이나 매매행위를 조사하여 감독하는 제도를 말한다. 증권의 매매거래에는 그의 사회적 경제적 장소와 투자자 보호를 위하여 철저한 감리제도가 실시되고 있다.

감리제도에 관한 사항은 증권거래법, 증권거래소의 정관 및 업무규정 등에 규정되어 있다. 상장종목 중 주가나 거래량이 비정상적으로 움직여 시장 관리상 필요하다고 인정되는 경우 증권거래소는 그 종목을 감리 대상 종목으로 지정한다.

* 강보합

시황을 표현하는 말로서 시세가 소폭으로 상승하거나 당장은 움직이지 않더라도 강한 매수세가 뒷받침되어 상승 쪽으로 움직일 가능성이 있는 장세를 말한다. 일반적으로 시황을 표현하는 말로는 약세, 보합, 강세가 있으며, 보합은 강약에 따라 약보합 및 강보합으로 부른다. 이러한 말들은 어떠한 구체적인 기준에 따라 사용되는 것이 아니기 때문에 한마디로 정의될 수 없으며 어떠한 가격수준에서도 설명될 수 있는 상대적인 개념이다.

* 강세(bull market : advancing market : strong market)

시황을 표현하는 말로서 시세가 큰 폭으로 상승하거나 앞으로도 크게 상승할 것으로 예측되는 장세를 말한다. 반대로 시세가 하락하거나 하락할 것으로 예측되는 장세를 약세(bear market)라 한다.

* 객장

증권회사의 영업소 내에 있는 일정한 장소로서 투자 고객이 모이는 곳을 말한다. 객장에는 투자고객이 투자 판단에 편의를 제공하기 위하여 시장 정보전달체제 및 투자자료 등을 갖추고 있다.

* 거래량(trading volume, turnover)

거래소 안에서 매매된 주식수를 말한다. 매도 100주, 매입 100주인 경우 거래량은 100주로서 일방 계산으로 산출된다. 이 거래량에 매매가 성립된 가격을 곱한 것을 거래대금이라 한다. 거래량의 변화는 주가지수 변화와 함께 시황 판단의 기본 지표가 된다.

* 거래성립률과 주가등락선

주가의 상승이나 하락과는 관계없이 거래가 성립된 종목이 증권시장에 상장되고 있는 종목수와 비교해서 어느 정도의 비율인가를 나타낸 것이다. 이것은 매일매일의 시장에서 거래가 성립된 종목수를 전 상장 종목수로 나누어서 산출한다. 거래 성립률이 높을수록 시장의 활성화를 의미하고 지나치게 높으면 이때는 매도 시점으로 주목해야 한다.

다시 말해서 거래 성립률이란 그날그날 거래가 성립된 종목수를 전체 상장 종목수로 나누어 계산된다.

거래 성립률은 시장의 활황과 침체를 알아보는 지표로 사용되고 있다. 일반적으로 80% 이상은 활황장세, 70~60% 정도는 중간장세, 50%대는 침체국면으로 해석하고 있다.

반면에 주가등락주선(ADL : the advance-declin line)은 주식시장의 폭으로 불리워지고 있다. 그것은 시중의 자금이 어느 정도 유출입

되고 있는지를 알아내는 지표로서, 시장의 세력관계를 나타내는 일일지표이기 때문이다.

ADL(주가등락주선)은 주식시장에서 매일매일 거래되고 있는 종목 중에서 주가가 오르는 종목과 내리는 종목의 상황을 분석함으로써, 앞으로의 주가를 예측할 수 있다는 이론에 바탕을 두고 그랜빌이 창안한 기법이다.

주가등락주선은 전체 상장종목 가운데서, 그날의 종목수에서 주가 하락 종목수를 뺀 등락차를 계산하여 주가상승 종목수가 많으면 플러스(+), 하락 종목수가 많으면 마이너스(−)하여 이를 누계한 등락지수를 선으로 그래프화한 것이다 이 그래프는 주가가 상승되면 당연히 상승하는 특성을 나타내고 있다.

* 거래세(securities transaction tax)

증권거래 세법에 의하여 주권의 양도에 대하여 부과하는 세금을 말한다. 증권거래세의 세율은 증권의 종류에 따라 또한 장내 거래냐 장외 거래냐에 따라 달라진다. 과세표준은 당해 주권 등의 양도가액으로 한다. 현행 대통령에 의해 양도가액이 액면가액 이하인 주권, 모집 매출한 주권으로서 양도 가액이 모집 매출한 가액 이하인 주권거래에는 세금을 부과하지 않으며 이외의 모든 주권 거래에 대해서는 1,000분의 5를 적용한다.

* 결제(settling : clearing)

주식거래가 성립된 후 매매 당사자간에 주식과 주식매수 대금을 주고받는 거래를 말한다. 현재 우리 나라의 경우 한국 대체 결제 주식회사에서 모든 결제업무를 대행하고 있다. 모든 주식거래는 3

일 결제(보통거래)로 하고 있다. 즉, 매매일을 포함해서 3일째 되는 날에 결제가 이루어진다.

*** 경영분석(business analysis)**

기업 경영의 양부 또는 그 적부를 관찰하는 것으로서 대차대조표, 손익계산서, 기타의 재무제표 내용을 분석 검토하여 사업 재정상의 건전성과 경영상의 상식성을 판단하는 방법을 말한다.

*** 계절주(season stock)**

계절에 따라 매출, 이익 등 영업실적에 커다란 변화가 있는 회사의 주식을 말한다. 예를 들면 판매량이 여름철에 집중되어 있는 회사의 주식인 맥주회사 주식, 청량음료 주식 등은 여름주에 속하고, 연말연시에 인기가 높은 백화점 주식 등은 겨울주로서 계절주에 해당된다. 이런 주식들은 성수기를 전후하여 주가가 상승하는 것이 일반적이다.

*** 고객 예탁금(customer's deposit)**

증권회사가 유가증원의 매매거래 등과 관련하여 고객으로부터 받아 일시 보관 중인 예수금을 말한다. 증권회사는 고객 예탁금을 현금 또는 예금 형태로 보관해야 된다. 자본금 30억 원 이상인 증권회사는 예탁금의 1/2범위 내에서 신용제공을 위한 재원으로 활용할 수 있다.

*** 공개법인(public corporation, open company)**

공개법인은 증권거래법의 규정에 의하여 주식을 거래소에 상장한 법인으로서 유가증권 상장규정에서 규정한 일정한 요건을 갖춘 법인을 말한다. 즉, 공개법인 중 1부 종목에 소속될 요건은 대주주 1인의 총 소유 주식수가 발행주식 총수의 100분의 51 이하일 것. 소액주주의 총 소유 주식수가 유동 주식수의 100분의 40이상일 것. 자본금이 50억 원 미만인 상장법인은 소액주주의 수가 300명 이상, 자본금이 50억 원 이상 150억 원 미만인 상장법인은 400명 이상. 자본금이 150억 원 이상인 상장법인은 50명 이상일 것 등의 요건을 갖춘 법인이 1부 종목 공개 법인이다.

2부 종목의 경우는 신규 상장된 지 5개월 이하로서 위의 조건에 미달된 법인을 말한다. 이 외의 법인을 비공개 법인으로 하여 세제상 공개법인과 구별하고 있기 때문이다. 공개법인의 주식을 공개주라 하며 상장주식과 같다.

*** 공개시장 조작(open market operation)**

중앙은행이 일반 공개시장에서 채권 등의 유가증권을 매매함으로써 통화량을 조절하는 금융 정책의 한 방법이다. 우리 나라의 경우 공개시장 조작이 지금까지 적극적으로 활용되지 않았으나 점점 통화정책으로 활용도가 높아지고 있다. 매매의 대상이 되는 증권은 주로 국공채로서 재정증권, 통화 안정권 등이 매매의 대상이 된다.

*** 공매(margin buying, buying on margin)**

신용거래 제도에 의하면 투자자는 대금을 모두 지불되지 않아도 일정한 위탁보증금만 적립하면 주식을 매입할 수가 있다. 이는 자금을 빌려서 현물을 사는 것으로 그 주식을 취득하는 것이 목적이 아니고 반대매매로써 시세의 차액을 얻는 것이 목적이기 때문에 공매라고 한다. 이를 신용매수라고도 한다.

*** 공매(short sale)**

신용거래 제도를 이용하면 소정의 위탁보증금을 적립하는 것만으로도 실물이 없더라도 주식을 팔 수 있다. 이것은 증권회사 및 증권 금융회사로부터 빌린 주식을 파는 것으로서 형태는 어디까지나 실물거래이지만 가지고 있지 않은 주식을 팔기 때문에 공매라고 한다.

판 주식의 가격이 하락하면 그 주식을 다시 매입하여 차액만을 얻을 수 있다. 여기에는 시세의 차액만을 목표로 하는 순수한 공매와 현재 보유하고 있는 주식의 가격 하락을 조금이라도 회복하기 위하여 다른 품목을 팔아서 위험 분산을 시도하는 연계 매도 등이 있다.

*** 공모(public offering)**

회사를 새로 설립하거나 증자를 할 경우 일반 투자자로부터 자금을 모집하는 것을 말한다. 이와 같이 균일한 조건으로 불특정 다수인에게 신주를 배정하는 공모와 달리 보험회사, 은행, 투자신탁회사 등의 기관 투자가나 특정 개인에게 판매하는 것을 사모라 한다.

*** 공모주청약**

신주 발행 또는 구주의 매출을 통하여 기업을 공개할 때 일반 투자자로부터 청약을 받아 배정하는 것을 말한다. 청약은 신주 및 구주의 매출 내용을 확인한 후 청약기간에 증권회사나 은행에 가서 소정의 청약서에 기재하고 청약 증거금을 납입하면 된다.

일단 청약이 끝나면 청약 증거금 영수증을 교부받게 되고 청약기일 며칠 후 청약 비율이 결정된 다음 그 비율에 따라서 배정주식수가 결정된다. 그러나 현재 유가증권 인수협정에 의하면 신주 공모시에 일정 비율의 우선 배정이 규정되고 있어 그 잔여분에 한하여 청약자에게 배정된다.

우선 배정의 내용을 보면 ① 우리사주 조합원에게 공모주식의 20%를, 근로자 증권저축, 농어가 목돈 관련 저축 가입자에게 30%. ② 근로자 재산 형성 저축투자 신탁재산에 5%, 일반증권저축, 청약예금 가입자에게 4%를 배정함으로써 공모 주식수의 전부를 우선 배정토록 하고 있다. 상장기업이 신주를 발행할 때 종업원에게 발행주식의 20% 범위 내에서 우선 배정토록 함으로써 종업원 지주제도를 채택하고 있다. 이때 종업원이 자기 회사의 주식을 취득 관리하기 위하여 조직한 것이 우리 사주조합이다.

* 공채(public bonds)

일반적으로 국가나 지방공공 단체가 재원 충당을 위하여 발행하는 국채나 지방채 등을 말한다. 공채는 사채와는 달리 국가의 지급능력에 기초를 두고 있다는 것과 상환을 법률적으로 강요할 수 없다는 것, 국가는 상환기간이 없는 공채를 발행할 수 있다는 것 등의 차이점을 갖고 있다. 이와 달리 회사가 일반 대중으로부터 자금조달을 위해 발행하는 채권을 사채라 하지만 주택채권, 전신 · 전화채권이나 산업금융 채권과 같이 특별법인이 특별법에 의해 발행한 채권을 특수채라 한다.

* 관리대상 종목

증권거래소가 유가증권 상장규정에 의하여 주권의 상장폐지 기준에 해당되는 종목 가운데 특별히 지정한 종목을 말한다. 현재 관리대상 종목 가운데 특별히 지정한 종목을 말한다. 현재 관리대상 종목은 주로 부도 발생 등으로 인한 은행거래정지, 회사정리절차 개시, 감사의 의견이 부적정, 또는 3년 계속 의견 거절, 3년 동안 영업활동의 정지 등의 사유로 지정되고 있다.

이외에도 최근 2년간 소액주주의 수가 300명에 미달되는 경우 소액주주의 비율이 유동 주식수의 100분의 10에 미달하거나 대주주 1인 지주 비율이 발행 총 주식수의 100분의 51을 초과할 때, 거래 가능 주식수가 유동 주식수의 100분의 10에 미달할 경우 등이 관리대상 종목으로 지정될 수 있는 사항이다. 관리대상 종목의 거래는 당일 결제거래일로 하며 별도의 가격 제한폭은 1·2부 같다.

* 관리포스트

상장주권이 상장폐지 기준에 해당하고 그 사유가 1년 이내에 보완되지 않고 있는 종목을 거래하도록 지정된 거래대를 말한다. 즉, 관리대상 종목이 거래되는 포스트를 관리포스트라고 한다.

* 관망(wait-and-see attitude)

투자자들이 실제로 증권의 매매를 하지 않고 시장의 형편을 살피는 것을 말한다. 즉, 주가에 대한 전망이 불투명하여 투자자들이 매매를 유보한 상태로서 주가 등락이 없고 거래량이 평균수준 이하인 것이 특징이다.

*** 구주(old share)**

주식회사가 증가나 합병 등으로 새로이 발행하는 주식을 신주라 하며 이에 대하여 이미 발행되어 있는 주식을 구주라 한다. 구주는 영업년도 초일이 배당 기산일이 되며 신주는 그 발행일이 배당 기산일로 되는 것이 통례이다. 주식 내용에 차이가 없고 배당 기산일이 같게 되었을 때에는 신구주로 규별할 실익이 없다.

*** 권리락(ex-rights, rights off)**

구주에 부여되는 신주 인수권 또는 신주의 유·무상 교부를 받을 권리가 없어진 상태를 말한다. 즉, 주주가 현실적으로 주식을 소유하고 있더라도 주주 명부가 폐쇄되거나 배정 기준일이 지나 신주를 받을 권리가 없어진 상태를 말한다. 권리락의 경우, 주가는 권리부 시세에서 조정되는 것이 보통이다. 일반적으로 증자의 경우 신주 인수권이 없어진 상태를 말하며 배당권이 없어진 경우에는 배당락이라 한다.

*** 권리락 주가**

권리락이 됨에 따라 신주 인수권이 없는 상태의 주식 가격을 말한다. 이론적인 권리락 주가는 다음과 같이 계산된다.

권리락주가={(권리부종가+발행가×유상증자비율−경과배당금)÷(1+유상증자비율+무상증자비율)}+경과배당금

그러나 실제로는 권리락이 되는 날의 매매호가에 의해서 시초가가 결정되며 이 시초가를 기준으로 가격폭 제한이 적용된다.

* 권리부(rights on)

배당 및 신주를 받을 권리를 갖고 있는 주식을 말한다. 이에 대하여 이러한 권리가 없는 주식을 배당락 및 권리락이라 말하고 보통 주가는 권리락 후에는 그 상당분만큼 조정된다. 권리부는 주로 신주 인수권의 경우에 사용되며 배당락 전의 경우는 배당부라고 한다.

* 근로자 증권저축

1980년부터 실시된 새로운 제도로서 봉급생활자의 자연형성과 증권시장의 안정적 성장을 도모하기 위하여 실시되고 있다. 이 저축은 일반 증권저축과는 달리, 가입자는 세액공제와 더불어 각종 면세 혜택을 받을 수 있는 것이 특징이다.

즉, 월 급여액이 60만 원 이하의 근로 소득자는 누구나 가입할 수 있고 급여액의 30%까지 저축할 수 있으며 또 연간 120만 원 범위 해약이 없는 한 저축액의 10%를 종합 소득세에서 공제해 주고 있다. 또 가입자에게는 공모주식에 청약할 경우 20% 범위 내에서 우선 배정을 받을 권리가 주어지는 등의 혜택이 있다.

저축의 종류로는 매월 일정액을 불입하는 정기 적립식과 수시로 저축금을 불입하는 임의 적립식이 있다. 저축금액으로는 저축자가 직접 증권을 매매할 수 있다.

* 금융시세

금융 완화를 재료로 하여 움직이는 주가 시세를 말한다. 보통 불황이 심해지면 자금 수요가 줄어들어 금융이 느슨해지기 마련이다. 이때는 주식투자 수익률의 향상으로 갈 곳이 없는 자금이 주식시장으로 유입된다. 이 때문에 불경기에도 불구하고 주가가 상승하게 된다. 이것을 금융 시세 또는 금융 장세라고 한다.

이러한 현상은 보통 불경기로부터 호경기로 바뀔 때 나타나며 다음의 3가지 요인으로 이루어진다. 금융이 완화되면 투자자금이 증대하여 주식 매입이 늘어나게 되고 또, 증대되는 자금을 운용하기 위하여 투자자가 증가하므로 주가가 상승한다. 금융이 완화되면 금리가 하락하여 주식의 배당수익률이 상대적으로 유리하게 되므로 주가가 상승한다. 대출금리가 하락되면 회사의 금리 부담이 적어지게 되어 회사 업적이 향상되므로 투자 가치가 높아진다.

* 기관 투자가(institutional investor, institutions)

유가증권 투자에서 발생하는 이익을 주사업원으로 하여 운용되는 법인 형태의 투자가를 말한다. 주로 기관 투자가는 고도의 전문적인 지식과 조직을 갖추고 있으며 실제로 증권시장에서 주가의 결정에도 중대한 영향을 미치고 있다. 주요 기관 투자가로는 은행, 보험회사, 투자신탁회사, 연금기금 교육기관, 종교재단 등을 들 수 있다.

* 기본분석(fundamental analysis)

증권의 고유가치를 분석하는 것을 말한다. 즉, 증권의 본질가치에 영향을 주는 재무요인과 기업 외적인 경제 요인 등을 분석하여 증권의 내재적 가치를 평가하고 이것을 증권의 시장 가격과 비교하여 증권의 매입 또는 매각의 판단 자료를 이용한다는 접근 방법이다. 고유가치의 증권분석 방법에는 미래 이익을 현재 가치로 환산하는 방법과 배당을 현재가치로 환산하는 두 가지 방법이 있다.

＊ 기세(quotes, quotation)

증권시장에서 매매계약이 성립되지 않았을 때의 호가를 말한다. 매도 호가의 경우에는 바로 전의 시세에 비하여 가장 낮은 호가가 기세가 되며 매수호가의 경우에는 바로 전의 시세에 비하여 가장 높은 호가가 기세가 된다.

＊ 기술적 분석(technical analysis)

증권가격이나 거래량의 추세를 여러 가지 도표나 계수적 용구를 사용하여 분석하는 방법을 말한다. 증권가격이나 거래량은 상당기간 동안 일정한 방향으로 지속되는 추세를 지니고 있으며 이것은 투자 심리에 의한 것이므로 이를 분석함으로써 주가의 진행과 전환을 예측할 수 있음을 전제로 하여 이루어진다.

＊ 기업 공개

가족회사 또는 비교적 한정된 소수의 주주에 의해서 구성되고 있는 회사가 그 주식을 처음으로 일반 투자자에게 공개해서 분산, 소유하는 것을 말한다. 이와 같이 그 주식이 공개된 회사를 공개법인이라고 한다. 이때 기업의 공개는 물론 증권회사를 통해서 이루어진다. 이에 반해 어떤 주식이 소수 주주에게만 소유된 채 일반 투자자에게 유통되고 있지 않은 회사를 비공개 법인이라고 한다.

＊ 기업 공시(disclosure)

투자자 보호를 위하여 기업 내용이나 투자신탁의 운용 내용을 투자자에게 공개하는 제도를 말한다. 기업내용의 공개는 신주 발행시의 유가증권 신고서, 결산 때는 유가증권 보고서를 투자자에 공개토록 함으로써 기업 공시가 행해지고 있다. 즉, 상장법인의 경영 상태 등 증권시장에서 주가 및 거래량에 영향을 미칠 만한 중요한 상황이 발생하면 이를 투자자에게 신속 정확히 공시함으로써 기업 정보의 독점이나 불명확으로 증권가격의 왜곡을 막도록 하는 것이다.

*** 기준가격**

기준 가격은 두 가지 의미로 사용된다. 첫째는 거래소에서 주식의 가격 제한폭을 정하는데 있어서 기준이 되는 가격으로서 주가 수준에 따라 하루 중 등락폭을 상하 일정폭으로 제한하고 있는데 현재 가격폭 제한을 위한 기준 가격은 전일종가로 하고 있다. 예외적으로 권리락, 배당락, 신규상장 또는 신주상장의 경우에는 거래소가 따로 기준 가격을 정하고 있다. 둘째는 수익증권 매매의 기준이 되는 가격으로서 1좌당 순자산가치를 말한다.

*** 기본 자산(옵션용어)**

기본 자산이란 옵션의 권리 행사시 매수 또는 매도의 대상이 되는 특정 자산으로 기본자산이 곡물 금, 은 등의 일반 상품인 상품옵션과 주식 채권 주가지수 통화 등의 금융물인 금융옵션으로 구별된다. 특히 주식, 채권 등의 유가증권을 기초로 한 기본 자산을 기본증권이라고 한다.

ㄴ

* 내부자 거래(insider's trading)

상장기업의 주요 주주나 임직원이 그 직무 또는 지위에 의하여 얻은 내부 정보를 이용하여 자기 회사 주식을 매매하는 것을 말한다. 이들은 회사 내부의 모든 정보를 다른 투자자들보다 먼저 알 수 있어 자사주식을 매매하게 되면 불공정한 거래를 발생시킬 우려가 있다. 따라서 우리 나라 증권 거래법은 내부자 거래를 금지하고 있다. 내부자 거래로 판명됐을 경우는 그 주식거래에서 얻은 차액을 해당 상장기업에 되돌려 주도록 하고 2천만 원 이하의 벌금 또는 2년 이하의 징역에 처하도록 하고 있다.

* 뇌동매매

투자자 자신이 스스로 확실한 시세 예측에 의하여 투자하는 것이 아니라 시장 전반의 인기나 다른 투자자들의 움직임에 편승해서 매매하는 것을 말한다. 뇌동매매는 주가를 급등 또는 급락시킴으로써 주식시장을 혼란시키는 역할을 한다.

ㄷ

* 다우 존스 주가평균(Dow Jones STock Price Average)

1884년 월스트리트 저널(Wall Street Journal)지를 발행하던 다우존스사에 의해서 발표된 것으로서 미국 주가평균 중 가장 오래 되고 권위 있는 지표이다. 다우 존스 주가평균에는 공업주 30종목 평균, 운송주 20종목 평균, 공익 사업주 15종목 평균과 65종목 종합 주가평균 등이 있고 이들 4가지의 평균이 함께 발표되고 있다.

다우평균은 주가평균의 연속성을 위하여 무상증자, 유상증자 및 주식 분할 등의 항상제수를 사용하여 수정하고 있다. 그러나 이들 4개의 평균주가 중에서 오늘날 가장 중요시되고 있는 것은 공업주 30종목 평균이다. 이것은 채용종목이 적기 때문에 전반적인 시장의 흐름을 정확하게 반영하지 못하고 있다는 문제점도 있지만 오랜 세월의 역사와 전통을 갖고 있어 주가 지표로서 널리 활용되고 있다.

* 단주(odd lot)

증권시장에서 거래단위 미만의 주식을 말한다. 신속하고 정확한 거래를 위하여 증권거래소 업무규정에서는 매매단위를 규정하고 있다. 단주는 매매의 단위에 미치지 못하는 수량의 주식이기 때문에 거래소시장에서 매매되지 못하고 증권회사의 점두에서 매매되는 것이 보통이다. 현재 주식은 10주가 거래단위이므로 10주 이하의 주식이 단주가 된다.

*** 당일결제거래(cash delivery)**

증권의 매매거래에 있어서 매매가 성립된 그날에 매도 증권과 매수대금을 결제하는 실물거래 형태이다. 따라서 당일결제 거래는 일반 금융기관의 영업시간까지 매매 당사자간에 약정대금과 약정증권의 수도결제가 이루어진다. 우리 나라에서는 현재 채권거래에 있어서 3일 결제와 함께 당일결제 거래가 병행 실시되고 있다.

*** 대세(major trend)**

장세의 커다란 흐름, 즉 1년 이상 장기간의 주가 흐름을 말한다. 이러한 대세에 입각한 장기전망을 대세관이라 한다.

*** 대용가격(substitute price of securities)**

증권매매의 위탁보증금으로서 현금 대신에 유가증권이 사용되는데 이때 그 대용 유가증권의 가격을 대용가격이라고 한다. 대용가격은 매월 1일부터 25일까지의 주가를 가중 산술 평균한 기준시세에 거래형성 일수와 회전율을 근거로 하여 증권거래소가 월 단위로 결정 발표하고 있다.

*** 대용증권(substitute securities)**

증권거래소의 업무규정과 수탁계약 준칙에 의하여 증거금 또는 보증금의 현금 납입에 대신할 수 있도록 지정된 증권을 말한다. 일반적으로 상장회사의 주식, 공채, 기타 거래소가 지정한 유가증권이 대용증권이 될 수 있다. 대용증권은 이를 적정하게 평가, 환산하여 매매증거금으로 사용할 수 있다.

* 대주(stock loan, lending stock)

신용거래 제도를 이용하면 규정에 정해진 위탁증거금을 적립함으로써 투자자가 현재 보유하고 있지 않는 주식을 매도할 수 있다. 이때 증권회사에서 투자자에게 빌려주는 주식을 대주라 하고 투자자가 증권회사로부터 빌린 주식을 파는 것을 공매라고 한다.

공매는 매도한 주식의 주가가 예상대로 떨어져서 차액을 얻을 수 있게 되면 싼값으로 매입하여 증권회사로부터 빌린 주식을 반환한다.

대주의 경우, 고객은 증권회사로부터 주식을 빌려서 매도하지만 이때 증권회사는 보유주식이 없거나 부족할 경우 증권금융 회사로부터 주식을 차입하여 이것을 고객에게 대출하게 된다. 이때 고객과 증권회사와의 관계를 신용거래라 하고 증권회사와 증권금융 회사와의 관계를 대차거래라고 한다.

* 대차대조표(balance sheet)

회사 결산기일의 재정상태를 나타내는 재무제표 중의 하나로서 자산과 부채를 대조해서 표로 정리한 것이다. 대차대조표는 자산, 부채, 자본계정으로 나누어지고, 자산=부채+자본이 된다. 이 경우의 부채는 타인자본을 말하고 넓은 의미의 자본(사용 총자본)에는 자기 자본 외에 타입자본도 포함된다. 대차대조표는 손익계산서와 함께 회사 경영분석의 가장 중요한 자료가 된다.

* 대체결제제도

유가증권의 거래는 증권거래소를 통하여 결제하게 되나 각 거래원간에 거래가 많을 때는 개별적으로 결제하는 것이 번거롭다. 따라서 매 거래시마다 현금과 증권을 교환하지 않고 일정한 거래가 끝난 후 거래원과 거래원의 구좌 사이에서 차이가 나는 금액과 증권만을 서로 결제하는 방법이다. 이와 같은 임무를 담당하고 있는 회사가 대체결제회사이다.

* 대형주(large-capital stock)

자본금이 큰 회사의 주식을 말한다. 대형주는 일반적으로 소형주에 비해 유통 주식수가 많으므로 주가의 움직임이 완만하다. 우리나라에서는 보통 자본금 150억 원 이상의 주식을 대형주로 보고 중형주는 50억 원 이상~150억 원 미만, 소형주는 50억 원 미만으로 분류하고 있다.

* 동시호가

증권시장에서 매매거래를 할 때 동시에 접수된 호가 및 시간의 선후가 분명치 않은 호가를 말한다. 매매를 개시하여 처음으로 가격을 결정하거나 매매중단 후 재개시에 호가가 폭주하여 시간의 선후를 가릴 수가 없으므로 일정한 시간대를 정하여 이때 접수된 호가를 동시호가로 간주하여 가격 우선, 수량우선 원칙에 따라 당일가격으로 매매를 성립시킨다.

* 딜러(dealer)

자기 매매업자를 말한다. 대개 증권회사가 자신의 계산으로 유가

증권 매매를 행하는 업무를 말한다. 이에 대해 손님의 주문을 받아 매매하는 것이 브로커(broker)의 업무이다. 우리 나라의 증권회사는 자본금 규모에 따라 딜러 업무와 브로커 업무를 할 수 있으나 일정 자본금 규모에 미달할 때는 딜러 업무에 제한을 두고 있다.

ㅁ

*** 매매단위**(unit of trading)

거래소 안에서 매매되는 유가증권의 거래 단위를 말한다. 현재 우리 나라의 경우, 주식의 매매단위는 10주이며 상장채권의 경우는 1만 원이다. 거래단위 이하의 주식을 단주라고 한다.

*** 매입보유전략**(buy and hold strategy)

증권의 시장가격이 고유가치 이하로 판단될 때 증권을 매입하여 주식으로부터 얻어지는 통상적인 배당과 장기적인 가격상승을 바라며 증권을 보유하고 있는 것을 말한다.

*** 매집**(accumulation)

어떠한 의도를 갖고 일정한 주식을 대량으로 사모으는 것을 말한다. 경영권의 지배 또는 경영 참가를 목적으로 보유주식을 늘려가는 경우도 있고 대량매집을 하여 주가를 올려놓고 고가로 매도하여 매매 차익을 얻으려는 경우도 있다.

*** 명의개서**(transfer)

기명주식의 소유자 명의를 다른 이름으로 바꾸는 것을 명의개서라고 한다. 즉, 주식을 매입한 경우 주권을 배서란에 새로운 주주의 이름을 기록하는 것을 말한다. 주식을 갖고 있는 사람은 명의개서를 함으로써 회사의 주주 명부에 등재되고 주주권을 행사할 수 있다. 주식을 매입하고도 그 주식의 발행회사에 명의개서의 절차를 밟지 않으면 그 회사의 주주로 인정받지 못한다.

*** 모집(offering)**

일반적으로는 불특정 다수의 공중에게 동일조건으로 유가증권의 취득청약을 권유하는 것을 말한다. 모집과 유사한 용어로서 매출이 있는데 증권 거래법에서 모집은 새로 발행되는 유가증권의 매입 권유이고 매출은 이미 발행된 유가증권의 매도 또는 매입 신청의 권유로서 서로 구별하고 있다.

따라서 모집은 증권발행 시장에서 이루어지는 행위이고 매출은 증권의 매매방법의 한 종류로 볼 수 있다. 그러나 증권발행 시장은 원래 추상적 시장이고 대개 증권시장이라고 하면 유통시장을 의미하는 경우가 많기 때문에 모집과 매출을 엄밀하게 구별하기란 어려운 것이다.

*** 무상주 교부(delivery without compensation)**

이미 발행된 주식의 소유비율에 따라서 주주에게 무상으로 신주를 할당하여 주는 것을 말한다. 무상주 교부는 대개 회사 내에 유보되어 있는 잉여금이나 자산평가 적립금을 자본에 전입함으로써 이루어진다.

무상주 교부에는 회사가 이익금 중에서 사내 유보로서 적립하여 온 준비금의 전부 또는 일부를 이사회의 결의에 의하여 자본금으로 전입하는 경우, 회사가 자산을 재평가함으로써 생기는 재평가 차액을 자본금으로 전입하는 경우, 그리고 현금 대신 주식으로 배당하는 주식배당의 경우 등이 있다.

*** 무상증자(bonus issue)**

주금의 납입 없이 이사회의 결의로 준비금 또는 자산재평가 적립금의 전부 또는, 일부를 자본으로 전입하고 증가된 자본금에 해당되는 만큼의 신주를 발행하여 구주주에게 소유자 주식에 비례하여 무상으로 교부하는 증자 방법이다.

*** 무의결권주(non-voting stock)**

의결권이 부여되어 있지 않은 주식을 말한다. 무의결권 주식은 대체로 이익배당이나 잔여재산의 분배에 있어서 의결권주보다 우선권이 주어지는 우선주인 경우가 많다.

*** 물타기(scale trading)**

평균매입 단가를 낮추고 평균매도단가를 올리기 위한 투자방법으로서 일정한 기간을 두고 같은 주식을 계속 매입 또는 매도함으로써 주가 평균이 최근 매매시보다 낮은 가격이 되도록 한다.

*** 만료일(옵션용어)**

만료일은 옵션 매수자의 권리를 행사할 수 있는 날로서 만료일이 일정기간 즉, 만료 시간까지 권리를 행사하지 않으면 옵션은 소멸된다.

ㅂ

* **바꿔타기**(switching)

소유하고 있던 종목을 처분하고 유망주라고 생각되는 다른 종목을 매입하거나 또는 신용거래에 있어서 기한이 된 종목을 상환함과 동시에 그 종목을 다시 매입하는 것을 말한다.

* **바닥**(bottom)

주가가 크게 내려서 매우 낮은 수준에 머물러 있는 것으로 천정과 반대되는 개념이다. 또 그 가격을 바닥시세라고 한다.

* **반대매매**(round trade, round turn)

대차거래나 청산거래에 있어서 매수 또는 매도잔고를 결제하기 위하여 되팔거나 되사들이는 것을 말한다. 즉, 증권가격의 변동에 따른 손실을 방지하거나 이익을 위하여 신용거래로 매입한 주식을 매도하거나 공매한 주식을 되사들이는 것이 반대매매이다.

* **반등**(rally)

내린 주가가 반대로 큰 폭으로 올라가는 것을 말한다. 반발과 같은 의미이지만 반발보다 가격 상승폭이 더 클 때 사용된다.

주가가 하락할 때의 일시 반등이 있고 바닥을 치고 난 후의 본격적인 반등이 있다.

* **반락**(reaction)

오르던 주가가 일시적으로 하락하는 것을 말한다. 주가가 급격하게 큰 폭으로 하락할 때에는 급락이라고 한다.

* **발행시장**(issue market, primary market)

증권시장은 유가증권을 발행, 인수, 모집하는 단계와 일단 발행한 증권을 매매하는 단계로 나눌 수 있는데 전자를 발행시장, 후자를 유통시장이라고 한다. 유통시장은 증권거래소와 같이 눈에 보이는 시장이지만 발행시장은 장소가 정해진 구체적인 시장이 아니라 추상적 시장이다.

* **방어주식**(defensive stock)

경기가 나빠지고 주가가 내릴 것이 예상될 때에는 불황에 대한 저항력이 강한 회사의 주식이 비교적 안전하다. 재산보전을 위하여 이런 종목을 매입한다고 해서 방어주식으로 불리워지고 있다. 방어주는 경기동향에 민감하지 못하다.

* **배당**(dividend)

주주에 대한 기업이익의 분배가 배당이다. 배당에는 현금으로 지불하는 현금배당과 주식으로 지급되는 주식배당이 있다. 보통 배당이라고 할 때는 현금배당을 가리킨다. 또 배당에는 결산기마다 지불하는 보통배당 외에, 외국의 경우에는 예상 외로 이익이 많이 남을 때 등 특별한 경우에 실시하는 특별배당, 회사의 창립기념 등에 실시하는 기념배당이 있다.

* **배당락**(ex－dividend)

배당 기준일이 지나 배당금을 받을 수 없는 상태를 말한다. 즉, 배당금은 회사의 결산기 말 현재의 주주에게 지급되는 것이므로 그날까지 명의개서가 불가능하면 주식을 매입하더라도 당해 기의 배당을 받을 권리가 없다. 따라서 배당 기준일 다음날 주가는 전일보다 배당분만큼 낮아지는 것이 보통이다. 이를 배당락 시세라 한다. 현행 보통거래는 매매일로부터 3일째 결제되므로 사업년도 종료 전일 매매분부터 배당락 주식이 된다.

* **배당률**(dividend rate)

1주당 액면 금액에 대하여 지급되는 배당금의 비율을 말한다. 일반적으로 당기순이익이 많으면 배당률이 높고 적은 경우에는 배당률이 낮아지는 것이 보통이다. 이와 같이 배당률은 그 회사의 수익성에 의하여 좌우되는 것이기는 하나 배당이 많고 적음은 대외적으로 그 사업에 대한 신용 및 비판의 기초가 된다.

* **배당 성향**(payout ratio)

회사의 법인세를 공제한 당기순이익 가운데 배당금으로 지급되는 부분을 백분율로 표시하는 것을 말한다. 배당지급율 또는 사외분배율이라고 한다. 배당성향이 높을수록 이익 중 배당금이 차지하는 비율이 높아져서 재무구조의 약화 요인이 된다. 반면 배당 성향이 낮을수록 사내유보율이 높고 다음 기회의 배당증가나 무상증자의 여력이 있음을 나타낸다. 따라서 배당 성향은 배당이나 증자 예상을 위한 하나의 지표가 되고 있다.

＊ 배당 수익률(price－dividend yield)

연간 배당금을 현재의 주가 또는 매입 가격으로 나눈 비율을 말한다. 투자자금에 대하여 배당이 어느 정도의 수익률이 되는가를 나타내는 것으로서 투자 수익률의 기본적인 척도가 된다. 이때 배당금은 전기의 확정 배당을 기준으로 하는 경우와 당기의 예상배당에 의한 경우가 있지만 투자자의 입장에서는 예상 배당금을 기준으로 하는 쪽이 유용한 것으로 볼 수 있다.

주식투자에 있어 배당 수익률의 적정 수준은 경험적인 것으로서 절대적인 기준은 없다. 그러나 일반적으로 다른 종류의 저축수익률과의 비교 또는 다른 종목 및 평균배당 수익률과 비교될 수 있다.

＊ 번한 지표

시장에서 거래되는 주식의 양에 관한 지표로써 거래량의 많고 적음을 지수화하는 과정에서 거래량을 나타내는 상장주식 회전율과 거래의 질을 나타내는 거래성립율을 곱한 것으로 계산되는데 그 산식은 다음과 같다.

번한지표＝거래량회전율×거래성립율＝(거래량/전체상장주식총수×100)×(거래성립종목수/전체상장종목수×100)

주식시장의 주가 흐름은 각국면마다 시장의 번한도가 다르게 나타난다. 이렇게 서로 다르게 나타나는 번한도에 따른 현시가의 수준이 어느 정도냐를 알아보는 지표가 바로 번한지표이다. 번한지표가 높게 나오는 경우는 시장 국면이 활황세를 보이면서 전 종목에 걸쳐 많은 거래량이 있었음을 나타내고 있다. 번한지표 산출식에 이용되는 전체시장 회전율을 가지고 시장세를 분석하는 지표를 보면 다음과 같다.

전체시장회전률(%)=(당일거래량×연간 시장(입회)일수/전체상장주식수)×100

우리 나라에서는 전체시장 회전율이 100%가 넘으면 가열장세의 천정주가로 판단하고 30% 이하면 침체국면의 바닥권으로 본다.

* 벌처 펀드 지표(VULTUR FUND)

독수리가 썩은 고기를 뜯어 먹는 것처럼 부실기업이나 정크 본드를 주 투자 대상으로 하는 펀드이다. 기술력은 있으나 자본력이 없는 기업에 투자하는 벤처 펀드와 대별되는 개념이다. 부실 기업을 싼값에 사들여 이를 회상시켜 다시 높은 가격에 되팔아 수입을 내는 펀드. 부실기업이 아주 높은 금리로 발행한 정크 본드도 투자대상이 된다.

* 병행증자

유상과 무상의 증자를 병행하는 것을 유·무상 병행증자라고 한다. 포괄증자와 다른 점은 유상신주와 무상신주를 별도로 발행하는데 있다. 즉, 포괄증자의 경우는 신주 1주 가운데 유상증자분과 무상증자분이 포함되어 있어 어느 한 쪽만 인수할 수는 없다. 그러나 병행증자는 유상증자분의 1주당 인수 가액을 납입시키지만 무상증자분은 이와 관계없이 무상신주를 교부하는 것이다.

예를 들면 구주 1주마다 유상을 0.8주, 무상을 0.2주의 비율로 할당하여 100% 증자를 실시하는 경우, 유상 80%, 무상 20%의 100% 병행증자라 한다. 만약 이 경우 유상증자분에 대하여 신주인수를 포기하더라도 무상증자분의 인수권리는 잃지 않는다.

* **보통거래**(reqular way)

실물거래의 하나로서 매매 계약을 체결한 후 3일째 되는 날 주권과 대금의 교환이 행해지는 거래를 말한다. 이에 대해 당일 결제거래는 매매가 성립된 날에 매도 증권과 매수 대금이 교환된다. 현재 우리 나라에서 관리대상 종목을 제외한 모든 거래는 보통거래이며 채권거래는 대부분 당일 결제거래로 매매되고 있다.

* **보합**(no change, no altermation, stationary)

시세가 별다른 변동 없이 계속 유지되는 것을 말한다. 이때 강한 매수세가 뒷받침이 되어 상승 쪽으로 움직일 가능성이 있는 장세를 강보합이라 하며 그 반대의 경우는 약보합이라 한다.

* **부동주**(floating stock, floating supply of stock)

안정된 투자층이 장기간 보유하고 있는 성격의 주식이 안정주인데 반하여 부동주는 시장에서 유통되고 있는 주식을 말한다. 부동주가 많은 종목은 주가변동이 적은 반면, 부동주가 적은 주식은 매매량은 적어도 주가는 크게 움직이는 경향이 있다. 어떤 종목에 있어 부동주가 어느 수준인가는 엄밀히 계산할 수 없지만 일반적으로 자본금 규모에 따라 결정된다. 즉, 대형주는 부동주가 많고 자본금 규모가 적은 소형주는 부동주가 적은 것이 보통이다. 이를 유동주라고도 한다.

*** 부채비율**(debts ratio, ratio of tatal liabilities to net worth)

기업의 총자본을 구성하고 있는 자기자본과 타인자본의 비율을 말한다. 즉, 부채총액을 자기자본으로 나눈 백분율이 부채비율이다. 부채는 유동부채, 외사채 등의 장기 차입금을 말하며 자기자본에는 보통주, 유보이익, 자본준비금 등이 포함된다. 부채 비율이 높으면 호경기 때는 이익의 확대효과를 가져오는 장점이 있는 반면에 불경기에는 금융비용 부담으로 수지를 악화시키는 요인이 된다. 부채비율이 너무 높으면 재무구조가 불량한 것으로 간주된다.

*** 분산투자**(diversified invstmment)

집중투자에 반대되는 개념으로서 증권투자에 따른 위험부담을 분산할 목적으로 주식을 매입할 경우에 여러 업종이나 종목에 분산해서 투자하는 것을 말한다. 위험분산을 목적으로 하는 투자신탁이나 생명보험 등의 자산 운용에서는 반드시 분산투자의 방식을 택하고 있다.

*** 브로커**(broker)

고객의 주문을 받고 유가증권의 매매, 즉 위탁매매를 전문으로 하는 증권업자이다. 딜러(dealer)가 자기 계산에 의한 유가증권의 매매이익을 수입원으로 하는 것에 비하여 브로커는 위탁수수료 수입에 의존하는 까닭에 비교적 안정성이 높다고 볼 수 있다.

*** 비체계적 위험**(unsystematic risk)

노동파업, 경영의 실패, 신제품의 발명, 소비자 기호의 변화, 소송 등과 같이 전체적인 경기동행과는 관계없이 하나 또는 몇 개의 기업에 개별적으로 영향을 주는 위험 요인을 말한다. 이와는 반대로 산업전체의 활동수준이나 증권시장 상태에 영향을 주는 요인을 체계적 위험이라고 한다.

ㅅ

* **사내유보**(retained earnings)

기업이 설비를 확장하거나 배당을 안정적으로 지급하는 등의 목적으로 당기순이익 가운데 일부분을 사내에 유보시켜 두는 것을 말한다. 손익 계산서의 이익처분 항목 중 각종 적립금과 차기이월 이익잉여금이 사내보유 금액이다. 이에 비해 주주에 대한 배당금, 임원 상여금, 세금 등의 지불을 사외유출이라고 한다.

* **사채**(corporate bonds, debentures)

회사가 사업자금을 일반 대중으로부터 조달하기 위하여 발행하는 채권을 말한다. 기업은 채권을 발행함으로써 사채업자에게 채무를 부담하고 이자를 정기적으로 지급해야 하며 약속된 기일에 원금을 상환해야 한다.

사채가 주식과 다른 점은 일정한 상환 기한이 있고 기업이익의 유무에 상관없이 확정이자를 지급해야 하며 회사 해산의 경우에는 잔여 재산의 분배에 주식보다 앞서 상환되고 주주총회에 있어서의 의결권이 없다는 점 등이다.

* **상장**(listing)

증권시장에서 매매가 될 수 있도록 증권을 증권거래소에 등록하는 것을 말한다. 주식이 상장되려면 먼저 기업이 공개되어야 한다. 증권이 거래소에 상장되면 발달된 매매거래의 시설과 기술을 이용할 수 있다. 따라서 그 증권의 시장성이 증대되고 증권발행자로 하여금 거액의 소요자금을 쉽게 조달할 수 있도록 한다. 또한 투자자에게는 매매를 통하여 자유롭게 투자 또는 회수할 수 있는 신뢰성을 갖게 한다.

* **상호주**(shares in mutual ownership)

상장법인이 발행한 주식을 다른 상장법인으로 하여금 소유하게 하고 이와 관련하여 다른 상장법인의 주식을 소유하는 경우의 주식을 말한다. 기업간의 업무상 또는 기술제휴를 도모하기 위한 결합의 수단으로 혹은 기업그룹 내에서 결합강화를 위한 수단으로 이용된다. 그러나 이는 주가 조작이나 내부자 거래의 위험이 있고 자본충실의 원칙을 해칠 수 있으므로 증권거래법상 원칙적으로 제한하고 있다.

* **선도주**(market leader)

주식시장 전반의 장세를 리드하는 주식 또는 같은 업종의 주식 중에서 다른 종목보다 먼저 주가가 등락하는 주식을 가르킨다. 이와 같은 선도주 그룹에 불량주의 비중이 커지는 경우를 선도주의 질이 악화되어 간다고 말한다. 선도주의 질이 양호해져 가는지 악화되어 가는지에 따라 앞으로의 주가를 예측할 수 있다.

* **성장주**(growth stock)

기업수익의 증가율이 계속 높을 것으로 예상되는 회사의 주식을 말한다. 따라서 이러한 회사는 앞으로 증자, 배당증가가 기대되기 때문에 현재의 배당 및 이익실적 등에 비교하여 높은 주가를 형성하는 것이 보통이다.

이러한 성장주의 요건으로는 기업의 장래성이 높고, 경영자가 유능하며, 업계에서 차지하는 비중이 커서 일시적인 불황에도 흔들리지 않고, 매출액과 이익금이 높은 수준으로 증가하고, 발행주식수도 지나치게 많지 않은 것 등을 들 수 있다.

* 소형주(small-capital stock)

대형주의 반대되는 개념으로서 자본금이 비교적 작은 회사의 주식을 말한다. 구체적으로 소형주를 규정하는 일반적인 기준은 없으나 우리 나라의 경우는 자본금의 규모가 50억 원 미만의 주식이 이에 포함된다. 소형주는 대형주에 비해 비교적 적은 유통자금으로도 주가를 크게 움직일 수 있는 특징이 있다.

* 손절매(sacrifice,shaking out)

현재 가지고 있는 주식의 시세가 매입한 가격보다 낮은 상태이고 단기간에 가격상승의 희망이 없는 경우, 손해를 보고 파는 것을 말한다. 주로 신용거래에서 매입한 뒤 주가가 떨어져 손해를 보고 청산하는 경우를 말한다.

* 수정주가(adjusted stock price)

유·무상 증자나 액면 분할 등이 있는 경우 주식가격을 비교 가능하게 하기 위해 수정한 것을 말한다. 수정주가를 구하는 방법에는 권리락 전일의 주가를 기준으로 하여 권리락 후의 이론주가를 구한 후 그것을 기준으로 수정주가를 산출하는 다우식과 권리락 가격에서 권리부 가격으로 환원하여 수정주가를 구하는 환원식이 있다.

＊ 시가(opening price)

하루 중에서 최초로 성립된 가격, 즉 최초 입회에서 형성된 가격이다. 후장에서 제일 먼저 이루어진 가격은 후장의 싯가가 된다. 시초가와 같은 의미이다.

＊ 시가발행(issue at market price)

신주를 발행할 때 주식시장의 시가를 기준으로 발행하는 제도를 말한다. 이때 발행가격을 시가에 가까운 수준에서 정하는 완전시가 발행과 액면과 시가의 중간 정도에서 정하는 중간발행이 있다. 중간 발행은 서독에서 넓게 행하여지고 있어 서독방식이라고도 불리우며 프리미엄부 발행이라고도 한다.

시가발행의 잇점으로는 첫째, 적은 발행주식으로 많은 자금을 조달할 수 있기 때문에 자기자본 충실과 자본비용을 낮출 수 있다는 점. 둘째, 시가로 발행하기 때문에 권리락으로 인한 주가의 대폭적인 변동이 없어 주가가 안정적이다. 셋째, 발행가격이 유통가격을 기준으로 결정되기 때문에 경영자가 자기 회사의 주가를 주시하게 될 것이며 따라서 주가가 증자의 조정력을 갖게 된다. 넷째, 완전시가발행이 되면 공모증자가 보편화되기 때문에 증권회사에서 인수업무를 확립할 수 있다.

＊ 시가 총액(aggregate market volume)

상장된 모든 주식을 그날의 종가로 평가한 금액을 말한다. 즉, 상장 전 종목의 그날 종가에다 각각의 상장주식수를 곱해 전부를 합계한 것이 시가 총액이다. 말하자면 계산 시점에서의 상장주식 총평가액이며 주식시장이 어느 정도의 규모를 가지고 있는가를 나타낸 것이다.

＊ 시간외매매(After-hour Trading)

정규 매매시간 종료 후 일정 시간(15시 10분～15시 40분)동안 호가를 접수하여 매매하는 시간외 매매제도이다. 시간외 종가매매는 종가로 주문을 받아 당일 종가로 매매하는 것이다. 단, 5만 원 이상 종목은 단주매매도 허용된다.

시간외 대량매매는 일정 가격 범위 내에서 일정 수량 이상인 매도, 매수 주문을 당해주문가격으로 매매체결하는 것이다.

＊ 시세

증권시장에서 수요 공급의 원칙에 따라 매매거래가 형성된 증권의 가격을 말한다.

＊ 시장가 주문(market order)제도

시장가 주문이란 가장 유리한 가격조건 또는 시장에서 형성되는 가격으로 매매체결을 원하는 주문형태이다.

시장가 주문은 위탁자가 주문가격을 명시하지 않으며, 매매는 지정가 주문에 우선하여 체결된다.

단, 지정가 주문(limit order)은 현재 시장에서 이용되는 주문형태를 말하며 지정된 가격 또는 지정된 가격보다 유리한 가격에서만 매매체결이 이루어지는 주문형태이다.

* 시장성(marketability)

증권이 언제든지 현금화될 수 있는 정도를 말한다. 환금성 또는 유통성이라고도 한다. 증권의 시장성은 자본금의 크기, 분포상황, 부동주의 정도에 따라 결정된다. 주식투자시에 수익성, 성장성 및 안정성 이외에도 시장성을 고려해야 한다.

* 시장 제2부

증권거래소 내의 시장은 상장기준에 따라 시장 제1부 및 시장 제2부로 나누어진다. 거래소에 신규로 상장되는 주식 및 이미 상장된 주식이라 하더라도 시장 제1부 요건에 미달되는 종목이 시장 제2부 종목이고 2부 종목이 거래되고 있는 시장이 2부 시장이다. 즉, 모든 상장주식은 상장된 후 일정 기간 동안 2부 시장을 거쳐야 하고 1부 종목이라 하더라도 1부 요건에 미달하면 언제든지 2부 종목으로 바뀔 수 있다.

* 시초가 주문(opening order)

전장 혹은 후장의 동시호가 시세대로 매매해 달라는 주문을 말한다. 증권거래소의 업무규정에 의하면, 한 거래원이 매매의 쌍방이 되어 시초가로 동일 수량을 매매시키고자 하는 주문이 있으면 시초가로 매매 성립을 시킬 수 있도록 되어 있다.

*** 신용거래(margin transaction, margin trading)**

증권회사가 고객으로부터 일정의 증거금(위탁보증금)을 받고 주식의 매매대금을 빌려주거나 고객이 매도하는 주식을 빌려 줌으로써 행해지는 주식거래이다. 다시 말해서 증권회사가 고객에게 신용을 공여해서 행해지는 거래이기 때문에 이것을 신용거래라고 한다. 고객으로부터 신용거래의 주문을 받은 증권회사는 매도주식 또는 매입대금을 빌려 준다. 신용거래를 할 수 있는 신용거래 종목은 시장 1·2부 전 종목이다.

신용거래의 주문을 받은 증권회사는 다시 증권금융회사로부터 자금과 주식을 빌려 고객에게 대출해 주는 형식을 취하는 것이 보통인데 이것을 유통금융이라고 한다. 이에 대하여 증권회사가 자력으로 증권 또는 증권의 매입자금을 고객에게 빌려주는 것을 자기신용이라고 한다. 이때 증권금융회사와 증권업자와의 거래관계를 대차거래라고 하지만, 넓은 의미의 신용거래에는 대차거래가 포함된다.

*** 신용융자신고**

투자자가 증권회사로부터 주식매입대금을 융자받아 매입한 총융자금액 중 상환하지 않고 남아 있는 융자 잔액을 의미한다. 신용융자 잔고가 늘어나면 투자자들이 장세를 좋게 본다는 것을 의미한다. 그러나 잔고가 커질수록 오히려 잠재적인 매도물량이 늘어남으로써 주가상승에 압박을 주게 된다.

*** 신주인수권(subscription right)**

회사가 신주를 발행할 때 주식수에 비례하여 우선적으로 신주를 배정받을 수 있는 권리를 말한다. 인수권을 주주에게 주는 것이 주주할당이고 연고자 등에게 할당하는 것이 제3자 할당이다.

우리 나라에서는 주주의 이익을 보호하기 의하여 정관에서 특별히 정한 경우가 아니면 제3자에게 신주인수권을 할당할 수 없도록 하고 있다.

*** 실권주(forfeited shares, released shares)**

회사가 유상증자를 행할 때 주주가 배정된 신주인수권을 포기, 주금을 납입하지 않은 주식을 말한다. 발행회사의 업적이 나쁘거나 무리한 증자로 인하여 시가가 납입액보다 낮을 때 혹은 자금부족으로 납입자금의 조달이 어려울 때에는 실권주가 발행한다.

*** 실망투매**

장세가 자기가 생각하는 방향으로 움직이지 않아서 비관적인 전망을 갖고 팔아버리는 것을 말한다.

ㅇ

* **악재**(bad news, unfavorable factor)

시세를 떨어뜨리는 요인을 말한다. 악재에는 시장 외부로부터 오는 것으로서는 배당감소, 자본감소 등과 같이 개개의 종목에 영향을 미치는 것, 제품가격의 하락 등과 같이 일개의 업종에 영향을 미치는 것, 금리인상과 같이 시세전반에 영향을 주는 것 등이 있다. 또 시장 내부의 것으로서는 신용거래의 팽창이나 투자신탁의 대량매도 등이 포함된다. 이와 반대로 시세를 높이는 요인을 호재라고 한다.

* **안정주**(stable shares)

주가의 움직임이나 배당 등이 비교적 안정적인 주식을 말한다. 주로 대형주 등이 이에 속한다.

* **안정 주주**(strong stockholder)

회사의 업적이나 주가의 일시적 변동에 관계없이 장기간 안정적으로 주식을 보유하고 있는 주주를 말한다. 일반적으로 은행, 보험회사 계열회사 등의 법인 주주는 영업상의 이유 등으로 비교적 장기간 주식을 보유하는 경우가 많기 때문에 이를 안정 주주로 볼 수 있다. 이에 대해 일반 개인 주주 가운데 주가 변동에 따라 비교적 자주 매매를 하는 투자자는 부동 주주라고 한다.

* **액면**(par value)

주식 또는 사채의 권면에 기재되어 있는 금액을 말한다. 현재 액면의 최저한도는 주식의 경우 5,000원, 사채는 10,000원 이상으로 발행하도록 규정되어 있다.

* **액면발행**(par issue)

주식이나 공사채를 액면가액으로 발행하는 것을 말한다. 주식 및 사채는 액면, 액면초과 또는 액면 미만의 방법으로 발행될 수 있다. 액면초과로 발행되는 것을 할증발행 또는 프리미엄부 발행이라고 하며 액면 미만으로 발행되는 것을 할인발행이라고 한다. 현 상법은 자본충실의 원칙 등을 이유로 할인 발행을 제한하고 있다.

* **액면변경**(change in par value)

주식의 액면 금액을 바꾸는 것을 말한다. 예를 들면 주식분할이나 주식 병합과 같은 경우이다.

액면 변경은 회사의 자본금이나 자산을 증감시키지 않고 발행주식수만을 증감시키는 것이다. 즉, 액면 1,000원의 주식을 500원으로 바꾸는 등의 경우이다.

* **약세시장**(bear market)

주가가 장기적으로 하락하는 추세에 있는 시장을 말한다. 이때는 시장가격이 증권의 고유가치보다 높게 형성되어 있는 상태로서 주가가 상당 기간 하락할 것이 예측되는 시장이다.

*** 업적시세**

상장회사의 업적이 전반적으로 향상됨에 따라서 전반적인 주가가 상승하고 있는 시세를 말한다. 일시적인 주가상승과는 달리 기업의 실적 호전을 근거로 주가가 오르기 때문에 상승기간이 비교적 오래 계속되며 상승폭도 큰 것이 일반적이다. 따라서 업적시세는 장세의 큰 흐름으로 발전되는 경우가 많다. 이는 금융시세와 대비되는 개념이다.

*** 예탁증서(depositary receipts)**

주식이나 수익증권 유통을 원활하게 하기 위해 예탁기관이나 지정한 수탁기관이 발행회사의 원주를 보관하고 이에 대신하여 발행하는 대체 증권을 말한다. 주로 외국인 투자자에게 주식을 판매할 때 예탁증서를 발행한다. 이를 줄여서 DR이라 하는데 발행시장에 따라 미국시장에서 발행하면 ADR(Amercan Depositary Receipts), 유럽시장에서 발행하면 EDR(European Depositary Receipts) 등으로 부른다.

*** 옵션 크라스(option class)와 옵션 시리즈(option series)**

옵션 크라스는 기본 자산이 동일한 모든 콜옵션와 모든 풋옵션을 말하며 옵션 시리즈는 동일한 크라스의 옵션으로서 옵션의 종류(콜옵션 또는 풋옵션). 행사가격 및 만료일이 같은 옵션을 말한다. 옵션 거래 대상별로 1개의 크라스가 있으며 동일 크라스 중에는 옵션의 행사 중 옵션의 종류 행사가격 및 만료일이 차이가 나는 여러 개의 옵션 시리즈가 있다.

* 우량주(blue chip)

업적과 경영 내용이 좋고 배당률도 높은 회사의 주식을 말한다. 이는 주가 수준에 따라 고가우량주, 중견우량주, 또는 품귀우량주 등으로 표현하고 있다. 우량주는 정확한 기준이나 개념이 정립되어 있는 것은 아니다. 그러나 일반적으로 수익력이 높고, 재무 내용이 좋으며, 경영 능력이 우수한 사람이 경영을 맡고 있고, 같은 업계에서 유력한 지위를 갖고 있는 회사의 주식을 말한다. 블루칩이라고도 한다.

* 우선주(preferred stock)

이익의 배당 또는 기업이 해산될 때 잔여재산의 분배를 보통 주식에 우선하여 받을 수 있는 권리를 가진 주식을 말한다. 우선주는 보통 주식보다 높은 안정성을 원하는 투자자를 대상으로 발행되고 있다. 또 우선주는 선진국의 경우, 배당에 대해서 우선권을 갖는 반면 경영참가권(의결권)이 주어지지 않는 경우가 많다. 우선주에 대해서는 미리 우선 배당률이 정해져 있는 것이 보통이지만 기업 이익이 많을 때는 보통주보다 낮을 경우가 많다.

* 위탁수수료(brokerage comission)

고객이 증권회사에 위탁하여 증권을 사거나 팔았을 때 증권회사에 지불하는 수수료를 말한다. 위탁수수료의 요율과 징수 방법은 증권거래소의 수탁계약 준칙에 규정되어 있다.

1988년 12월 현재의 위탁수수료율은, 채권의 경우 잔존기간에 따라 각 증권회사에서 자율적으로 결정한다.

* **위탁증거금**(margin)

신용거래에서 증권회사가 고객에게 주식이나 자금을 대여할 때 주가 변동에 따르는 담보 부족의 위험을 방지하기 위하여 증권회사는 주문을 위탁받음과 동시에 일정액의 보증금을 받는다. 이것을 위탁증거금 또는 간단히 증거금이라고 한다. 다시 말하면 고객이 증권매매를 위하여 증권회사에 맡기는 현금이나 대용증권을 말한다.

위탁증거금은 주문 수량에 그 지정 가격(지정 가격이 없을 때는 그 시세)을 곱하여 산출한 금액에 그 종목의 위탁 증거금률을 곱한 금액 이상으로 하고 있다. 감독기관은 증권정책상 필요할 때는 이 증거금률을 수시로 변경할 수 있다.

* **유가증권**(valuable instrument papers)

일반적으로 민법 또는 상법상의 재산권 또는 재산적 이익을 받을 자격을 나타내는 증권을 말한다. 증권 거래법에서 규정한 유가증권은 다음과 같다. 국채증권, 지방채증권, 특별한 법률에 의하여 설립된 법인이 발행한 채권(특별법인채), 사채권, 특별한 법률에 의하여 설립된 법인이 발행한 출자증권, 주권 또는 신주 인수권을 표시하는 증서, 외국인 또는 외국 법인이 발행한 증권 또는 증서로서 국채증권 내지 주권 또는 신주인수권을 표시하는 증서의 성질을 구비한 것 중 재무부장관이 지정하는 것, 국채증권 내지 외국인 또는 외국법인이 발행한 증권 또는 증서로서 국채증권 내지 주권 또는 신주 인수권을 표시하는 증서의 성질을 구비한 것 중 재무부장관이 지정하는 것과 유사한 것으로 대통령이 정하는 것 등이다. 보통 증권시장에서 사용되는 증권이라는 말은 상장되어 있는 주식 및 채권을 가리킨다.

＊ 유가증권거래세(securities exchang tax)

유가증권의 매매 및 교환에 대한 과세를 말한다. 우리 나라에서는 유가증권의 매도에 한하여 유가증권 거래세의 기본 세율을 0.5%로 규정하고 있다. 그러나 시가가 액면가 미만의 주식을 매도할 때는 거래세가 적용되지 않는다.

＊ 유보이익(retained earnings)

이것을 적립이익이라고도 하는데, 회사가 영업활동의 결과 생긴 이익의 일부를 배당하지 않고 사내유보하는 것을 말한다. 유보이익이 많을수록 재무구조가 튼튼함을 의미하는데 이는 대외 신용도를 높이는 역할을 한다.

＊ 유상증자(capital increase with paid－in)

주식회사가 주주들의 실질적인 출자에 의하여 자본금을 늘리는 것을 말한다. 이때 회사는 증자와 함께 신주식을 발행하게 되는데 신주는 주주에게 할당하는 것이 보통이지만 제3자에게 할당하는 경우도 있다. 이에 비해 실질적인 주금액의 납입 없이 준비금의 자본전입에 의한 증자를 무상증자라 한다.

＊ 유통시장(trading market secondary)

유가증권의 매매가 이루어지는 시장으로서 매매시장 또는 제2차 시장이라고도 한다. 유통시장으로서는 거래소 시장이 대표적인 것이지만 점두시장도 유통시장에 속하며, 미국에서는 오히려 점두시장의 규모가 거래소시장 보다 크다.

* 유휴자금(idle money)

투자 대상을 찾지 못하고 대기 상태에 있는 가계나 기업의 여유 자금을 말한다. 이는 대기성 자금으로 투자 대상을 발견하면 그곳으로 몰리는 경향이 있어 주식시장에 유입되면 주가를 크게 움직이는 요인이 된다.

* 이격도

당일의 주가를 당일의 이동평균으로 나눈 백분율을 말한다. 따라서 이격도가 100% 이상이면 당일의 주가가 이동평균보다 높은 수준에 있는 경우이고 반대로 100% 이하이면 주가가 이동평균 아래 있는 상태를 가리킨다. 이격도는 그랜빌(J. E. Granville) 투자법칙 중 '이동평균선과 현실 주가와의 괴리가 클 경우에 매입 또는 매도 시점이 될 수 있다'는데 대한 현실적 투자 기법이다. 즉, 이격도가 100% 수준보다 높으면 높을수록 하락할 가능성이 크고 낮을수록 상승할 가능성이 크다.

* 이동평균선(moving average)

일정 기간 동안의 주가 및 거래량의 평균수치를 주가 및 거래량의 이동평균이라 하고 이것을 그래프로 연결한 선을 이동평균선이라고 한다. 이동평균선에는 그 기간에 따라서 6일, 12일, 25일, 75일, 100일, 150일, 200일 등이 있으며 이 중 25일 정도까지를 '단기선', 100정도까지를 '중기선', 그 이상을 '장기선'이라고 말한다.

계산 방법은, 25일 거래량 이동평균을 예로 들면, 과거 25일간의 종가 합계를 25로 나누어서 그것을 그래프화한 것이다. 이동평균선은 장단기주가 예측에 활용되고 있는데 주가변동이 큰 장세에서는 주가추세를 쉽게 파악할 수 있는 장점을 갖고 있으며 시세의 전환 시점을 파악하는데도 도움을 줄 수 있다. 그러나 주가 예측지표인 이동평균선은 그 매매신호가 다소 늦게 나타나는 문제점을 갖고 있다.

* 인기주(active stock)

시장에서 인기가 있고 시세 전체를 자극할 수 있는 호재가 나타났을 때 최우선적으로 가격이 오르는 주식을 말한다. 일반적으로 인기주는 거래량이 항상 많고 주가 변동이 비교적 크며 자본금 규모가 적절하고 시장성이 좋아 장래 기대 투자 수익률이 높은 회사의 주식이다.

* 일임매매(discretionany transaction)

고객이 유가증권의 매매에 관한 종목, 수량, 가격의 결정을 증권회사에 맡기는 것을 말한다. 일임매매는 가끔 증권회사와 고객 사이의 분쟁의 원인이 되고 있어 원칙적으로 금지되어 있으며 어쩔 수 없는 일임매매를 행할 때에는 고객과 서면으로 계약하도록 되어 있다.

* OBV지표

주식시장에서 거래량이 주가의 그림자라는 말은 거래량이 주가를 움직이는 원천이라는 말이다. 이러한 거래량 변화를 통계적으로 지수화하여 실제투자에 응용할 수 있는 것은 OBV선(on balance volume line)이 있다.

주식시장의 장세가 강세에서 약세로 기울어지면서 바닥권까지 주가가 밀려나면, 거래량이 현저하게 줄어들면서 주가의 오르내림이 거의 없는 정도의 소강상태가 유지된다. 그러나 증권 전문가들은 이 시점에서 반전되는 다음 장세를 노리고 주식을 매입하기 시작하거나, 그 동안 큰 시세차익으로 재미를 본 주식들을 조금씩 시장에 내놓게 된다. 이렇게 되면 증권시장 안에는 커다란 매집활동이나 분산활동이 생기는데 이러한 정보수집을 위한 것이 OBV지표이다.

OBV선은 매일의 주가와 거래량의 변동을 그래프화한 것이다. 차트상에는 미세한 지그재그 형태로 나타나는 것이 보통이다. 이의 작성 방법은 지극히 간단하다. 이것은 주가가 하락했을 때 거래량을 차감하여 매일매일 집계하는 방식을 취하는데 단 종가의 변동이 없는 날은 계산하지 않게 된다. 즉, 주가가 상승한 날의 거래량은 더하고, 하락한 날의 거래량은 뺀 것을 누계하여 도표화한 것이다. 이때에 나타나는 OBV선상에서 바로 직전의 최고가인 정상을 벗어나 주가가 상향하는 경우에는 U마크로 표시하고 반대로 바로 직전의 바닥세를 빠져 나가 주가가 떨어지는 경우에는 D마크로 나타내어 투자지표로 활용하는데 도움을 주고 있다.

ㅈ

*** 자기매매**(self－account transaction)

증권회사가 자기계산으로 유가증권을 매입하거나 매각하는 업무를 말하며 딜러 업무라고 한다. 우리 나라의 증권회사는 브로커인 동시에 딜러이므로 위탁매매에 있어 고객에게 불리한 영향을 줄 수 있으므로 거래원은 위탁자로부터 매매거래의 위임을 받았을 때에 그 위탁받은 매매거래를 행하기 전에 자기가 직접, 간접으로 이해 관계를 갖는 매매거래를 할 수 없으며 위탁매매를 우선적으로 처리하도록 되어 있다.

*** 자기 자본**(net worth owned capital)

기업의 자본은 자기자본 및 타인자본으로 구성된다. 여기서 자기자본은 자본금, 즉 납입자본금, 법정 준비금(자본 준비금, 이익준비금 및 재평가 적립금 등), 잉여금 등을 말한다. 또 기업의 사용 자본을 조달 원천별로 나눈 경우는 기업 내부로부터 조달된 것을 내부자금이라고도 한다. 총 자본 중에서 차지하는 자기자본의 비율은 자기자본 비율이라 하는데 이것이 높을수록 기업의 안정성이 높다.

*** 자본 자유화**

직접투자, 간접투자를 포함하여 국가간의 모든 자본 거래가 자유로운 상태를 말한다. OECD(국제경제 협력개발기구)의 규정에 의해 자유화하지 않으면 안 되는 자본 이동의 내용에는 국내 국외 각각 직접투자, 증권의 매매, 부동산거래, 금융상의 크레디트, 대부 등이 포함된다. 따라서 자본 자유화는 직·간접투자와 관련된 장·단기 자본 이동이 모두 해당되는 것이며 그 대상 항목은 상당히 광범위하다. 1981년 발표된 자본 자유화 4단계 계획에 의해 우리 나라는 현재 자본 자유화 2단계를 추진 중에 있으며 지금까지 국제투자 신탁설치와 해외전환 사채발행 등의 활발한 진척을 보이고 있다.

* 자산 담보부 증권

ABS(ASSET BACKED SECURITIES)의 약자 대출 채권이나 담보물권을 근거로 해서 채권을 발행해 자금을 조달하는 증권이다.

금융기관이 대출할 때 확보한 담보물권을 근거로 발행하는 담보부 증권(MORTGAGE BACKED SECURITIES)이 주종을 이룬다.

우리 나라에서는 주택은행이 주택자금 대출시 잡은 담보물건을 근거로 발행을 검토했으나 너무 소액이라서 아직은 발행을 유예하고 있다.

* 자산 재평가(assets revaluation)

기업은 설비를 구입한다. 그런데 인플레가 진전되면 설비의 장부가액과 실제 가액 사이에 큰 차액이 발생하기 때문에 당초의 상장자금만으로는 새로운 설비를 매입할 수 없게 된다. 이러한 문제점을 해결하기 위하여 기업이 보유하고 있는 고정자산의 장부가액을 현실 가격으로 재평가하여 상각하게 되는 것이다.

또 감가상각액이 실제보다 작으면 표면이익이 커지게 되고 그

만큼 과세부담도 무거워지므로 재평가를 통하여 감가상각을 늘려 과세를 줄일 수 있다. 이런 관점에서 고정자산 재평가라고 한다. 자산 재평가법에 의해 재평가 차액에서 이월결손금을 공제한 잔액은 적립금을 적립하도록 되어 있다.

* 자산주(asset stock)

하나의 자산적 가치로서 장기투자할 수 있는 주식을 말한다. 자산주는 주로 회사의 업적이 안정되어 있고 배당률에 큰 변동이 없으며 주가도 투기적인 움직임을 나타내지 않는 주식이다. 따라서 자산주 투자는 매매차익보다 주로 배당에 따른 투자 수익을 목적으로 하는 것이다. 자산주를 선택할 때는 기업의 재무구조, 성장성, 경영자의 자질 주요 사업내용 등 기업의 기본적 요소를 종합하여 결정하여야 한다.

* 자율조정(technical change)

일반적으로 주가는 시장 전체의 흐름과 반대 방향으로 극히 단기간 내에 3분의 1 또는 3분의 2의 반작용이 일어나는 경향이 있다. 즉, 하락 경향이 급격할 때는 단기적으로 반등현상이 일어나고 상승경향이 급격할 때는 단기적으로 반락 현상이 일어난다. 이와 같은 주가 운동을 자율조정이라고 하며 전자를 자율반등, 후자를 자율반락이라고 한다. 이것은 경제나 기타 기본적 요소의 변동에 의한 것이 아니고 주가 움직임의 속성상 발생하는 기술적 요인에 따른 일시적인 현상이다.

＊ 자전매매(cross trading)

한 증권회사가 동일한 종목을 동일한 가격과 수량으로 동시에 매도 또는 매수하는 것을 말한다. 자전매매는 거래원인 증권회사가 고객들로부터 같은 수량의 매입과 매도 주문을 받았을 때 또는 신용거래의 기한을 갱신할 때 주로 이루어진다.

＊ 재료(factor)

주가에 영향을 미치는 요인이나 사실 등을 말한다. 경기변동, 경제 여건의 변화 , 국내외 정세변화 등과 같이 전반적인 장세에 영향을 미치는 재료가 있고, 순이익 변화 및 배당, 증자와 같이 개별기업에 영향을 주는 재료가 있다. 주가에 유리한 영향을 주는 재료를 호재라 하고 불리한 영향을 주는 재료를 악재라 한다. 재료를 기대할 수 있는 주를 재료주라 한다.

＊ 저항(resistence)

주가가 어느 선까지 오르면 그 주가 상승을 정지시키는 매도 세력이 있어 더 이상 오르지 못하게 되는데 이 세력을 저항이라 하고 이 주가 수준을 저항선이라 한다. 이와 반대로 주가 하락을 일정 수준에서 저지하는 매입세력을 지지라 하며 이 주가 수준을 지지선이라 한다.

＊ 전장(morning session)

상오 중의 입회를 말한다. 전장의 입회시간은 상오 9시30분부터 11시30분까지이며 토요일과 대발회, 대납회는 전장 매매뿐이다. 전장의 처음의 매매입회를 시초라 한다. 이에 비해 오후의 입회를 후장이라 하는데 하오 1시부터 3시까지 거래가 행해진다.

* **전환사채(convertible bond)**

일정 기간이 지난 후 일정 비율의 주식으로 전환 청구가 가능한 사채를 말한다. 주식으로 전환할 것인지 사채를 그대로 보유하고 있을 것인지는 투자자의 자유의사에 의하여 결정된다. 전환사채는 확정이자 부채권으로서의 안정성과 주식의 가격 상승으로 인한 자본 이득을 함께 기대할 수 있다는 점에 특색이 있다.

전환사채가 발행되는 이유를 기업의 측면에서 보면, 투자자에게 선택권을 줌으로써 자금조달이 쉽기 때문이다. 그리고 투자자의 측면에서 보면, 기업이 신규사업 등을 착수하여 기업의 수익성이 좋을 때는 주식으로 전환하여 배당을 받을 수 있는 잇점 때문이다. 전환가격 결정을 액면으로 하느냐 시가로 하느냐에 따라 액면전환사채, 시가전환사채로 나뉘어진다. 전환권이 부여되어 있으므로 표면 이율은 보통 사채보다 낮다.

* **점두거래(over－the－counter action)**

증권거래소 안에서 행해지는 거래를 거래소 거래라 하고 이에 비해 거래소 밖, 즉 증권회사의 점두 등에서 이루어지는 거래를 점두거래라고 한다. 따라서 점두거래는 상장종목의 단주 및 비상장주식과 소액채권 등이 주로 거래된다.

* **점두시장(over－the－counter market)**

증권거래소 밖에서 유가증권의 매매가 이루어지는 비공식적인 시장을 말한다. 증권거래소가 개설, 운영하는 거래소 시장은 구체적이고 고도로 조직화된 유통시장인데 반하여 점두시장은 개개의 증권업자가 점두에서 업자와 고객간 또는 업자 상호간에 증권의 매매거래를 행하는 것을 총칭하는 추상적인 유통시장이다. 점두시장은 장외시장이라고도 하는데, 대기업의 상장증권 외에 비상장증권의 유통을 위해서나 거래소 거래의 기본 매매단위에 미치지 못하는 단주거래를 위해 형성된다.

*** 종가**(closing price)

입회 중 맨 마지막으로 성립된 가격을 말한다. 보통 종가는 그 날의 대표가격으로 중요시되고 있다. 다음 거래일의 가격 상하한 제한폭의 기준 가격이 된다.

*** 종목**(name issue)

거래대상이 되고 있는 유가 증권의 명칭이다. 예를 들면 현대건설 주식회사의 종목 명칭은 현대건설인 셈이다. 주식의 경우 한 회사라고 하더라도 신주, 구주, 우선주, 보통주 등 여러 가지 종목이 있을 수 있다. 종목은 증권의 명칭임과 더불어 그 명칭이 부친 증권이라는 의미로도 사용되며 또한 주식을 분류하는 경우 특정 목적 등과 같이 사용되기도 한다.

*** 종업원 지주제도**(employee stock ownership)

회사가 종업원에게 자기 회사의 주식을 보유하도록 우선권을 부여하는 제도를 말한다. 이 제도의 목적은 회사의 자금조달 원천으로서 종업원의 저축을 활용하고, 애사정신을 높이고 노사간의 협조를 증진하며, 안정주주층의 확보에 있다.

* 주가 수익비율(price earnings ratio, per)

1주의 가격을 1주당 당기순이익(EPS)으로 나눈 배수를 말한다. 이는 주가가 수익액의 몇 배가 되는지를 나타내는 것으로서 주가의 적정수준을 판단하는 지표로 이용되고 있다. 주가를 형성하는 기본적 요인의 하나가 기업의 수익력이기 때문에 순상식과 주가를 비교하는 것은 주가의 적정여부 판단에 중요한 기준이 될 수 있다. 따라서 주가 수익 비율이 높다는 것은 이익에 비하여 주가가 높다는 것을 나타내며 반대로 주가수익 비율이 낮다는 것은 주가가 상대적으로 싼 것을 뜻한다.

자본 시장 육성에 관한 법률에 의해 기업이 공개를 할 경우 모집 또는 매출주식의 20%를 상장법인이 유상증자를 할 경우 신주의 20%를 종업원에서 우선 배정하도록 되어 있다.

* 주가 순자산비율(price book－value ratio)

주가가 1주당 순자산의 몇 배인가를 나타내는 지표로서 주가를 1주당 순자산으로 나누어 구한다. 여기서 순자산이란 대차대조표상의 자기자본으로서 자본금, 자본 준비금, 이익 준비금 등으로 구성된다. 또 부채에 포함되는 충당금 중에는 자본 준비금이나 이익준비금과 같은 내부유보의 성격이 강한 것도 있기 때문에 이것을 자기자본에 포함해서 실질 순자산이라고 하는 경우도 있다.

주가 수익 비율이 회사의 수익을 근거로 한 투자 지표인데 비해서 주가 순자산 비율은 회사의 채권, 채무를 상쇄한 뒤에 남은 주주의 청구권을 투자지표라고 말할 수 있다.

* 주가와 거래량의 상관곡선

주가와 거래량을 각 Y축과 X축에 나타내고 30일 이동평균에 의한 매일매일의 교차점을 선으로 연결한 것이다. 이 곡선은 주가와 거래량의 상관관계가 매우 크다는데 이론적 배경을 갖고 있다.

즉, 일반적으로 주가가 올라가면 거래량이 늘고, 떨어지면 거래량은 주가에 선행하는 경향이 있다는 것이다. 이 곡선은 차트상에서 보통 시계의 반대 방향으로 움직이는 좌회전 곡선이 되는 경우가 많으므로 역시계방향 곡선이라고도 한다.

* 주가이동 평균선

주가이동 평균선은 비정상적인 소수 종목의 주가 변동에 따른 장세판단의 착오를 없애기 위하여 창출해 낸 것이다. 이것은 일정기간 동안 주가 평균치를 그래프화한 선으로써, 과거의 주가를 평균적 수치로 나타내어 미래의 주가를 예측하는 기준으로 삼기 위함이다.

주가 변동을 예측한다는 것은 정말 어려운 일이다. 상장주식 대부분이 보합세를 보이는 가운데서도 몇몇 종목만은 유별나게 급등과 급락을 하는 경우를 볼 수 있기 때문이다. 이때, 급등과 급락을 거듭하는 몇 종목만이 주가가 시장전체 주가의 움직임으로 오인되는 경우가 생길 수 있다. 이와 같이 전체시장의 주가 추세는 보합세를 나타내고 있는 가운데 비정상적인 몇 종목의 주가 변화가 전체흐름을 왜곡시키는 문제점을 해결해야만 정확한 전체주가 흐름을 알 수 있다. 즉, 급등하는 몇 종목만의 주가 변동을 전체 시장의 상승세로 판단하거나 급락하는 몇 종목의 주식을 보고 전체장세가 하양세라고 판단한다면 이를 투자 판단자료로 사용할 수 없음은 당연한 일이다.

* **주가지수**(stock price idex)

증권시장에서 형성되는 개별 주가를 총괄적으로 묶어 전체적인 주가 변동을 나타내는 지표이다. 주가지수는 기준 시점의 주가 수준을 100으로 하여 비교 시점의 주가 변화를 측정하기 위해 사용된다. 우리 나라는 1975년 1월 4일의 기준시점을 100으로 하여 1982년말까지는 다우 존스식 종합주가지수를 산출하여 발표했다. 그러나 1983년초부터는 종합주가지수의 산출방식을 변경하여 1980년 1월 4일을 기준으로 하는 시가총액방식의 주가지수를 산출하여 발표하고 있다.

* **주당 순이익**(earning per share, EPS)

당기순이익(세후 순이익)을 발행 주식수로 나눈 것이다. 즉, 주당 순이익은 1주가 1년간 벌어들인 순이익이 높을수록 주식의 투자가치는 높다고 볼 수 있다. 한편 주가가 1주당 순이익의 몇 배가 되는지를 나타내는 지표로서 주가수익비율(PER)이 있는데 이것은 주당 순이익에 대한 주가의 상대적 수준을 나타내는 지표이다.

* **주당 순자산**(book-value per share, BPS)

기업의 총자산에서 총부채를 뺀 것이 자기 자본인데 여기서 무형고정자산, 이연자산 및 사외유출분(배당금, 임원 상여금) 등을 제외한 것을 순자산이라 하고 순자산을 발행주식수로 나눈 것이 주당 순자산이다. 따라서 주당 순자산이 크면 클수록 기업 내용이 충실하다고 볼 수 있다. 특히 금융기관 및 광업 등의 업종에서는 주당 순자산이 투자 결정의 중심 지표가 되고 있다.

한편 주가가 주당 순자산의 몇 배가 되는지를 나타낸 것을 주가 순자산 비율이라 하고 이것은 자산가치에 대한 주가의 상대적인 수준을 알 수 있는 지표가 된다.

*** 주식배당(stock dividend)**

이익배당은 보통 현금으로 이루어지지만 주식으로 배당하는 경우도 있는데 이것을 주식배당이라고 한다. 기술적으로는, 주식배당 금액에 해당하는 미처분 이익잉여금(당기순이익+전기 이월 이익잉여금)을 자본금에 전입함으로써 신주식을 발행하는 형식이 된다. 회사측으로는 현금을 내부에 유보하여 자금 여력을 확보하는 동시에 이익배당과 같은 효과를 얻을 수 있는 장점이 있다. 주주측으로는 주가가 상승될 것으로 전망될 때는 매우 유리하다.

*** 주주(shareholder, stockholder, owner)**

주식을 가지고 직접 또는 간접으로 회사 경영에 참가하고 있는 개인 및 법인을 말한다. 그러나 단지 주식을 소유한다고 해서 주주가 되는 것은 아니다. 그 회사의 주주 명부에 성명, 주소 등을 기재하여 명의 개서를 함으로써 주주가 될 수 있으며 주주로서 각종 권리를 행사할 수 있다.

주주라는 말은 그 성격 및 상태에 따라서 법인주주, 개인주주, 외국인주주, 대주주, 소액주주 등으로 구별하여 사용되고 있다.

*** 주주총회(general meeting of stockholder)**

주식회사 주주의 모임으로서 최고 의결기관이다. 정기총회와 임시총회가 있는데 정기총회는 1년에 한번 결산기 후에 열리며 회사 정관변경, 합병 등 중요한 사항과 이사, 감사의 선임 해임 등을 결정하고 당기의 결산보고서를 승인한다.

*** 증거금률(margin requirement)**

고객이 신용거래로 주식을 매매할 경우 약정대금의 일정 비율에 해당하는 위탁보증금이 필요하다. 이와 같이 약정금액에 대해서 필요로 하는 최저 위탁보증금의 비율을 증거금률이라 한다. 증시의 규제 또는 부양조치로 증권관리위원회에서 위탁증거금률을 조정한다.

*** 증권감독원**

1976년 12월 개정된 증권거래법 제130조에 의하여 설립된 무자본 특수법인이다. 증권감독원은 증권관리위원회의 지시, 감독을 받아 유가증권의 발행을 촉진하고 그 관리와 공정한 거래를 도모하며 증권관계 기관의 감독과 검사를 통하여 건전한 자본시장의 육성을 위해 설립된 기관이다.

주요 업무로는 유가증권의 등록 및 유가증권 신고서에 관한 관련기관의 검사업무, 상장법인의 관리업무, 등록법인과 상장법인의 기업 분석 및 기업 내용의 공시에 관한 사항 등이 있다.

*** 증권금융(securities finance, collateral loans)**

유가증권에 관련된 모든 융자의 총칭이다. 이에는 증권회사에 대한 융자, 고객에 대한 융자 혹은 양자에 공통되는 신용거래상의 융자와 주식을 담보로 하는 융자의 주식담보금융, 공사채를 담보로 하는 융자인 공사채담보 금융 등 여러 종류가 있다. 증권회사는 융자에도 보증업무를 위한 금융 및 자기 매매업무를 위한 금융 등이 있어 증권금융의 범위는 매우 넓다.

증권거래법에 의하여 재무부장관의 허가를 받아 증권 금융업무를 담당하고 있는 회사를 증권 금융회사라 한다. 증권 금융회사는 증권거래소의 등록된 증권회사에 대하여 다음과 같은 업무를 주로 담당하고 있다. 즉, 증권회사와의 대차거래를 통하여 증권회사의 자금과 증권을 빌려주고, 증권회사, 상장회사, 투자자 등을 위한 증권담보금융을 행하고 있다.

*** 증권대체 결제회사**

증권회사 및 상장회사로부터 유가증권의 예탁을 받고 예탁을 받은 유가증권을 반환하고 구좌 상호간의 대체 업무를 수행하기 위하여 설립된 회사이다. 우리 나라에서는 한국증권 대체결제 주식회사가 1974년 설립되어 이 업무를 담당하고 있다. 구체적인 업무내용으로는 유가증권의 보호예수, 예치증 발행, 주식명의개서 대행, 유가증권 발행대행 등이 있다.

*** 증권의 기관화 현상**

기관 투자자가 소유하는 주식소유 비중과 유통시장에서의 비중이 늘어나면서 이들의 자산운영 패턴이 주가 형성뿐만 아니라 시장 구조 변화에 막대한 영향을 미치는 현상이다.

따라서 전문투자관리자로서의 기관 투자자의 역할 증대, 사회보장 제도의 확충으로 각종 연금 기금의 운용자산 확대, 정보통신 및 컴퓨터 기술의 발달로 시간적 지역적 제약 극복 가능이 그 배경이 된다.

* **증권저축**(securities savings)

투자자가 매월 일정금액을 증권을 매입해 가는 저축제도로서 공모주 청약권 담보금융 등의 혜택이 있어 소액투자자들의 재산 형성방법으로 많이 활용되고 있다. 증권저축에는 매입대금의 불입방법에 따라 할부식 증권저축과 적립식 증권저축이 있다. 전자는 저축자가 일정액의 유가증권을 일시에 외상으로 매입하고 그 대금을 약정기간에 걸쳐 분할 상환하는 방법이다. 따라서 이때는 한꺼번에 투자증권을 취득한 후 처음부터 투자 효과를 기대할 수 있는 반면, 저축자는 총할부원금에 대한 이자를 부담해야 한다. 이에 대해 적립식 증권저축은 저축자가 전기 또는 수시로 증권매입대금을 누적적으로 납입하여 투자증권을 매입하는 제도로서 이때의 매입증권은 증권회사가 보관, 관리해 준다.

* **증권투자신탁**(securities investment trust)

일반 투자자들로부터 널리 자금을 모아 신탁재산을 만들고, 그 재산을 특정 유가증권에 투자, 운용하는 것을 말한다. 우리 나라의 투자신탁은 1969년 8월 재정된 증권투자신탁업법에 근거를 두고 운영되고 있다.

투자신탁회사는 수익자, 위탁회사, 수탁회사의 3자로 구성되어 있는데, 수익자는 투자를 하여 그 자금의 운용에 따른 이익을 분배받고 위탁회사는 신탁재산의 운용을 담당하며 수탁회사는 위탁회사의 지시에 따라 신탁재산을 관리하는 회사를 말한다.

투자신탁의 특징으로서는 많은 자금을 모아 분산투자할 수 있고 증권투자가 전문가에 의하여 운용되고 있다는 점 등을 들 수 있다. 그러나 자금 규모가 작은 영세투자자에게는 적합한 투자 대상으로 볼 수 있지만 투자 원본에 대해서는 보통 보증되지 않고 있다.

투자신탁의 종류에는 계약형과 회사형, 폐쇄형과 개방형, 단위형과 추가형, 주식형과 공사채형 등이 있다.

* 증자(increase of capital)

회사 설립 후 자본금을 증가시키는 것을 말한다. 현재 우리 나라는 수권 자본제도를 채용하고 있으므로 정관의 변경과 주주총회의 의결을 거치지 않고도 정관에서 정하여진 총자본금액 범위 안에서 이사회의 결의만으로 증자할 수 있다.

기업이 증자를 할 때에는 투자자들이 출자를 함으로써 자본금이 실질적으로 증가하는 유상증자와 형식적으로는 회사의 자본금이 증가하더라도 실질적인 자산의 증가를 가져오지 않는 무상증자가 있다. 또 유상증자와 무상증자를 동시에 병행하는 유·무상병행증자가 있고 유상증자에 응할 때만이 무상증자의 인수권이 부여되는 포괄증자 등이 있다. 유상증자의 경우 시가 유상증자와 액면 유상증자가 있으며 이를 병행하는 시가, 액면병행 유상증자가 있다.

* 지지(support)

어떤 기간 내에 있어서 주가의 하락추세를 멈추는데 충분한 매입 또는 매입하고자 하는 잠재적 세력을 말한다. 따라서 지지는 일정 가격 수준에서 주식에 대한 수요, 즉 매입세력의 증가를 보이는 수준이다. 위의 가격 수준을 지지선이라 한다. 어떤 원인에 의해 주가가 지지선을 벗어나면 다시 새로운 지지선을 형성한다.

ㅊ

* **차주**(stock loan, borrowed stock)

신용거래 가운데 공매는 고객이 증권회사로부터 주식을 빌려서 파는 방식이다. 따라서 이것을 증권회사측에서 보면, 주식을 빌려주는 것으로서 대주라 하며 고객측에서는 주식을 빌리는 것으로서 차주라고 한다. 또, 증권회사의 보유주식에는 한도가 있기 때문에 증권 금융회사로부터 주식을 빌려 다시 고객에게 빌려주는 것이 보통이다. 이러한 경우는 증권회사가 차주이고 증권 금융회사측이 대주가 된다.

* **채권수익률**(bond yield)

채권에 투자한 투자자가 채권의 이자소득과 시세 차익으로 투자원금에 대해 어느 정도의 수익을 얻을 수 있는가를 나타내는 지표이다. 이를 시장 수익률이라고 할 수 있는데 우리 나라와 같이 자율적으로 금리가 결정되지 않는 경우에 실세금리를 반영하는 것으로 볼 수 있다.

* **체계적 위험**(systematic risk)

투자 이론에서는 β(베타)계수라고 하는데 증권시장 또는 증권가격 전반에 영향을 미치는 요인에 의하여 발생하는 투자위험을 말한다. 증권시장에 영향을 미치는 경제적, 정치적, 사회적 조건 등이 체계적 위험의 원천이 된다.

체계적 위험(β계수)이 큰 종목은 시장의 움직임에 민감하게 움직인다. 체계적 위험은 증권시장 전반에 관한 위험이기 때문에 분산투자에 의해서도 감소시킬 수 없다. 한편, 기업 고유 특성에 의한 투자 위험을 비체계적 위험이라고 하는데 이는 분산투자에 의해 제거할 수 있다.

* **추세선(trend line)**

주가 흐름의 특성 가운데는 일반적으로 어느 기간 동안 같은 방향으로 움직이는 경향이 있는데 이것을 추세라고 하며 차트에 일정한 직선 또는 곡선으로 나타낸 선을 추세선이라 한다.

이것을 투자심리의 측면에서 설명하면, 주가가 상승할 때는 단지 주가가 상승한다는 사실 자체가 투자자에게 주가가 더욱 상승할 것이라는 확신 내지 희망을 주게 된다. 그 때문에 주가는 현재의 방향으로 계속 진행하려는 경향을 갖게 되는 것이다. 반대로 주가가 하락한 경우에도 떨어진다는 사실 자체가 주가 하락을 더욱 부채질하게 되는 것이다.

이와 같이 주가는 일정한 추세선을 따라 상당한 기간 상승, 하락을 반복하는 경향이 있다.

ㅋ, ㅌ

*** 큰손**(operators)

거액 투자자를 말한다. 증권시장에서 주식을 대량으로 매도 또는 매수하여 시황에 영향을 미치는 개인이나 기관 투자가를 말한다.

*** 통화안정 증권**(monetary stabilization)

중앙은행이 통화정책의 일환으로 사용하는 유동성 조절 수단 중 공개시장(주식, 채권시장)에서 직접 증권을 사고 팔아서 유동성을 조절하는 것을 공개시장 조작이라 한다.

우리 나라의 경우 국공채의 발행 및 유통시장이 크게 발달되어 있지 않으므로 공개시장 조작을 통한 유동성 조절을 위해 한국은행이 특별 유가증권을 발행하고 있는데, 이것이 통화안정 증권이다. 현재 통화안정 증권은 91일, 182일, 364일 물로 발행되고 있다. 시중 통화량이 과잉이라고 판단되면 한국은행은 통화안정 증권을 대량 발행하여 통화긴축을 실시 한다.

*** 투기주**(speculative leeaders)

투자 거래의 대상이 되는 주식으로 단기시세차익을 노리는 투기꾼이 선호하는 주식이다. 다른 주식에 비해 가격 등락폭이 크고 거래량도 많은 것이 특징이다.

* 투매

주가 하락이 예상될 때, 이로 인한 손실을 극소화하기 위하여 대량으로 매도하는 행위를 말한다. 이러한 투매로 주가 하락시에 급락현상이 나타난다.

* 투자 심리선

주식투자의 핵은 매매 시점을 찾아내는 일이다. 그러나 주가란 살아 있는 천방지축 생물과 같아서 시시각각으로 변하게 마련이다. 따라서 장래의 주가를 정확하게 예측하기란 여간 어려운 일이 아니다.

투자 심리선은 주가등락비율의 한 변형이라고 할 수 있다. 이것은 12일(2주간)이라는 한정된 시장의 인기, 즉 과열장세냐 혹은 침체장세인지를 파악하기 위하여 시장 분위기의 심리적인 과열상태를 찾아내려고 하는 것이 특징이다. 투자 심리선을 이용하는 방법은 매우 간단하다. 그저 시장 분위기에 따른 시장의 인기도를 분석하는 것으로 모든 일은 끝난다. 즉, 12일간의 장세 중에서 몇 일이나 상승한 날수가 있느냐를 찾아내는 것으로부터 시작하여 최근 12일 동안의 전일 대비 상승일수를 누계하고 이를 12로 나눈 백분률로 나타낸다. 이것은 매일매일의 실제계산에서 13일 전의 주가변화가 제외되고 당일의 새로운 주가가 첨가됨으로써 12일간의 전일 대비 상승일수가 계산된다

〔투자심리선지표(%)≒12일중주가가 상승한 일수/12×100〕

* 투자 자문업(investment advisor)

증권투자에 관한 구체적인 서비스 및 정보를 투자자에게 제공하

는 것을 목적으로 하는 사업이다. 증권시장의 국제화와 함께 성공적인 증권투자를 위해서 고도의 투자정보와 투자기술 등이 요구됨에 따라 이에 대한 전문업자로서 설립된 것이 투자 자문회사 이다.

현재 미국 및 일본에서는 대규모 투자 자문사업자가 생겨나고 있으며 컴퓨터를 사용한 경제 예측 및 종목분석을 행하는 것이 많고 유료로 투자정보를 제공하고 있다.

ㅍ

* 파행시세

고가주는 오름세를 계속하고 있는데 반하여 저가 대형주는 계속 낮은 수준에 머물러 있는 경우와 같이 시세의 흐름이 종목에 따라 서로 현격하게 다른 상태를 말한다.

* 펀드(fund)

기금 또는 자금이라는 의미이지만, 투자 신탁에 있어서는 독립적인 운용단위로서 관리되고 있는 신탁재산을 말한다. 회사형 투자신탁에 있어서는 회사 자체가 펀드가 된다. 펀드라는 말은 투자신탁에만 사용되는 것이 아니라 연금기금과 같이 기관 투자자가 관리하는 운용재산에도 쓰여진다.

* 펀드매니저(fund manager)

투자신탁의 재산 운용담당자 또는 기관 투자가의 펀드를 관리, 운용하는 사람이다. 펀드 운용은 기본적으로 포트폴리오 구성에 의한 관리이므로 포트폴리오 매니저(portfolio manager)라고도 한다. 미국 등에 있어서는 투자 결정의 실질적 권한과 책임을 가지고 있으며 운용 성과가 펀드매니저 개인은 능력에 따라 크게 좌우되기 때문에 투자 수익률이 그에 의하여 결정되는 등 중요한 기능을 가지고 있다.

* **폐장**(closing meet, last meeting)

증권거래소에서 주식매매가 이루어지고 있는 기간을 입회라고 하며, 납회는 매일 또는 매월 마지막으로 입회하는 것을 말한다. 특히 그 해의 마지막 입회를 대납회라고 한다.

* **포트폴리오**(portfolio)

투자 및 투자기관이 보유하는 주식, 채권 등의 유가증권 구성을 말한다. 따라서 포트폴리오라고 말할 때는 항상 어느 정도의 분산투자를 전제로 한다.

* **프리미엄**(premium)

액면주식을 액면가액 이상으로 발행하는 경우 그 액면금액을 초과하는 할증금을 말한다. 프리미엄은 자본 준비금으로 적립되어 과세 대상에서 제외되고 있다. 프리미엄부 발행의 경우는 무상주 교부 형태로 할증금을 주주에게 환원하는 것이 보통인데 이것을 프리미엄 환원이라고 한다.

또한 전환사채를 발행할 때 전환가격을 결정하기 위해 기준가격에 일정 비율을 가산하는데 이 부분을 프리미엄이라 한다.

* **프리미엄부 발행**(premiun issue, issuing at premium)

주식, 사채, 공채 등 증권의 발행에 있어 액면보다 높은 가격으로 발행되는 것을 말한다. 이것은 유통되고 있는 구주가 액면 금액보다 높은 가격을 이룰 때에 가능하다 즉, 신주를 액면 금액보다는 높고 시가보다는 다소 낮은 수준으로 발행하거나 시가와 액면 금액의 중간 수준으로 발행하는 것을 말한다. 이에 비해 발행가격이 액면 가격과 같을 때를 액면 발행이라 한다.

*** 프리미엄(옵션 용어)**

프리미엄은 옵션의 시장 가격으로 기본 자산을 매수하거나 매도할 수 있는 권리 취득의 대가로 옵션 매수인이 옵션 매도인에게 옵션 계약시 지불하는 금액이다.

ㅎ

* 호가(bid and offer, bid and asked)

증권거래소 시장에서 매수자와 매도자가 각각 주문하는 가격을 말한다. 호가방법에는 구두평가와 포스트에서 호가집계표에 기재하는 문서 평가의 두 가지 방법이 있다.

* 호재(good news, favorable factor)

주가에 좋은 영향을 주는 재료를 말한다. 예를 들어 시세 전반에 대해서는 금리인하, 경기 부양책 등이 호재가되며 개별주식에 대해서는 배당의 증가, 무상증자 또는 기관 투자가의 대량매입 등이 호재가 된다.

* 환매(requrchasing)

신용거래에서 공매한 주식을 다시 사놓은 것을 말한다. 또 투자신탁 및 환매조건부 채권 등의 거래에서는 매출된 수익증권이나 채권을 다시 매입하는 것을 환매라고 한다.

* 희석화(dilution)

주식의 가치가 낮아지는 것을 말한다. 신주가 발행될 때 주식수가 늘어나는 만큼 회사 자산이나 이익이 늘어나지 않으면 1주당 순자산이나 순이익이 감소하는 것과 같은 경우이다. 특히 신주를 공모할 경우, 구주주에 있어서는 경영 참가권의 희석화를 초래하여 불리하게 된다. 이와 같은 희석화에 대비하여 구주주를 보호하기 위해 주주에게 신주 인수권을 부여한다. 시가 전환사채를 발행한 후, 증자 등 전환사채 소유자에게 불리한 영향을 미칠 사건이 발생하면 전환가격을 하향 조정하도록 계약서에 규정을 두는 것이 일반적인데 이를 희석화 방지조항이라 한다.

* 행사가격(옵션 용어)

행사가격은 옵션 매수인이 권리를 행사하여 매수하거나 매도할 수 있는 가격이다. 즉, 콜옵션의 경우는 옵션 소지인이 기본 자산을 매수할 수 있는 가격이고 풋옵션의 경우는 옵션 소지인이 기본 자산을 매도할 수 있는 가격이다. 행사가격은 당해 옵션의 거래 할 당시 기본 자산의 시장 가격을 기준으로 정하되 일부 행사가격은 기본 자산의 시장 가격보다 높도록 하고 일부 행사가격은 기본 자산의 시장 가격보다 낮도록 하여 5~6개의 행사 가격을 정한다. 행사가격 사이에는 일정한 간격을 두게 된다.

처 세

선영 처세선서

카네기		
	인생론	데일 카네기
	출세론	도로시 카네기
	지도론	데일 카네기
	대화술	데일 카네기
	처세론	데일 카네기
	자서전	앤드류 카네기

카네기 인생론

삶에 대한 모든 물음, 그것은 각자 스스로 살아가면서 그때그때의 경험에 의해 체득해 갈 수밖에 없다. 삶에 대한 어떠한 설명도 각자의 지침이 되기에는 어렵기 때문이다. 이 책에서는 지침이 되기 보다는 단지 조금의 도움이 될 귀중한 방법들이 안내되어 있다.

카네기 출세론

삶에 충실한다는 것, 아내가 내조를 잘 한다는 것. 그것은 한 사람을 성공시키는 데 대단한 영향을 미친다.이 세상에는 많은 아내들이 있지만 그들이 모두 올바른 태도를 지니고 있는 것만은 아니므로 그들이 나아가야 할 바를 제시하고 있다.

카네기 지도론

참다운 지도는 함께 나아가는 것이다. 무엇을 제시하거나 지시하기 전에 그가 무엇을 하고자 하는지 알아서 그것을 이끌어 주고 또 이루어지도록 함께 노력하는 것이다.

카네기, 그는 미국의 실업가이자 강철왕이다. 그는 1853년 스코틀랜드에서 출생해 1948년 산업혁명 때 미국으로 건너와 전신기사 및 펜실베니아 철도 감독을 거쳐 피츠버그에서 제철업을 경영하고 홈스테드에서 제광업을 시작한 것이 발전하여 1900년에는 철광산 외에 해탄로, 수송선, 철도 등도 지배하게 되었으며 베세머 제강법을 채용하여 강철업에 성공 미국 강철의 4분의 1을 지배하는 대회사로 성장했다. 그 뒤 막대한 재산으로 카네기 재단을 설립하여 도서관 건설, 과학 연구,사회 사업 등에 출자, 사회에 큰 공헌을 했다.

카네기 대화술

언어란 의사소통 도구이다. 올바른 언어 선택은 의사소통을 보다 원활하게 한다. 훌륭한 대화는 원만한 인간관계의 척도이므로 자신감을 가지고 대화에 임하는 방법을 제시했다.

카네기 처세론

최고의 처세라는 것은 우선 최선의 목표를 정하고 그 성취에 이르는 길을 닦는 것이다. 거기에서 자기를 세우고 삶을 키워내고 세상을 이끌어 갈 힘을 닦는 것이다.

카네기 자서전

커다란 불꽃은 온누리를 비춘다. 그러나 멀리 있는 불빛보다 우리 앞을 비추고 있는 작은 불빛이 우리의 일상을 잘 비추는 법이다. 앤드류 카네기의 삶은 바로 우리의 일상을 비춰주는 커다란 불빛이다.

주역 김승호 ● 대하소설

1권 /연진인의 천명재판

세상과는 멀리 떨어진 깊은 산, 범상한 신통력과 전생을 간직한 사람들의 마을, 지존한 신선들의 은밀한 행보는 지상으로 향하고, 정마을은 상상조차 할 수 없었던 기이한 사건의 소용돌이 속으로 휘말려 드는데……. 연이은 긴박한 사건 속에 속세에서 폭력에 맞섰던 한 사나이가 정마을로 숨어든다.

2권/평허선공, 염라전에 들다

정마을 촌장의 기이한 행적으로 인한 의문은 쌓여만 가고, 건영이의 신비한 힘이 주역을 통해서 서서히 드러난다. 이 때 천계에서는 우주의 이상현상에 대한 답을 구하기 위해 특사가 파견되지만 요녀들의 방해로 죽임을 당해 뜻을 이루지 못한다. 한편 정마을을 떠난 촌장 풍곡선은 천계에서 심문을 받고 …….

3권/ 종잡을 수 없는 천지의 운행

천계에서 서선 연행였던 전생의 기억을 회복한 남씨는 숙영이 어머니와의 이루지 못한 슬픈 사랑에 가슴 아파한다. 우주의 이상현상의 하나로 나타난 혼마 강리는 정마을 사람들을 위협하고, 천계의 대선관 소지선은 평허선공을 피해 하계로 숨어 버린다.

4권/단정궁의 중요 회의

우주의 혼란을 바로잡을 방법을 구하기 위해 단정궁에 파견된 특사는 아리따운 총관 본유의 유혹에 넘어가 정력을 소진한 채 자멸하고 만다. 한편 지상에 나타난 혼마 강리는 땅벌파에게 무술을 가르쳐 세상을 지배하려 한다. 그러나 풍곡선의 부탁을 받아 그를 뒤쫓던 검의 명수 좌설과 일전을 치르는데 …….

5권/선혈로 물든 인연의 늪

정마을 주변에서는 또 한번의 기이한 일이 발생한다. 빗자루를 든 괴노인이 나타나 닥치는 대로 사람을 죽이고 서울로 향하는 인규를 위협한다. 정마을이 지원하는 깡패 집단인 조합장측과 혼마 강리가 지원하는 땅벌파 간의 오랜 이권 다툼 끝에 드디어 협상이 이루어져 새로운 전기가 마련된다. 천계에서는 동화궁과 남선부 간에 전쟁이 일어나 아수라장이 되어 버린다.

6권/옥황부의 긴급사태

건영이는 하루가 다르게 도를 깨우치고 혼마 강리도 극강의 힘을 얻기 위해 땅벌파를 동원해 여체를 찾아 나선다. 그들은 드디어 무척 날쌔며 힘이 장사인 미친 여자를 만난다. 그러나 혼마는 뒤쫓던 좌설과 능인의 일격을 당해 중상을 입는다. 이 결투로 능인도 목숨을 잃을 위기를 당하지만 때마침 천계에서 건영이를 만나러 내려온 염라대왕의 도움으로 살아난다.

7권/여인의 숭고한 질투

빗자루 괴인은 마침내 정마을로 쳐들어오고 이를 미리 알아챈 건영이는 마을 사람들을 산으로 대피시킨다. 건영이는 염파를 보내 괴인을 자신에게로 이끌어 전생에 역성 정우였음을 밝히며 주역에 대해 문답을 나누어 위기를 넘긴다. 한숨 돌린 건영이는 또다시 천계에서 내려온 염라대왕을 만나 우주의 이변에 대해 상세히 진단을 내려준다.

8권/기습당한 옥황상제

좌설과의 결투로 중상을 당한 혼마 강리는 거지 무덕의 덕으로 목숨을 구했을 뿐만 아니라 극강의 힘을 향해 치달렸다. 이에 강리는 조합장측에 도움을 주고 있는 정마을의 위치를 알아내 단번에 섬멸해 버리기 위해 땅벌파들을 지방으로 내려 보낸다. 한편 정마을의 남씨는 전생에 천계에서 친구였던 수지선의 방문을 받는다.

9권/다가오는 정마을의 위기

풍곡선은 평허선공의 추적을 뿌리치기 위해 옥황부의 특사가 되어 요녀들이 들끓는 단정궁으로 향한다. 평허선공은 염라전에 나타나 염라대왕과 일전을 벌이는데 ……. 지상의 혼마 강리는 드디어 무덕의 신통력으로 극강의 힘을 얻고 정마을을 정복하기 위해 땅벌파와 함께 춘천으로 떠난다.

10권/슬픈 운명

정마을로 침투하려던 강리 앞에 수지선이 나타나 결투를 벌인다. 극강의 힘을 발출하며 강물 위에서까지 혈투를 벌인 끝에 강리가 생을 마감하여 바람처럼 사라져 버린다. 한편 천계에서는 평허선공의 사주를 받은 동화궁의 선인들이 옥황부로 쳐들어가고, 살상은 계속되었다. 지상과 천계의 이변을 수습할 방법은 없는 것일까? 그리고 단정궁으로 떠난 풍곡선의 운명은 …….

저자와
협약에 의하여
인지를 생략함

IMF 증권이론과 실전투자

1998년 3월 20일 1판 1쇄 인쇄
1998년 3월 30일 1판 1쇄 발행

지은이／조원환
펴낸이／김영길
펴낸곳／도서출판 선영사
본사／부산시 중구 중앙동 4가 37-11
전화／(051)247-8806
서울사무소／서울시 마포구 서교동 485-14 영진빌딩 1층
전화／(02)338-8231,
(02)338-8232
팩시밀리／(02)338-8233
등록／1983년 6월29일 제 카1-51호

ISBN 89-7558-316-3 13320

선영사
Sun Young Publishing Co.

선영사
Sun Young Publishing Co.